Jan 08

dtv
premium

GERMAN DREAM
TRÄUMEN FÜR DEUTSCHLAND

Aufgezeichnet und herausgegeben von
Wolfgang Blau und Alysa Selene

Mit einem Vorwort von
Roger Willemsen

Deutscher Taschenbuch Verlag

FSC
Mix
Produktgruppe aus vorbildlich bewirtschafteten Wäldern und anderen kontrollierten Herkünften
Zert.-Nr. GFA-COC-1298
www.fsc.org
© 1996 Forest Stewardship Council

Der Inhalt dieses Buches wurde auf einem nach den Richtlinien des Forest Stewardship Council zertifizierten Papier der Papierfabrik Munkedal gedruckt.

Oktober 2007
Deutscher Taschenbuch Verlag GmbH & Co. KG,
München
www.dtv.de

Umschlaggestaltung: Claus Lehmann
Satz: Greiner & Reichel, Köln
Gesetzt aus der Minion 10/12,5'
Druck und Bindung: Kösel, Krugzell
Gedruckt auf säurefreiem, chlorfrei gebleichtem Papier
Printed in Germany · ISBN 978-3-423-24646-0

Für Deutschlands Träumerinnen und Träumer

INHALT

VORWORT

Gewiss, es gibt größere Traumbegabungen als die Deutschen. Denn diese fürchten im Träumen geradezu das Heraufdämmern des Romantischen, Unvernünftigen und Unzuverlässigen. Sie misstrauen der »anderen Vernunft«, die sich im Halluzinieren und Wünschen Bahn bricht. Mehr noch, im deutschen Pragmatismus steckt eine Form der Selbstdisziplinierung, wenn nicht der Selbstbestrafung.

Hans Henny Jahnn bezeichnete Träume einmal als »Blutergüsse der Seele«. Also markieren sie auch die Spur des Leidens, die Erinnerung an das Verdrängte. Vielleicht ängstigt die Deutschen ihr Träumen also auch, weil es ihnen schmerzhafte Selbstbegegnungen aufzwingt. So haben sie sich mit den Jahren entsentimentalisiert und versachlicht. Geblieben ist oft bloß ein Reflex, ein »Ausgeträumt Träumen«, wie Samuel Beckett es nannte. Es kann also sein, dass man manchmal für die Deutschen träumen muss.

Wie ergiebig aber könnte es andererseits sein, verstünde sich diese Nation darauf, sich zu transzendieren, die Wirklichkeit auf ihre Veränderbarkeit hin zu überprüfen, nach dem »Möglichkeitssinn« zu leben, angezogen von dem, was unerfüllt, aber wünschbar ist. Sie würde sich selbst zum Entwurf, unfest, aber in der Bereitschaft, gewissermaßen die innere Nation zu erfinden. Søren Kierkegaard schrieb einmal: »Das Notwendige ist wie lauter Konsonanten. Es auszusprechen muss Möglichkeit hinzukommen.« So könnte der Deutsche seine unentwickelte Wirklichkeit buchstabieren lernen. Und hier setzt der Traum dieses Buches ein, ein Werk, randvoll mit veräußerter Selbsterkenntnis, getrieben vom Appell, der von den Herausgebern in alle Welt hinaus formuliert und von allen hier Versammelten, lauter haupt- und nebenberuflichen Träumern, aufgefangen wurde: Sagt uns, wer wir sind, mehr noch, sagt uns, wer wir sein könnten! Nehmt uns wahr und zwar im Spiegel unserer Möglichkeiten!

Man darf solche Bitten nicht an deutsche Leitartikler richten, an Parteigänger, Verstrickte, in Seilschaften Verfangene, Abhängige.

Man braucht jene Großherzigen, die sachverständig und freigebig genug sind, von eigenen Interessen abzusehen und uns mit ihren Augen betrachten zu wollen. Es sind die Augen von Menschen, die nicht in unserem Wohlstand, nicht in der Selbstverständlichkeit unseres Zugriffs auf Ressourcen, nicht im Zentrismus der mitteleuropäischen Lebensform leben.

Der Abstand der Erkennenden ist oft eine Bedingung für die Verbindlichkeit ihrer Erkenntnis, und so war es hier: Was »German Dream« heißen kann, das setzt sich aus kollektiven Träumen zusammen. Sie zu heben und im Rahmen dieses Buches zu bergen, bedurfte es Menschen, in deren Leben das Träumen eine Rolle spielte, und es bedurfte einer nicht journalistischen Form des Interviews, einer rhetorischen Hebammenkunst, die aus dem Frage-Antwort-Wechsel »assistierte Selbstgespräche« gewann, in denen Menschen, aus dem alltagspraktischen Zusammenhang gelöst, sich plötzlich selbst überschritten, wo sie unseren Traum träumten.

Der Ausdruck vom »deutschen Traum« suggeriert ein gemeinsames Zukunftsgespräch – dazu wurde von den Herausgebern wie von den Gesprächsteilnehmern ein Beitrag erwünscht, und als sich schließlich der »German Dream« als Summe aller Beiträge im Rahmen des hier vorliegenden Buches abzeichnete, war das Latente manifest geworden, da hatten die Antworten die Erwartungen schon überschritten und als roter Faden schoss durch die Beiträge die Überzeugung: Eure Vergangenheit verpflichtet euch, in Menschheitsfragen eure Stimme zu erheben, die Naturliebe eurer Kultur prädestiniert euch für eine Initiative zur Bewahrung der Schöpfung, eure Vergangenheitsbewältigung sollte auch Gegenwartsbewältigung sein, und: Ihr habt die Voraussetzungen, Großes zu leisten.

Doch kaum ausgesprochen, wurden in Antworten neue Fragen geboren: Was wäre für euch ein Erfolg des »German Dream«, wollte einer der Gesprächspartner von den Herausgebern wissen. Andere fragten: Was ist euer Versprechen? Und gleich hinter dieser Frage tritt der »German Dream« aus der Traumwelt heraus und in die Verbindlichkeit ein. Denn jetzt möchte er, so wie er in diesem Buch entspringt, von den Deutschen mitgeträumt werden.

Roger Willemsen

EINLEITUNG

Wenn du schnell vorankommen willst, geh allein.
Wenn du weit vorankommen willst, geh mit anderen.

Afrikanisches Sprichwort

Dieses Buch ist nur der Anfang eines Gesprächs. Ein Gespräch über gute Gründe, sich für Deutschlands Zukunft zu begeistern. Geht es hier um Werbung für Deutschland? Nein. Geht es um »Leitkultur«? Auch nicht. Es geht um die Suche nach einem Deutschland, das sich über ein inspirierendes, begeisterungswürdiges Zukunftsversprechen definiert.

Veranstalten Sie ein Experiment: Fragen Sie Ihre Nachbarin oder ihren Nachbarn, für welche Werte und welche Zukunftsentwürfe Deutschland steht. Höchstwahrscheinlich werden Sie fast ausschließlich zu hören bekommen, wofür Deutschland alles nicht steht oder nicht stehen sollte.

Wenn sich Jugendliche und Einwanderer in Deutschland daran versuchen, eine deutsche Identität zu erwerben, stoßen sie auf einen sehr seltsamen Identitätsbegriff. Wir definieren uns kaum über positive Werte und ein gemeinsames Zukunftsversprechen, sondern über all die negativen Dinge, die es in Deutschland zu verhindern gilt: Wir sind gegen Faschismus und gegen die Benachteiligung von Frauen, wir sind gegen die Diskriminierung von Minderheiten, gegen soziale Ausbeutung, gegen den Verlust unseres Sozialstaates, gegen Umweltzerstörung, gegen religiösen Fundamentalismus und gegen Krieg. Das ist sehr gut. Das ist beruhigend. Aber es setzt keine Begeisterung frei. Ein Verbotskatalog kann Vertrauen schaffen, aber er schafft keinen Raum für Zukunftsträume im eigenen Land. Er erklärt nur, was wir nicht sein und nicht tun sollten. Diese Kultur des »Neins« behindert unsere Vorstellungskraft.

Welche optimistischen, bejahenden Träume könnten wir aber für Deutschland hegen? Diese Frage haben wir 30 herausragenden Persönlichkeiten aus Nord- und Südamerika, Afrika, Asien und Europa gestellt. Weshalb? Weil wir eine Außensicht auf unser Land brauchen und weil die Frage nach Zukunftsträumen mehr Mut und Optimismus verlangt als ein Gespräch über Missstände. Wir haben unsere Gesprächspartnerinnen und -partner buchstäblich gebeten, ein paar Nächte lang über unsere Fragen zu schlafen. Wir haben ihnen gesagt, dass wir nicht an kurzlebigen Reformideen interessiert sind, sondern nach Träumen und Visionen für unser Land suchen, die auch in 20 Jahren noch Gültigkeit haben könnten. Träume schaffen in unserem Verstand und unseren Herzen den nötigen Raum und Abstand für eine offenere Sichtweise. Sie erlauben uns, ungeahnte Möglichkeiten zu entdecken. In unseren Gesprächen mit Deutschen bekamen wir oft zu hören, dass die Vorstellung, neue Ideen für uns und unser Land zu erträumen, naiv sei, unpraktisch, kindisch und unverantwortlich. Das Wort »Träumer« kann heute sogar als Schimpfwort verwendet werden. Zu träumen ist aber kein Luxus. Es ist lebensnotwendig.

Der Autor Paulo Coelho hält die Suche nach einem positiven gesellschaftlichen Traum sogar für eine Bürgerpflicht: »Deine innere Bestimmung ist völlig mit der Bestimmung deines Landes verknüpft«, erklärte uns der brasilianische Schriftsteller. »Der einzige Weg, wie dein Leben wirklich gerechtfertigt sein kann, ist, wenn du bereit bist, den Preis für deine Träume zu bezahlen«, so Coelho.

Könnte es also sein, dass unsere persönliche Fähigkeit zu mutigen Lebensträumen und die Fähigkeit unserer Gesellschaft zu inspirierenden Zukunftsentwürfen voneinander abhängen? Die meisten unserer Gesprächspartner haben diese Frage bejaht. Alle waren aber auch der Ansicht, dass ein identitätsstiftendes gesellschaftliches Zukunftsversprechen nicht von oben nach unten verkündet werden kann, sondern sich aus der Gesellschaft heraus entwickeln muss. »Es sind die individuellen Träume, die zum kollektiven Traum führen. Und nicht umgekehrt«, sagte der Friedensnobelpreisträger Muhammad Yunus aus Bangladesch.

Seien Sie also unbesorgt: Uns liegt nicht daran, »den« deutschen Traum zu definieren. Deutschland braucht viele Träume. Wir wollen lediglich die Idee präsentieren, unsere deutsche Identität nicht nur aus dem kulturellen Erbe unserer Vergangenheit zu beziehen, sondern genauso auch aus optimistischen Zukunftsträumen für unser Land.

Träumen für Deutschland

Bei der Auswahl der 30 Gesprächspartnerinnen und -partner für dieses Projekt ging es uns um Glaubwürdigkeit. Wir suchten nach Frauen und Männern, die auch in ihrem eigenen Leben große Träume verfolgen, Menschen, die nicht nur von Träumen reden können, sondern sie auch leben. Zum Beispiel die Friedensnobelpreisträgerin Wangari Maathai, die einst im Garten hinter ihrem Haus in Kenia mit einer kleinen Baumschule anfing. In ihrem Kampf gegen Umweltzerstörer wurde sie öfters mit dem Tod bedroht und mehrfach inhaftiert. Heute, 30 Jahre später, hat sie mit ihrer Organisation »Green Belt Movement« mehr als dreißig Millionen Bäume gepflanzt und damit tausenden von Frauen ein Einkommen ermöglicht. Auch der Kanadier Romeo Dallaire weiß, wovon er spricht, wenn er sagt, nur mit Träumen lasse sich etwas bewegen und nicht allein mit Technokratentum. Als Kommandeur des gescheiterten UN-Blauhelm-Einsatzes in Ruanda musste Dallaire persönlich miterleben, wie fast eine Million Tutsi und moderate Hutu innerhalb weniger Wochen ermordet wurden. Bevor er in diesem Buch seinen Traum für Deutschland beschreibt, erzählt er deshalb zuerst, wie er nach seiner Heimkehr aus Afrika einen neuen Traum für sich selbst finden musste, um überhaupt weiterleben zu können.

Neben den Persönlichkeiten, die schon aus ihrer äußerst ungewöhnlichen Lebensgeschichte heraus kraftvolle Träume für Deutschland beschrieben haben, sprachen wir auch mit Personen, deren berufliche Expertise für einen deutschen Traum wichtig werden könnte. Etwa Jeremy Rifkin, der sich mit Deutschlands Bedeutung für den europäischen Traum beschäftigt; Helena Hanuljaková, die die Interessen von rund einer Million Deutschlehrerinnen und Deutschlehrern in aller Welt vertritt oder der Psychoanalytiker Clotaire Rapaille, der für einige der größten Unternehmen der Welt die kulturellen Grundmuster vieler Nationen analysiert hat. Das Einzige, was alle unsere Gesprächspartner gemeinsam haben: Sie leben nicht in Deutschland, sondern betrachten unser Land von außen.

Deutscher Traum und »German Dream«

Die Gespräche sind keine journalistisch-distanzierten Interviews im klassischen Sinn. Unser Ziel war es, unseren Gesprächspartnerinnen und -partnern beim lauten Träumen für Deutschland zu assistieren und dabei möglichst auch ihre persönlichen Lebensträume sichtbar werden zu lassen. Unsere Fragen sind manchmal absichtlich sprunghaft oder auch suggestiv. Einige Male stellten wir auch dieselbe Frage in mehreren Formulierungen. Wir verwenden die Begriffe Traum, Vision und Identität abwechselnd und meinen damit stets ein Deutschlandbild, das sich über ein inspirierendes Versprechen für die Zukunft definiert.

Wir müssen zugeben, dass wir uns zunächst seltsam fühlten, beispielsweise die Menschenrechts-Aktivistin Hafsat Abiola aus Nigeria nach ihrem Traum für das reiche Deutschland zu fragen. Haben wir Deutsche nicht ohnehin so viel mehr als dieses Land in Afrika, wo die durchschnittliche Lebenserwartung nicht einmal 48 Jahre beträgt? Hafsat Abiola hat uns eines Besseren belehrt. Sie beschrieb ihren deutschen Traum mit einer solchen Wucht und Zuversicht, dass sie unsere Zweifel verstummen ließ und uns eher an unsere eigene Traum-Armut erinnerte.

Um das für diese Traumsuche nötige Vertrauensverhältnis herzustellen, ging den Gesprächen oft ein monatelanger Briefwechsel voraus. Mit vielen Gesprächspartnern ist diese Korrespondenz auch nach Aufzeichnung ihrer deutschen Träume nicht mehr abgerissen. Für ein anderes Land Träume zu suchen war für beide Seiten eine sehr ungewohnte Erfahrung. Der enorme Optimismus und die Hoffnung, mit der so viele Menschen rund um die Welt speziell auf Deutschland blicken, haben uns selbst immer wieder überrascht und auch aufgewühlt. Wir sprechen und schreiben deshalb auch nicht nur vom »deutschen Traum«, sondern genauso vom »German

Dream«. Um Träume und Hoffnungen für dieses Land hegen zu können, müssen Sie nicht in Deutschland leben, deutsch sein oder Deutsch sprechen.

German Dream statt German Angst

Wir fragen uns: Wer bin ich? Wo gehöre ich hin? Was kann ich in der Welt bewegen? Wie kann ich meiner Familie in Deutschland eine gute Zukunft ermöglichen? Wir mögen zwar glauben, dies seien nur unsere persönlichen Fragen, sie sind aber universal. Die Antworten darauf sind enger mit der Zukunft unseres Landes und der Welt verwoben, als wir vielleicht glauben mögen.

»Wenn eine Nation oder eine Person von einer begeisternden Vision, einem Traum angetrieben ist, erhöht sich ihre Kreativität um ein Vielfaches«, empfahl uns Muhammad Yunus. Schon allein die Suche nach positiven Zukunftsträumen würde deshalb bereits helfen, Deutschlands tief eingegrabene Kultur des Zweifelns und Jammerns auszubalancieren. Träume allein sind kein Allheilmittel. Sie sind aber eine Antriebskraft für gesellschaftlichen Wandel. Im Idealfall sind sie die Synthese aus unserer Geschichte und unseren mutigsten Hoffnungen für die Zukunft.

Positive gesellschaftliche Träume, wie Muhammad Yunus sie beschreibt, können nicht einfach beschlossen und dann im Stil einer Werbekampagne propagiert werden; dennoch glauben wir, dass es die essenzielle Aufgabe auch jeder Regierung ist, mutige Vorschläge für inspirierende Zukunftsszenarien zu machen. Genau hier liegt aber Deutschlands kulturelle Schwäche. Seit Gründung der Bundesrepublik belohnen wir vor allem Politiker, die uns Traumlosigkeit versprechen. Konrad Adenauers erfolgreicher Wahlslogan »Keine Experimente«, Helmut Kohls nicht enden wollendes »Weiter so, Deutschland« und Gerhard Schröders einstige Zusicherung, bestimmt »nicht alles anders, aber vieles besser« machen zu wollen, stehen alle in der Tradition tiefen Misstrauens gegenüber begeisternden Zukunftsvisionen für Deutschland. Dem früheren Bundeskanzler Helmut Schmidt wird sogar der Ausspruch nachgesagt:

»Wer Visionen hat, sollte zum Arzt gehen.« Gerade in Schmidts scheinbar technokratischer Kanzlerschaft zeigte sich andererseits auch Deutschlands Ambivalenz zwischen tiefer Traumskepsis und idealistischer Traumsehnsucht: Mitten im Kalten Krieg entwickelte Schmidt die Kunstwährung ECU; ein unerhört kühner Traum, der seiner Zeit so weit voraus war, dass er sogar noch 20 Jahre später, bei Einführung des Euro, als brandgefährliches Hirngespinst angefeindet wurde.

Der stille Schwur

Schmidts Nachfolger Helmut Kohl markierte den Übergang von den Soldaten-Jahrgängen zur Generation ehemaliger Hitlerjungen. Aus unseren Gesprächen mit vielen Angehörigen dieser Generation entstand für uns der Eindruck, dass sie vom Dritten Reich nicht weniger traumatisiert worden sind als die älteren Jahrgänge der Soldaten, nur anders. Ihr Trauma ereignete sich nicht auf den Schlachtfeldern, sondern in ihrem jugendlichen Herzen, im frühen Missbrauch ihrer kindlichen Begeisterungsfähigkeit und Formbarkeit; in der lebenslangen Frage, was sie wohl nur wenige Jahre später alles getan hätten, wäre das Dritte Reich nicht schon 1945 zu Ende gewesen. Die kollektiven Versprechen der Soldatengeneration Helmut Schmidts waren »Nie wieder Krieg!« und »Wehret den Anfängen«. Der stille Konsens der für die heutige Republik prägenderen Hitlerjugend-Generation Helmut Kohls blieb unausgesprochen, war aber radikaler: Nie wieder Begeisterung. Nie wieder werden wir uns in Fragen der deutschen Zukunft zu Schwärmerei hinreißen lassen. Schwärmerei führt in den Abgrund.

So kam es, dass die Regierung Kohl nach dem Fall der Mauer zwar mit erstaunlicher Geschwindigkeit zu Werke ging, um Ost und West zu vereinigen, gleichzeitig aber auch eine bleierne Begeisterungslosigkeit etablierte, die, aus dem Ausland betrachtet, bis heute schwer nachvollziehbar ist. Tat sie dies nur, weil sie damals die verunsicherten europäischen Nachbarn beruhigen wollte, oder auch, weil sie der eigenen Bevölkerung nicht wirklich über den Weg traute? »Ich denke, Deutschland ist sich wahrscheinlich bewusst, dass einige Träume in seiner Geschichte grässliche Albträume waren«, sagt die ehemalige irische Staatspräsidentin Mary Robinson auf unsere Frage, weshalb wir uns mit der Idee eines deutschen Traums noch so schwer tun. »Lassen Sie uns aber auch nicht vergessen, dass Deutschland der Welt mit dem Fall der Berliner Mauer einen wunderbaren Traum gegeben hat«, so Mary Robinson weiter.

Auch für die kenianische Friedensnobelpreisträgerin Wangari Maathai hätte die Wiedervereinigung eigentlich das Zeug zum Traum gehabt: »Die heutige Generation der Deutschen kann sich glücklich schätzen, in einem geeinten Deutschland zu leben«, sagt Wangari Maathai, »ich glaube, das ist der Traum, den jeder in der ganzen Welt heute gerne hätte.« Nur wir Deutsche haben ihn scheinbar nicht.

»Vergessen Sie bitte nicht, dass diese zu geringe Begeisterung nicht nur deutsch ist. Ich würde sie europäisch nennen!«, erklärte uns dann der ehemalige Botschafter Israels in Deutschland, Avi Primor, der einst auch Israels Botschafter bei der EU war. »Vielleicht ist sie in Deutschland eher spürbar als anderswo in Europa. Aber sie gilt heute für ganz Europa. Das ist ja das Problem, dass es nicht nur die Deutschen sind, sondern die Europäer. Weil sie nicht an die eigene Zukunft glauben!«, so Primor.

Abgang der Technokraten

Es wäre tatsächlich irreführend, unsere fast instinktive Ablehnung gegenüber deutschen Zukunftsvisionen einzig mit der traumvergiftenden Erfahrung des Dritten Reiches zu begründen. Erstens war das Dritte Reich nicht die einzige traumatische Erfahrung Deutschlands mit missratenen Visionen. Zweitens ist unsere heutige Kultur des skeptischen Pessimismus auch ein Erbe der europäischen Aufklärung. Nach Jahrhunderten der Wissenschaftsfeindlichkeit und des religiösen Eiferertums kamen die Aufklärung und ihr Ideal nüchterner Wissenschaftlichkeit einst als lang ersehnte Befreiung. Dass wir heute nun Pessimismus eher mit Intelligenz gleichsetzen und Optimismus mit Naivität, ist ein europäisches Kultur-Erbe, das eine historische Funktion hatte, uns aber zunehmend im Weg steht.

Träume sind ihrem Wesen nach grenzüberschreitend, sie stellen jegliche Ordnung in Frage. Ordnung ist nach Ansicht des französisch-amerikanischen Psychoanalytikers Clotaire Rapaille aber der Anker der deutschen Kultur. »Jeder größere Krieg in der Geschichte Mitteleuropas hat immer auch in irgendeiner Form die Deutschen in Mitleidenschaft gezogen, einfach aufgrund ihrer geographisch zentralen Lage«, sagt Rapaille. »Die deutsche Kultur lehrt dich deshalb heute, dass du alles in deiner Macht Stehende tun solltest, um Chaos zu vermeiden.«

Für die begeisterungslose Herangehensweise an Jahrhundertprojekte wie etwa die europäische Vereinigung gibt es außerdem auch plausible historische Vorbilder. Zum Beispiel den in der deutschen Öffentlichkeit weitgehend unbekannten Franzosen Jean Monnet, der schon unmittelbar nach dem Zweiten Weltkrieg die Vereinigung Europas in Gang brachte. Statt auf eine europäische Bürgerbewegung zu hoffen, setzte Monnet lieber auf eine vereinte europäische Wirtschaft und die Konsens-Entscheidungen kleiner Eliten. Er ließ sich auch nicht auf nachprüfbare Ziele festlegen, sondern beschränkte sich darauf, einen ergebnisoffenen Prozess in Richtung Europa voranzutreiben, der immer an die aktuellen Machtverhältnisse angepasst werden konnte. Als pragmatischer Schattenmann war er damit so unvergleichlich erfolgreich, dass die so genannte »Methode Monnet« zum Vorbild mehrerer europäischer Politikergenerationen wurde. Seine Methode konnte kaum scheitern, sie konnte aber auch kaum begeistern. 50 Jahre nach den Römischen Verträgen krankt die EU nun daran, dass weite Teile der europäischen Bevölkerung sich nie mit ihr identifiziert haben und deshalb auch keine persönlich gefärbten Zukunftsträume für sie hegen.

Wenn der Politikstil eines Jean Monnet aber ein historisches Wunder wie die europäische Vereinigung auf den Weg bringen konnte, weshalb funktioniert er dann in unserer heutigen Gesellschaft nicht mehr? Weil wir uns verändert haben. Weil unser Leben mit der obrigkeitsstaatlichen Lebenswirklichkeit Jean Monnets nur noch wenig gemeinsam hat. Wir sind inzwischen nicht nur die Mauer losgeworden, wir sind auch auf dem Weg in ein Familienbild, ein Staatsverständnis und neue Unternehmens-Philosophien, die allesamt weniger bevormundend und weniger paternalistisch sind. Wer heute zum Beispiel einen Ministerpräsidenten noch als »Landesvater« beschreibt, klingt plötzlich altbacken. Noch vor wenigen Jahren hätte sich daran kaum jemand gestört.

Die Antriebskräfte für diesen Kulturwandel sind vielfältig. Eine der stärksten kulturverändernden Kräfte ist heute aber das Internet. Dass das Internet zu einer kompletten Reorganisation unserer Wirtschaftsabläufe geführt hat und die Kommunikationsplattform für die Globalisierung stellt, ist weithin bekannt. Dass es inzwischen aber auch unsere Selbstwahrnehmung und unser Bewusstsein für unsere Macht als Individuen verändert, scheint erst allmählich in die öffentliche Diskussion vorzudringen.

Aus der so genannten »Open-Source-Bewegung« hunderttausender, meist ehrenamtlicher Software-Entwickler heraus ist bereits eine völlig neue Rollenverteilung zwischen Wirtschaft und Verbrauchern sowie zwischen Politik und Bürgern am Entstehen. Weltweit führende Unternehmen können es sich schon heute nicht mehr leisten, auf die Verbesserungsvorschläge, Produktideen und, ja, die Träume ihrer Kunden zu verzichten.

Träume haben Tauschwert

Wenn globale Softwarehäuser wie IBM oder die weltweite Nachrichtenagentur Reuters ihre Kunden oder Leser um aktive Mitarbeit bitten, stammt dieser Wunsch nicht mehr aus der Werbeabteilung dieser Firmen, er stammt aus ihren Forschungsabteilungen und Redaktionen. In der Wissensgesellschaft hat kein Unternehmen und auch kein Land der Welt genügend intelligente Köpfe, um allein bestehen zu können. Um nun aber Kunden oder Entwickler zur honorarfreien Mitarbeit bewegen zu können, muss ein Unternehmen im Gegenzug etwas anbieten können, das einen Wert hat. Zum Beispiel die aktive Teilhabe an einem Traum. Sinn hat Tauschwert. Das muss auch nicht nur der hohe Traum von Menschenrechten sein, das kann genauso gut der Traum sein, treibstoffsparende Motoren mitzuentwickeln oder die weltgrößte Enzyklopädie zu errichten. Wer einmal erlebt hat, wie eine eigene Idee Teil eines weltweiten Produktes oder Ereignisses wird oder auch nur wie ein Eintrag im eigenen Blog weltweit Kreise zieht, kann mit konventioneller Politikvermittlung sehr schnell nichts mehr anfangen. Immer mehr Deutsche machen diese Erfahrung bereits. Teilhabe und Mitwirkung sind für eine ganze Generation heute nicht mehr die Ausnahme, sondern schon die Erwartungsnorm geworden. Institutionen, die keine echte Teilhabe an einem Traum anbieten können, werden damit irrelevant. Das könnte bald auch für Nationalstaaten gelten.

Das Internet schafft auch eine nie dagewesene Transparenz. Institutionen, die bei der Zusammenarbeit mit ehrenamtlichen Helfern ihren selbstgesteckten Ehrenkodex verletzen, fliegen immer öfter auf und erleiden dabei empfindliche Verluste. Dasselbe gilt für Politiker, die heute noch dem alten Habitus des Politprofis anhängen, unter Kollegen oder auch gegenüber vertrauten Journalisten völlig andere Positionen zu vertreten, als in der Öffentlichkeit. Werden sie dabei erwischt, was jetzt immer öfter geschieht, kursiert der Videomitschnitt davon schon wenige Stunden später im Internet. Dort bleibt er dann auf ewig abrufbar. In der Vor-Internet-Zeit versuchten Kommunikationsstrategen stets, die Darstellung ihrer Schützlinge in den Medien zu kontrollieren. Das Internet hat sich aber als nicht kontrollierbar erwiesen. Die neue gesellschaftliche Leitwährung des Internetzeitalters heißt deshalb Authentizität. Das hat auch Folgen für die Selbstdarstellung von Nationen. Simon Anholt, ein Berater der britischen Regierung für das internationale Image Großbritanniens, rät Deutschland deshalb, nach einem möglichst glaubwürdigen Traum zu suchen, statt sich immer nur Sorgen um Deutschlands internationales Image einer angeblich unterkühlten Nation zu machen. »Ich würde mir wirklich die Frage stellen, wie schlau es ist, eine informelle, unbeschwert-quirlige Spaßversion Deutschlands präsentieren zu wollen«, sagt Anholt. »Ihr seid keine Italiener und ihr seid keine Brasilianer! Und ihr werdet nie in der Lage sein, die Menschen davon zu überzeugen, dass ihr es seid.« Glaubwürdig fände der Brite jedoch, wenn Deutschland davon träumen würde, das »Gewissen der Welt« zu werden, etwa bei Umweltschutztechnologien, der Entwicklungshilfe und beim Schutz der Menschenrechte.

Standortfaktor Traum

Neben Transparenz und Teilhabe gibt uns das Internet auch eine Mobilität, die wir nur schrittweise begreifen. Wer heute auswandern will, kann sich schon von Deutschland aus via Internet den ersten Job und die günstige Wohnung im Zielland besorgen. Wenn es nicht klappt, steht der Rückweg in die Heimat jederzeit offen. Flugtickets sind so billig wie nie. Das weltweite Telefonieren via Internet ist kostenlos. Auswanderer steigen heute nicht mehr wie einst auf ein Schiff ohne Wiederkehr, sondern sie gehen erst mal nur auf Probe. Aus der Schnupper-Emigration ist längst eine Massenabwanderung geworden. Was in den Medien hin und wieder als »Brain Drain« oder als Abwanderung kluger Köpfe thematisiert wird, ist in Wahrheit eine Abwanderung von Zukunftsmut, ein »Dream Drain«. Jährlich wandern schätzungsweise 250 000 Deutsche aus.

Was bewegt sie, ins Ausland zu ziehen? Im Lauf der letzten Jahre haben wir diese Frage vor allem Deutschen in den USA gestellt, die dort oft unter sehr viel härteren Bedingungen arbeiten als einst in Deutschland. Neben der Aussicht auf eine schnellere Karriere oder eine Position in einer weltweit anerkannten Eliteuni beschrieben viele auch das eher diffuse Gefühl, in Deutschland keinen Raum für ihre Träume zu haben. Diese Empfindung skizziert auch der schon vor vielen Jahren ausgewanderte Komponist Hans Zimmer: »Es geht darum, den Mut zu haben, dass es auch mal schiefgehen kann, und dann trotzdem weiterzumachen; dass der Traum auch danebengehen kann, dass man Fehler machen kann, ohne dass man sich schämen muss.« Über seine eigene Karriere sagt der Oscar-Preisträger: »Als ich angefangen habe als Komponist, habe ich versucht, so Sachen wie zum Beispiel einen ›Tatort‹ bei der ARD zu kriegen. Ich bin da nicht reingekommen, weil ich nicht zur Musikhochschule gegangen bin. Ich habe ja nur Kreativität im Kopf gehabt und keine Bildung.« In den USA entwickelte er sich dann zu einem der einflussreichsten Komponisten in der Geschichte des Films.

In Deutschland zu leben ist für immer größere Teile der Bevölkerung nur noch eine Option von vielen. Zwar waren die Westdeutschen auch früher schon nicht eingesperrt, de facto waren sie aber aus den Arbeitsmärkten fast aller anderen Länder ausgesperrt. Auswanderung war ein äußert schwieriges Unterfangen. Heute wird sie immer einfacher. Und wenn erst einmal die jetzigen Jugendlichen ins auswanderungsfähige Alter kommen, werden wir wahrscheinlich staunen, welche Internationalität diese Generation schon in ihrer Kindheit über das Internet erworben hat. Auswanderung könnte für sie so selbstverständlich werden wie ein Jobwechsel.

Vielleicht haben die Globalisierungstheoretiker ja Recht und die Welt wird tatsächlich »flacher«. Je mehr sich die harten Standortfaktoren der Industrieländer aber einander angleichen – von den Steuersätzen und der Qualität der Hochschulen bis hin zum Lohnniveau –, umso wichtiger werden die weichen Standortfaktoren: das Zukunftsversprechen und der Traum, den ein Land sich auf die Fahne schreibt.

Positive Identität

Nun haben wir Ihnen auf den letzten Seiten vor allem wirtschaftliche und politische Argumente für die Notwendigkeit eines deutschen Traums geliefert. Diese Argumente könnten Sie aber auch getrost wieder vergessen. Es gibt nämlich noch einen viel wichtigeren Grund, nach einem inspirierenden, mutigen deutschen Traum zu suchen: Lebensfreude. Es würde schlichtweg mehr Spaß machen, in einem Land zu leben, das sich und der Welt begeisternde Zukunftsträume anbieten kann.

Oder stellen Sie sich einmal vor, Sie würden eine neue Liebesbeziehung beginnen. Was würde Sie an Ihrem neuen Partner oder Ihrer Partnerin am meisten beglücken: sein reiches, aber über weite Strecken auch tragisches kulturelles Erbe oder eher die Vorfreude auf Ihre gemeinsame Zukunft, in der alles möglich ist? Und wie würden Sie sich dann fühlen, wenn Ihr neuer Partner oder Ihre Partnerin Ihnen als Bedingung für eine Beziehung zuerst einmal unterbreitet, was Sie in Zukunft alles nicht tun und nicht werden sollen? Nicht sehr sexy.

Ganz ähnlich verhalten wir uns aber gegenüber unseren Einwanderern in Fragen deutscher Identität. Wir können ihnen ziemlich genau sagen, was wir alles nicht von ihnen wollen, sind aber eher ratlos in der positiven Beschreibung dessen, was wir von ihnen erwarten, zu was sie dazugehören könnten und was wir gerne gemeinsam mit ihnen erschaffen würden. Gemeinsame Zukunftsträume sind ein Nährboden, in dem auch Einwanderer Wurzeln schlagen könnten. Eine gesellschaftliche Identität, die nur aus der negativen Abgrenzung und aus der Geschichte geboren wird, verlangt nach Stillstand. Eine Identität, die sich auf einen konstruktiven Zukunftstraum stützt, strebt nach Bewegung.

Traumpfade für Deutschland

In den 30 Traumgesprächen über Deutschland kristallisierten sich mindestens sechs Kernthemen heraus: Der Traum, dass Deutschland mit seiner kulturell tief verwurzelten Naturverbundenheit und seiner enormen Stärke im Ingenieurswesen die weltweit führende Umweltschutzmacht werden könnte. Der Traum, dass Deutschland gerade aufgrund der Geschichte des Holocaust seine Identität im weltweiten Engagement für Menschenrechte und Demokratie findet. Der Traum, dass Deutschland die Führungsstärke aufbringt, um Europa weiter zu vereinigen. Der Traum, dass Deutschland sich weltweit als Friedensmacht profiliert und auch hilft, neuartige Methoden für bewaffnete Friedensmissionen zu entwickeln. Der Traum, dass Deutschland eine umfangreiche Patenschaft für ein ausgewähltes Entwicklungsland übernimmt und damit auch in Deutschland einen Innovationsschub auslöst. Das sechste, mehrmals wiederkehrende Thema ist die Hoffnung, dass Deutschland sich als ein Land definiert, in dem Menschen ihre persönlichen Träume verwirklichen können.

»Leadership« war ein zentrales Wort, das in diesen Gesprächen über Deutschland immer wiederkehrte. Mit den Worten »Führung« und »Führer« tun wir uns aus verständlichen Gründen schwer. Der Mut, eine größere Führungsrolle einzunehmen, ist dennoch, was sich alle unsere Gesprächspartner in der einen oder anderen Form für Deutschland wünschen. Niemand beschrieb die deutschen Träume als etwas, das einem europäischen Traum zuwiderlaufen sollte. Viele unserer Gesprächspartnerinnen und -partner wünschen sich stattdessen, dass Deutschlands neuer Traum ein europäischer Traum sein möge, und sind überzeugt, dass kein europäisches Land heute noch rein eigennützige Träume haben sollte. Auf unsere Frage, wo eigentlich die Trennlinie zwischen nationalen Träumen und Nationalismus verlaufe, gab uns die kanadische Schriftstellerin Anne Cameron die kürzeste Antwort: »Nationalismus entsteht, wenn kein Traum existiert.«

Das Projekt »German Dream« ist einst an unserem Küchentisch entstanden. Es hatte seinen Ursprung in unserer persönlichen Suche nach Hoffnung und einem größeren Traum für Deutschland. Einige unserer Kolleginnen und Kollegen zweifelten durchaus an unserem Realitätssinn und erinnerten uns an die lange Liste von Gründen, weshalb Deutschland sich niemals ändere und niemals für positive Visionen begeistern lasse. Es stimmt schon: An Deutschland zu verzweifeln ist leicht und hat eine lange Tradition, mit der sich ganze Bibliotheken füllen lassen. Hoffnung ist aber nicht die Abwesenheit von Verzweiflung oder Kritik. Hoffnung sind all die Ideen, die aus dem Wunsch geboren werden, nicht weiter in der Verzweiflung oder Traumlosigkeit vor sich hin zu leben.

Wir sind in diesen letzten Jahren oft gefragt worden, was denn inzwischen unser eigener »German Dream« sei. Unsere Hoffnung ist heute, dass Deutschlands Kultur Träumer und Veränderungen mehr willkommen heißt und dass Freiheit in Deutschland einen mindestens genauso hohen Stellenwert erhalten wird wie Ordnung. Wir hegen viele Träume für Deutschland, unser wichtigster Traum ist aber, dass Deutschland das erste Land der Welt sein wird, das eine wirkliche, gelebte Gleichberechtigung von Frauen und Männern erreicht.

Wir glauben inzwischen, dass der Erfolg jeglicher deutscher Träume entscheidend davon abhängt, dass Frauen und Männer in Deutschland gleich gute Zukunftsaussichten haben. Ein Land, in dem die Hälfte der Bevölkerung bis heute für dieselbe Arbeit im Schnitt 20 Prozent weniger verdient, geringere Karrierechancen hat und weniger respektiert wird als die andere, die männliche Hälfte, fährt nur auf halber Kraft. Was könnte in Deutschland mehr Aufbruchsstimmung freisetzen, als nun der gesamten Bevölkerung, Frauen wie Männern, die gleichen Erfolgsaussichten zu verschaffen und dieses Ziel zum gesellschaftlichen Traum zu erheben?

Die Debatte um die Integration von Ausländern in Deutschland, die beginnende Debatte um die Trennung von Staat und Religion, wie auch die Debatte um Deutschlands Kindermangel sind bei näherem Hinsehen allesamt auch Debatten über unser Frauenbild. Statt diesen Sachverhalt nun aber wieder nur als ein »Problem« zu bearbeiten, könnten wir daraus einen inspirierenden und herausfordernden Zukunftstraum formulieren, an dem wir uns dann als Nation messen lassen. Mit der Verwirklichung des Traums der Gleichberechtigung hätte Deutschland nicht nur die Chance, sich von innen heraus in ungeahnter Weise zu erneuern, sondern auch international eine neuartige Führungsstellung einzunehmen.

Träume willkommen heißen

Eine positive Beschreibung Deutschlands könnte zum Beispiel so lauten: »Wir wollen das erste Land auf der Erde sein, das die wirkliche Gleichberechtigung von Frauen und Männern erreichen wird. Deutschland steht für die ewige Weiterentwicklung der Demokratie. Wir stehen für eine Gesellschaft, die allen Menschen in Deutschland ein Leben in Wohlstand und Gesundheit ermöglicht. Das höhere Ziel unserer Nation ist, dem Teil der Menschheit, der noch in entsetzlicher Armut lebt, mit allen nur denkbaren Mitteln zu helfen, sich aus der Armut zu befreien. Wir träumen davon, uns und der Welt zu beweisen, dass eine prosperierende Volkswirtschaft im Einklang mit der Natur möglich ist. Deutschland wird keine Gesetze verabschieden, die den Kindern der Zukunft schaden. Wir schützen und respektieren die Freiheit zu religiöser und spiritueller Vielfalt. Deutschland steht für die Trennung von Staat und Religion. Religionen repräsentieren nur einen Teil der Gesellschaft. Das Grundgesetz repräsentiert hingegen alle Menschen in Deutschland, seine Werte und Regeln haben Vorrang. Unsere Rolle in der Welt sehen wir darin, uns mit allen nur denkbaren Mitteln für den Schutz der Menschenrechte einzusetzen und mit aller Macht für friedliche Konfliktlösungen zu werben. Deutschlands Aufgabe ist, die Tatkraft, die Freiheit und die Träume seiner Bürgerinnen und Bürger zu nähren.«

Wie könnte also Ihre eigene, neue Beschreibung Deutschlands lauten? Wie wir eingangs sagten, ist dieses Buch nur der Anfang eines Gesprächs. Ein Gespräch darüber, wie wir uns gegenseitig ermutigen könnten, größere Träume zu haben; Träume, die mehr Mut und mehr Verantwortungsgefühl erfordern und dafür auch größere Erfolgserlebnisse und Belohnungen mit sich bringen. Der wichtigste Schritt zu einem deutschen Traum ist deshalb die Bereitschaft, unseren ganz persönlichen Zukunftsträumen für unser eigenes Leben mehr Bedeutung zu geben. Es macht einen Unterschied, ob wir unsere privaten Zukunftspläne daran ausrichten, was »technisch noch möglich« ist, oder daran, was wir uns in unseren hoffnungsvollsten Träumen vorstellen können.

Unser Wunsch ist, dass immer mehr Menschen in Deutschland es wagen, offen von ihren mutigsten Träumen für sich und für Deutschland zu sprechen. Wenn Ihnen also demnächst jemand eine ungewöhnliche Idee schildert, versuchen Sie, nicht zuerst nach Gründen zu schauen, weshalb diese Idee scheitern könnte. Es gibt eine viel beeindruckendere Art, Intelligenz und kritisches Denkvermögen unter Beweis zu stellen: Finden Sie möglichst viele Gründe, weshalb diese ungewöhnliche Idee gelingen könnte. In den Worten Paulo Coelhos: »Auch ein Land besteht nur aus einzelnen Personen. Ich glaube an die Macht der Menschen, den Traum eines Landes zu verändern.«

Alysa Selene und Wolfgang Blau

30 INTERNATIONALE TRÄUME
FÜR DEUTSCHLAND

HAFSAT ABIOLA

»Was ich an eurem Traum mag, ist seine Bescheidenheit.«

Hafsat Abiola ist eine Menschenrechtsaktivistin aus Nigeria. Ihr Vater, Moshood Abiola, gewann 1993 die ersten demokratischen Präsidentschaftswahlen Nigerias. Seine Wahl wurde jedoch von der damaligen Militärdiktatur annulliert; Mooshod Abiola wurde inhaftiert und starb 1998, am Vorabend seiner Freilassung, unter ungeklärten Umständen. Hafsats Mutter, Kudirat Abiola, startete unmittelbar nach der Inhaftierung ihres Ehemannes eine Bürgerinitiative für dessen Freilassung. Sie wurde 1996 in Lagos auf offener Straße erschossen. Hafsat Abiola studierte in den USA an der Harvard University. Seit dem Ende der Militärdiktatur in Nigeria engagiert sie sich für die Gleichberechtigung der Frauen Nigerias und gründete die »Kudirat Initiative for Democracy«, KIND. Hafsat Abiola kam 1974 in Lagos zur Welt.

NIGERIA

Fläche:	910 768 km^2
Bevölkerung:	ca. 135 Millionen

Frau Abiola, wie wichtig sind kollektive Träume für das Wohlbefinden eines Landes?

Ich glaube, sie sind lebenswichtig. Der erste gesellschaftliche Traum, mit dem ich in meinem Leben zu tun hatte, war der American Dream. Es ist offensichtlich, wie sehr dieser Traum die Menschen im Lauf der Jahrhunderte motiviert hat, über ihre eigene Begrenztheit und ihre Meinungsverschiedenheiten hinauszuwachsen und damit mehr zu erreichen, als es jeder Person im Alleingang möglich gewesen wäre. Wenn ich da mein eigenes Land Nigeria betrachte, oder auch andere Länder Afrikas, dann glaube ich, dass das Fehlen eines gemeinsamen Traumes unsere größte Schwäche ist. Natürlich stehen wir auch vor sehr konkreten Herausforderungen, sei es unsere Wirtschaftsentwicklung, der Analphabetismus, soziale oder gesundheitliche Probleme. Was uns aber am meisten fehlt, ist der Glaube an uns selbst, aus dem ein solcher Traum hervorgehen könnte. Ohne diesen Traum bleiben alle anderen Hindernisse unüberwindbar.

Als Sie vor ein paar Jahren mit dem Global Peace Award ausgezeichnet wurden, hielten Sie eine kurze Rede und sagten: »Wir wollen diesen Planeten zum wunderbarsten Ort machen, den sich ein Mensch nur vorstellen kann und, ja, noch schöner als alles, was sich heute überhaupt irgendjemand vorstellen kann!« Woher nehmen Sie diesen überbordenden Optimismus?

Das finde ich in mir. Und ich finde die Bestätigung für diesen Optimismus, wenn ich durch die Straßen gehe und die Leute beobachte, wenn ich das Blau des Himmels sehe oder eine Mutter, die ihr Kind auf dem Arm trägt, oder auch wenn ich Geschichten über die menschliche Widerstandsfähigkeit höre und Leute sehe, die einst großes Unheil angerichtet haben und nun in ihrem Bemühen, ihre eigene Ehre wiederzuerlangen, erstaunlich viel Inspiration geben können. Ich finde diese Hoffnung im Leben; sie ist der Kern des Lebens. Wenn wir an uns selbst glauben, können wir die Welt erschaffen, in der wir wirklich leben möchten. Wenn wir es nicht zulassen, desillusioniert zu werden, wissen wir tief in unserem Herzen, was alles möglich wäre.

In Ihrer Heimat Nigeria, dem bevölkerungsreichsten Land Afrikas mit über 130 Millionen Einwohnern, beträgt die durchschnittliche Lebenserwartung nur etwa 47 Jahre. Trotz des enormen Reichtums an Bodenschätzen lebt die große Mehrheit der Bevölkerung in blanker Armut. Wie schaffen Sie es, Ihre Mitbürger für den Traum von Demokratie zu begeistern, wenn die meisten schon mit ihrem täglichen Überlebenskampf vollauf beschäftigt sind?

Wissen Sie, die Nigerianer wachen jeden Morgen auf und versuchen, sich den Problemen dieses bevorstehenden Tages zu stellen. Wenn wir aber erst einmal von dem Traum für ein neues Nigeria erfüllt sind, einem Nigeria, in dem wir genug zu essen haben, wo es in den Straßen keine Verbrechen mehr gibt, wo unsere Kinder zur Schule gehen und später auch Arbeit finden können, wenn wir diesen Traum haben, erst dann können wir eine Nation errichten, die Antworten auf diese Probleme finden kann. Ohne diesen Traum können wir uns nur abhetzen und abarbeiten und werden dabei fast nichts erreichen. Einstein hat das einst am besten ausgedrückt. Er sagte in etwa: »Die Geisteshaltung, aus der heraus ein Problem einst erschaffen wurde, kann nicht die Geisteshaltung sein, mit der wir nun die Lösung für dieses Problem finden können.« Wir müssen also versuchen, uns selbst und andere dazu zu motivieren, tiefer in sich zu gehen und unsere tieferen Wahrheiten zu finden. Wenn uns das gelingt, können die Personen, die wir selbst waren, als wir unsere heutigen Probleme erschufen, sich verändern und neuartige, nachhaltigere Lösungen hervorbringen.

Sie haben in den neunziger Jahren beide Eltern verloren. Ihre Mutter und Ihr Vater, Kudirat und Moshood Abiola, bezahlten ihren Kampf um Demokratie in Nigeria mit dem Leben. Sie selbst betreiben heute in Nigeria eine Organisation, die sich für die Gleichberechtigung von Mädchen und Frauen einsetzt. Woher nehmen Sie den Mut, den nigerianischen Traum Ihrer Eltern fortzusetzen?

Jede Person auf der Erde ist einzigartig. Aber gleichzeitig sind wir auch alle Teil einer Generationenkette von Ahnen, die vor uns hier waren, und von Nachkommen, die noch darauf warten, geboren zu werden. Jede dieser Personen trägt Träume in sich, die nicht nur ihre eigenen Träume, sondern auch Teil des kollektiven Traums der Menschheit sind. Der Sinn unseres eigenen Lebens ist, diesen Traum so weit wie nur möglich voranzubringen. Und wenn wir in diese Welt geboren werden, bringen wir auch noch unsere individuellen Träume mit, die wir verwirklichen müssen. Trotz aller Ängste.

Und ja, ich habe meine Eltern unter sehr tragischen Umständen verloren. Vor etwa zwei Jahren habe ich geheiratet. In meiner Kultur wäre es dabei üblich gewesen, dass meine Mutter die ganze Hochzeit vorbereitet und dass mein Vater mich an meinen Bräutigam übergibt. All das hat nun gefehlt. Und wenn ich daran denke, habe ich natürlich das Gefühl eines großen Verlustes. Aber wissen Sie, ich war damals auch dabei, als meine Eltern jene Entscheidung gefällt haben, die sie später in direkten Konflikt mit Nigerias Militär gebracht und das Leben gekostet hat. Ich erinnere mich gut, dass meine Eltern am allerlebendigsten waren, als sie Ja zu ihren Träumen gesagt haben. Und das, obwohl ihre Träume sie später das Leben kosteten. Hätten meine Eltern damals nicht Ja zu ihren Träumen gesagt, dann hätten die Eltern, die ich damit länger um mich gehabt hätte, mir dennoch keine stärkere Hinterlassenschaft vermachen können, als sie es in der kurzen Zeit taten, die wir gemeinsam auf dieser Erde leben konnten.

Wann immer ich heute Angst davor habe, Ja zu meinem Traum zu sagen, weiß ich, dass ich dieser Angst ins Auge sehen sollte, meine Angst anerkennen und trotzdem Ja sagen sollte. Jegliche echte Belohnung in deinem Leben, diese Freude in deinem Herzen, das Gefühl, ein Lebensziel zu haben, all das kommt nur von diesem Ja. Und das ist ein Geschenk, das mir meine Eltern gegeben haben und das größer ist als alle anderen Geschenke und das auch mit Geld nicht zu bezahlen wäre. Selbst wenn meine Eltern noch länger hätten leben dürfen, hätten sie mir kein größeres Geschenk hinterlassen können, als diese Treue zu ihrem Traum.

Mit allem, was Sie in Ihrem bisherigen Leben über Deutschland gehört oder vielleicht auch in Deutschland erlebt haben: Was wäre Ihr Vorschlag für einen neuen deutschen Traum?

Ich habe das Gefühl, dass Deutschland bereits ganz kleine Schritte unternimmt, um seinen Traum zu sehen und hochzuhalten. Nach den Terroranschlägen vom 11. September 2001 waren es Deutschland und Frankreich, die dem besorgten Teil der Welt klarmachten, dass wir Alternativen zu dem Plänen der US-Regierung finden müssen. Deutschlands Verhalten war die Antwort eines Landes, das auf sein eigenes Herz hört und das den Mut hat, den Mund aufzumachen, wenn etwas nicht den eigenen Werten und dem eigenen Traum entspricht. Solche Entscheidungen, oder auch die Schritte, die Deutschland unternommen hat, um die Europäische Union zusammenzubringen, sind Anzeichen dafür, dass Deutschland im Begriff ist, seinen Traum zu finden. Manchmal musst du gar nicht unbedingt bemerken, dass dein Traum gerade im Entstehen ist. Wenn er aber erst einmal geboren ist, wirst du ihn deutlich sehen. Und obwohl der deutsche Traum noch nicht in dieser klaren, machtvollen Art formuliert worden ist, die Sie vielleicht gerne hätten, hat er doch Integrität. Was ich an eurem Traum mag, ist seine Bescheidenheit.

Bescheidenheit ist etwas, das wir heute von uns allen auf der Welt brauchen; die Einsicht, dass auch die schönsten unserer Träume gefährlich sein können und wir deshalb vorsichtig sein sollten. Wenn ich sehe, wie freundlich, ruhig und beinahe zögerlich Deutschland gerade in seinen Traum hineingeboren wird, dann fühle ich mich als Mitglied der Weltgemeinschaft sehr geborgen. Wir alle sollten Deutschland und die Deutschen darin bestätigen, dass sie das Recht auf einen gesellschaftlichen Traum haben. Die kleinen Schritte, die die Deutschen gerade in Richtung dieses Traums unternehmen, sind eine Inspiration für viele in der ganzen Welt, und hoffentlich können wir euch ermutigen, euren Traum in seiner ganzen Fülle zu gebären. Was auch immer Deutschlands Traum sein wird, er sollte auf Werten wie Frieden und Gerechtigkeit aufbauen. Und auf der Schönheit der Welt.

Obwohl Deutschland ja in puncto Lebensstil, Reichtum und Pro-Kopf-Einkommen zu den Elitenationen der Welt gehört, sind viele Deutsche nicht sehr hoffnungsvoll, wenn sie an ihre Zukunftsaussichten denken. Was würden Sie den Menschen in Deutschland raten, die wenig Hoffnung haben?

Sie müssen sich ihrem eigenen Herzen zuwenden. Wenn ich sehe, welche Anstrengungen Deutschland unternimmt, um eine neuartige Nation zu werden, eine Nation, die ganz unmissverständlich zum Ausdruck bringt, dass sie ihre Lektion aus der Geschichte gelernt hat und jetzt ein Leuchtturm für die Welt sein will, dann denke ich mir manchmal, Deutschland kann nur noch dann von seinem Weg abkommen, wenn es seine Zukunft als eine rein innerdeutsche Angelegenheit betrachtet. Die Art und Weise, in der die Deutschen ihre eigene Lage betrachten, ist ja sehr faszinierend. Wenn ein Volk im Überfluss lebt und schon 80 Prozent der Dinge hat, die es zum Glücklichsein braucht, dann verhalten sich die Menschen dieses Volkes sehr seltsam: Das Einzige woran sie dann denken können, sind die 20 Prozent, die ihnen noch zu ihrem Glück fehlen. In dem Land, aus dem ich komme, wachen die Leute morgens auf und haben weniger als umgerechnet achtzig Eurocents für ihr tägliches Essen. Sie haben vielleicht nur 20 Prozent dessen, was sie zum Leben brauchen. Aber die Leute in Nigeria wachen morgens auf und empfinden zuerst einmal Wertschätzung für die 20 Prozent, die sie haben.

Die Deutschen hingegen, wie auch der größte Teil Europas und der USA, können nie anerkennen, was sie haben, und denken ausschließlich daran, was sie noch nicht haben. Wenn du aber in dieser Mentalität verharrst, immer nur an die Dinge zu denken, die du nicht hast, dann kannst du nie froh sein, kannst nie mit Optimismus in die Zukunft schauen. Deshalb ist es ja so wichtig, dass Deutschland in die Welt hinausschaut, auf all die Orte, wo so viel mehr fehlt. Erst wenn ihr die Situation eurer Nachbarn seht, werdet ihr euren eigenen Reichtum überhaupt verstehen können. Ich weiß natürlich, was in der Vergangenheit geschehen ist und weshalb Deutschland heute so zögerlich ist, sich global stärker zu engagieren. Für das spirituelle Wohlbefinden der Deutschen, für ihre Gesundheit wäre es heute aber gut, sich stärker zu engagieren. Wenn die Deutschen mehr nach außen schauen würden, würden sie sehen, warum andere Menschen, die nur 20 Prozent des Lebensnotwendigsten haben, trotzdem lächeln können. Wenn die Deutschen erst einmal dieses kleine Geheimnis verstehen, werden sie selbst mehr lächeln und optimistischer sein, wenn es um Deutschlands Zukunft geht oder darum, was Deutschland der Welt geben kann. Erst wenn du realisierst, wie viel du geben kannst, begreifst du, wie viel du eigentlich besitzt.

Gut. Nehmen wir einmal an, Deutschland würde sich international noch stärker engagieren, als es das heute bereits tut. Welche praktischen Schritte würden Sie sich dann von Deutschland erhoffen?

Ich weiß, dass Deutschland uns in Afrika schon viel Hilfe leistet. Was wir aber noch mehr schätzen würden als finanzielle Hilfe und Spenden, wäre die Möglichkeit für uns, echten Handel mit euch zu betreiben. Uns wird so oft gesagt, dass die Dinge, die wir anzubieten haben – etwa unsere Bananen –, nicht euren Qualitätsansprüchen und Standards genügen. Ich bitte die Deutschen: Behandelt uns so, wie ihr in eurer eigenen Familie einen jüngeren Bruder oder eine jüngere Schwester behandeln würdet. Wir brauchen Partner, wir brauchen Freunde, die uns helfen, diese Qualitätsstandards zu erfüllen, so dass wir echte Wirtschaftsbeziehungen mit euch haben können. Wir haben ja Dinge, die wir euch in einer Handelsbeziehung anbieten könnten. Was wir wollen, ist eine wechselseitige Beziehung, die auch unsere Würde respektiert. Und wissen Sie, das würde auch die Würde der Deutschen ehren. Wechselseitiger Handel verhindert Ausbeutung. Deutschland könnte auf diesem Gebiet eine europäische und innerhalb der Welthandelsorganisation auch eine internationale Führungsrolle einnehmen. Ihr könntet und ihr solltet mehr über Fragen internationaler Gerechtigkeit und Fairness sprechen. Die Deutschen könnten unsere Stimme sein, sie könnten ihren Einfluss nutzen und sich für die Verwundbaren dieser Welt starkmachen.

Ihre Organisation KIND kümmert sich in Nigeria um die Ausbildung von Mädchen und trainiert junge Frauen für spätere Führungspositionen in Nigeria. Etliche Studien der Vereinten Nationen zeigen, dass es kaum einen effektiveren Weg gibt, ein Land zu reformieren, als in die Ausbildung junger Frauen zu investieren. Wie könnte Deutschland davon profitieren, noch stärker in die Gleichberechtigung von Frauen zu investieren?

Wir müssen unsere Frauen und Mädchen dazu ermächtigen, all diese gesellschaftlichen Glaubenssätze, die Frauen schwächen, nun buchstäblich wieder zu verlernen. Wir müssen neue Sichtweisen aus aller Welt finden und auch zu euren eigenen frauenfreundlichen kulturellen Wurzeln in Deutschland zurückkehren, die vielleicht in Vergessenheit geraten sind. Und wenn wir weibliche Führungskräfte wollen, meinen wir damit nicht Frauen, die sich wie Männer verhalten. Wir wollen Frauen, die etwas Neues beitragen. Wir haben genug von ständigem Konkurrenzkampf und Krieg, wir wollen Zusammenarbeit und Konsensbildung. Das ist, was wir uns von den Frauen erhoffen. Und obwohl eure Frauen in Deutschland heute so gut ausgebildet sind, muss immer noch viel geschehen. Die Frauen müssen jetzt verstehen, dass eine Schlüsselrolle auf sie zukommt. In der Weise, wie Frauen Kinder gebären können, können sie auch psychologisch helfen, eine neue Welt zu gebären, und dabei mit Männern zusammenzuarbeiten.

Frau Abiola, Sie sind erst Anfang dreißig und haben bereits so viel erreicht, für Ihr Land, Ihre Familie und sich selbst. Welchen Traum haben Sie heute für Ihre persönliche Zukunft?

Ich träume von einer wunderschönen Familie. Mein Ziel ist es, noch offener zu werden für die Schönheit dieser Welt und jeden mir nur möglichen Beitrag für die Geburt dieser neuen Welt zu leisten, die wir jetzt brauchen. Ich glaube, wir müssen diese Welt jetzt in unserem eigenen privaten Leben gebären, in der Art und Weise, wie wir unsere Familie und unsere Freunde lieben; und wir müssen sie auch in unserem öffentlichen Leben gebären, indem wir über unsere Vorurteile hinauswachsen und uns über die Grenzen hinweg die Hände reichen und Küsse und Umarmungen austauschen. Wir können beginnen, die Wunden in unserer Welt zu heilen. Und so können wir auch eine neue Welt gebären.

Wir wünschen Ihnen alles Gute mit Ihrem Traum und danken Ihnen, dass Sie uns Ihre Träume für Deutschland erzählt haben.

Viel Glück mit allem, was Sie in Deutschland tun. Sie haben meine Liebe, Zustimmung und Unterstützung.

SIMON ANHOLT

»Für mich könnte Deutschlands Traum darin bestehen, das Gewissen der Welt zu sein.«

Simon Anholt ist ein international anerkannter Experte für das Image-Marketing ganzer Nationen. Er ist Mitglied des Public Diplomacy Board der britischen Regierung und hat auch die Vereinten Nationen sowie die Regierungen zahlreicher anderer Länder in Image-Fragen beraten, darunter Botswana, Deutschland, die Mongolei, Neuseeland, die Niederlande, Schweden, die Schweiz, Südkorea und Tansania. Er ist Mitglied des Europäischen Kulturparlaments und Gründer des Anholt Nation Brand Index, einer regelmäßigen Umfrage unter 25 000 Menschen in 35 Ländern über ihre jeweilige Wahrnehmung anderer Nationen. Anholt ist Autor mehrerer Sachbücher, darunter das Buch ›Brand New Justice‹, in dem er Marketing-Strategien für Entwicklungsländer entwirft. Sein jüngstes Buch heißt ›Competitive Identity – The New Brand Management for Nations, Cities and Regions‹. Simon Anholt wurde 1961 in Großbritannien geboren.

GROSSBRITANNIEN

Fläche: 241 590 km^2
Bevölkerung: 61 Millionen

Herr Anholt, Sie sind ein weltweit anerkannter Experte in der Frage, wie Nationen ihr internationales Image beeinflussen können. Sie untersuchen auch regelmäßig, wie verschiedene Nationen vom Rest der Welt wahrgenommen werden. Was halten Sie da von der Idee eines neuen deutschen Traums?

Das Wort Traum macht mir ein bisschen Sorgen, denn es suggeriert etwas, das weit von der heutigen Wirklichkeit entfernt liegt. Ich kann mich da anstrengen, so viel ich will, aber wenn ich mir überlege, wie Deutschland seine eigene Selbstwahrnehmung und die Wahrnehmung Deutschlands im Ausland verbessern könnte, dann sehe ich nichts, was von der heutigen Wirklichkeit so weit entfernt liegen würde. Ich sehe sehr naheliegende, kleine Schritte, die nötig wären, um dieses Ziel zu erreichen. Wenn wir hier also von einem Traum sprechen, dann ist das kein sehr fantastischer Traum, sondern einer dieser ganz realistischen Träume.

Das ist gut! Was ist Ihr realistischer Traum, wenn es um Deutschlands Image geht?

Die nationale Identität, oder was wir auch als das »Markenimage« Deutschlands beschreiben, ist extrem wichtig. Es ist für alle Länder wichtig. Für Deutschland ist es aus simplen wirtschaftlichen Gründen besonders wichtig. Deutschlands Wirtschaft ist besonders stark auf ihre Exporte ins Ausland angewiesen, und Exporte hängen ganz entscheidend vom Image des Landes ab, das die jeweiligen Produkte herstellt. Deutschlands Image im Ausland ist also unglaublich wichtig. Die Deutschen machen sich auch viele Sorgen um dieses Image. Mehr Sorgen, als gesund wäre. Die Länder, die aber bereits ein beneidenswertes Image haben, jenes perfekte Image, das wir alle gerne hätten, sind Länder, die sich nicht allzu viele Sorgen um ihr Image machen. Ich glaube, es gibt da eine Parallele zur menschlichen Natur: Die Leute, die bezüglich ihrer eigenen Identität ganz entspannt sind, sind zugleich diejenigen, in deren Gegenwart es auch allen anderen leichtfällt, sich zu entspannen. Wenn ich Deutschland also einen nutzlosen Rat geben dürfte, dann nur den, dass es schwierig ist, jemanden zu lieben, der nicht so recht weiß, wie er sich selbst lieben kann. Der Traum für Deutschland benötigt wahrscheinlich nur ein bisschen Entspannung.

Wie kann ein Land dahin gelangen, sich selbst zu lieben, wie Sie es gerade formulierten, ohne nicht auch einen inspirierenden Traum oder Versprechen für die Zukunft in sich zu tragen?

Nun, es muss einen klaren Plan haben. Es ist außer Frage, dass die zweite Eigenschaft von Ländern mit positivem Image darin besteht, dass sie eine klare Vorstellung davon haben, wohin sie gehen und woher sie kommen. So etwas hängt enorm von den Politikern und der jeweils amtierenden Regierung ab. Es ist eine wichtige Aufgabe jeder Regierung, eine klare und gleichzeitig begeisternde Vision davon zu haben, wohin sich ein Land bewegen soll und was seine Aufgabe in der Welt ist. Und noch einmal: Für Deutschland ist das aus den bereits genannten Gründen besonders wichtig. Was ist Deutschlands »Positionierung«, um ein Marketing-Wort zu verwenden. Wo steht Deutschland in Beziehung zu anderen Ländern und wofür steht es? Wofür steht Deutschland?

Aber wenn Sie nun fragen, wofür Deutschland steht, ist das nicht nur eine andere Formulierung unserer Eingangsfrage, der Frage nach Deutschlands Traum?

Ja, absolut. Wann immer ich mit Menschen aus Deutschland über das Image Deutschlands spreche, gibt es da dieses wiederkehrende Thema, das dann stets von den Deutschen angesprochen wird und nicht von mir: Die Deutschen erklären mir in diesen Gesprächen, wie wichtig es doch sei, die Welt wissen zu lassen, dass die Deutschen auch eine weiche Seite hätten, eine fröhliche Seite. Die Deutschen haben da einen sehr interessanten Wesenszug, den sie mit den Japanern gemeinsam haben. Die Deutschen machen eine sehr klare, fast heilige Unterscheidung zwischen dem offiziellen, öffentlichen Deutschland und dem inoffiziellen, privaten Deutschland. Und genau wie bei den Japanern gibt es auch in Deutschland einen großen Unterschied zwischen diesen beiden Sphären. Die offizielle, öffentliche Version Deutschlands und der Deutschen hat viel mit Effizienz, Effektivität, Ordnung und Kompetenz zu tun. Und wir alle wissen – na ja, nicht alle, Sie und ich wissen –, dass die private Seite der Deutschen ganz anders ist. Sie ist fröhlich, humorvoll, warm, gastfreundlich und vieles mehr.

Es überrascht nicht, dass sich die meisten Vorurteile in der Welt gegenüber den Deutschen auf das offizielle Deutschland beziehen, das eher streng, nüchtern, kühl und steif ist. Auf diese Tatsache gibt es also eine ganz verständliche Reaktion. Die Mitarbeiter des Goethe-Instituts sagen beispielsweise: »Wenn die Leute doch nur wüssten, wie wir Deutschen sind, wenn wir uns entspannen, wenn wir unsere Anzüge und Krawatten loswerden und wenn wir bei unseren Familien zuhause sind, dann würden sie uns sehr viel mehr Liebe entgegenbringen.« Ich halte diesen Ansatz aber für extrem unklug. Aus mehreren Gründen. Erstens: Die schockierende Wahrheit ist, dass viele Menschen im Ausland die offizielle Erscheinung der Deutschen bevorzugen. Es ist zwar naheliegend für die Deutschen zu sagen, »ach, das ist aber alles so streng und entspricht uns gar nicht«. Es ist dennoch eine der Eigenarten, die die Welt an den Deutschen mag; die Tatsache, dass ihre Produkte so zuverlässig sind, dass ihre Systeme, Strukturen, Organisationen und Behörden so verlässlich und gut organisiert sind. Die Menschen mögen das. Und die Tatsache, dass die Welt sich von Jahr zu Jahr in ein immer chaotischeres, immer weniger vorhersagbares Schlamassel verwandelt, macht diese Eigenschaften nur noch kostbarer. Das Goethe-Institut macht sich Sorgen darüber, dass die Deutschen als langweilig gelten. Der Begriff »langweilig« liegt aber unmittelbar neben »vertrauenswürdig«, und »vertrauenswürdig« ist die Qualität, die in der Welt des 21. Jahrhunderts wertvoller ist als alles andere. Ich würde mir also wirklich die Frage stellen, wie schlau es ist, diese informelle, unbeschwert-quirlige Spaßversion Deutschlands präsentieren zu wollen. Ihr seid keine Italiener und ihr seid keine Brasilianer! Und ihr werdet nie in der Lage sein, die Menschen davon zu überzeugen, dass ihr es seid. Wir könnten sogar behaupten, dass die Italiener und Brasilianer genau das entgegengesetzte Problem haben; nämlich, dass sie niemand ernst nimmt. In der internationalen Politik und im Welthandel müssen diese Länder immer erst eine Hürde überwinden, das gilt vor allem für Brasilien. Die Deutschen haben dieses Problem nicht.

Die Dinge stehen also längst nicht so schlecht, wie die Deutschen vielleicht glauben. Das heutige Image Deutschlands ist auch nicht wirklich schlecht. Ich glaube nur, dass es eine Überleitung braucht, weg von »nüchterner Effizienz« und hin zu »verlässlicher Effizienz«; weg von einem vertrauenswürdigen Land, das aus der Distanz bewundert wird, hin zu einem vertrauenswürdigen Freund. Wenn Sie aber zum Beispiel ein Fabrikant in Kambodscha oder Guatemala wären, dann würden Sie absolut alles darum geben, das Image Deutschlands zu haben. Wenn Sie ein Gespür für die Wirklichkeit entwickeln möchten, würde es Ihnen auch helfen, sich einmal den gigantischen Aufstieg vor Augen zu führen, den Deutschlands Image in den letzten 20, 30 Jahren erlebt hat. Es ist absolut phänomenal, wie sich das Image dieses Landes verbessert hat: Es war allgemein negativ und ist nun allgemein positiv. Das ist schlichtweg ein Wunder!

Sie geben gemeinsam mit dem Marktforschungsinstitut GMI den so genannten Anholt Nation Brand Index heraus. Dabei handelt es sich um die erste regelmäßige weltweite Umfrage zum Image verschiedener Nationen. Einmal pro Quartal befragen Sie und Ihr Team mehr als 25 000 Menschen in 35 Nationen zu ihrer jeweiligen Wahrnehmung anderer Nationen. Können Sie uns also sagen, ob die Fußballweltmeisterschaft 2006 in Deutschland das internationale Image Deutschlands nachhaltig beeinflusst hat, und wenn ja, wie?

Meiner Meinung nach hat Deutschland die Weltmeisterschaft sogar gewonnen. Deutschlands Austragung der WM ist für mich eines der erfolgreichsten Beispiele für effektives und kohärentes Nation Branding und Public Diplomacy, das ich jemals gesehen habe. Unsere früheren »Nation Brand Index«-Umfragen haben oft gezeigt, dass Deutschlands Image unausgewogen ist. Seine grundsätzliche Regierungsarbeit wird bewundert, sein Investitionspotenzial wird allgemein anerkannt und als Hersteller von begehrenswerten, hochwertigen Gütern rangiert Deutschland auf gleicher Höhe oder sogar über Japan und den USA. Auch die Menschen Deutschlands sind hoch angesehen, vor allem jedoch als potenzielle Angestellte oder Manager und weniger als potenzielle Freunde und Gastgeber. Als potenzielle gute Angestellte rangieren die Deutschen in diesen Umfragen stets zehn oder noch mehr Stufen höher als mit ihrem Potenzial als Gastgeber. Das deutet darauf hin, dass die Deutschen eher als effektiv und verlässlich empfunden werden und weniger als lustig oder sympathisch.

Hinzu kommt, dass Deutschland als touristisches Reiseziel im Nation Brand Index immer entsetzlich schlecht abgeschnitten hat. Es rangiert stets auf den untersten Plätzen der so genannten sicheren Reiseziele und schneidet manchmal sogar noch schlechter ab als Brasilien oder Ägypten, die ja für risikoscheue Touristen nicht gerade attraktiv sind. Das meistgebrauchte Adjektiv im Zusammenhang mit Deutschlands touristischen Angeboten war stets das Wort »vorhersagbar«. Auch die internationale Wahrnehmung von Deutschlands kulturellem Erbe ist überraschend schwach. Deutschland rangiert hier deutlich unterhalb der Länder, die von gebildeten Europäern als kulturell ebenbürtig betrachtet werden, also Großbritannien, Frankreich, Italien und Spanien.

Und Sie sagen, das alles habe sich nun mit der Fußballweltmeisterschaft verändert?

Nun, ich sagte ja bereits, dass Deutschland erst lernen muss, an sich selbst zu glauben, bevor es auch andere zu diesem Glauben inspirieren kann. Dank der WM sieht es jetzt aber ganz danach aus, dass Deutschland auf dem besten Weg ist, dieses Ziel zu erreichen und ein ausgeglicheneres nationales Image hervorzubringen als bisher. Die WM war die perfekte Gelegenheit für Deutschland, seine weicheren Seiten zu präsentieren und dabei auch noch die ungewöhnlich hohe Zahl von Besuchern und internationalen Medienvertretern für sich zu nutzen, die das Land jetzt aus erster Hand erleben konnten. Deutschland hat diese Gelegenheit bestens genutzt – mit seinem Enthusiasmus und Einfallsreichtum, der Qualität seiner Gastfreundlichkeit, der Wärme seiner Menschen und seinem Geist von Fair Play. Ein perfektes Beispiel für gute Öffentlichkeitsarbeit war zum Beispiel die eigentlich simple Idee, Polizisten aus den verschiedenen Herkunftsländern der teilnehmenden Teams einzuladen, damit diese Polizisten dann die Fans außerhalb der Stadien im Auge behalten können. Diese Idee basierte auf der bereits etablierten Vorstellung, dass Deutschland eine Stärke in den Bereichen Sicherheit und Ordnung hat. Aber dann wurde diese Idee einen Schritt weitergeführt, um etwas Neues zu beweisen: nämlich, dass die Deutschen sogar noch in den Bereichen Sicherheit und Ordnung auch Kreativität und Innovation einsetzen, um internationale Brücken der Freundschaft zu bauen.

Noch wichtiger und vielleicht noch weniger vorhersagbar war aber, dass diese WM auch zum Katalysator für ein neues Selbstbild der Deutschen wurde. Ähnlich wie wir Briten, aber aus anderen historischen Gründen, schienen die Deutschen oft hin- und herzupendeln zwischen einem bedrückenden Selbsthass und einem noch krankhafteren Größenwahn. In ihrer grundehrlich gemeinten und ja weitestgehend friedlichen Unterstützung für die deutsche Nationalmannschaft scheinen die Deutschen nun das Gewebe eines gutartigen Nationalismus gefunden zu haben.

Viele Deutsche berichteten auch von ihrem eigenen Erstaunen darüber, dass sie ohne Scham, ohne Ironie oder Trotz ihre Nationalhymne sangen. Viele waren auch erstaunt, dass sie sich überhaupt an den Text der Hymne erinnern konnten. Ich denke, dass die WM 2006 in Zukunft einmal als bedeutsamer Moment in der sozialen Nachkriegsgeschichte Deutschlands gelten wird; als der Moment, in dem dieses Land endlich verstanden hat, dass es eine gesunde Selbstachtung haben kann.

Sie haben vor ein paar Jahren einmal zu uns gesagt, dass jedes Land so etwas wie eine unterbewusste Geschichte über sich selbst erzähle.

Ja!

Welche unterbewusste Geschichte erzählt beispielsweise Ihr Heimatland Großbritannien über sich selbst?

Nun, seit dem eher leichtsinnigen Verlust unseres Empires ranken sich die Geschichten, die wir uns über uns selbst erzählen, darum, dass wir brillant darin sind, Dinge zu verlieren. Diese Geschichte ist gefährlich, weil sie so verführerisch ist. Niederlagen haben ja etwas Betäubendes und Vergewisserndes an sich: Sie bringen keinerlei Verantwortung mit sich. Und wenn wir dann mal etwas gewinnen, was allerdings nicht oft vorkommt, dann wissen wir nicht, was wir mit diesem Sieg anfangen sollen. Wenn wir hier im Vereinigten Königreich wirklich etwas bewegen wollen, müssen wir zuerst diese Geschichte, wonach wir notorische und gloriose Verlierer sind, an der Wurzel packen. Wir müssen diese Geschichte als das enttarnen, was sie ist – eine leere Erfindung –, und sie durch etwas Positiveres ersetzen, durch eine Art gutmütigen Nationalismus. Zurzeit haben wir Briten ein seltsames Gemisch von Identitäten. Wir haben das Gefühl, vor uns hin zu treiben. An einem Tag sind wir Amerikas engster Verbündeter, dann sind wir ein ehemaliges Empire, dann plötzlich wieder moderne Europäer. Und das scheint sich täglich zu ändern. Ich glaube, Bevölkerungen können mit dieser Art von Ungewissheit nicht leben.

Wenn Sie mich nun fragen, was die gefährlichste Geschichte in Deutschlands Kultur ist, lautet das Thema vermutlich: »Niemand versteht uns.« Das ist eine andere selbst erfüllende Prophezeiung. Wenn du erst einmal davon überzeugt bist, dass du viel zu komplex bist, um jemals von irgendjemand anderem verstanden zu werden, hat das in der Regel zur Folge, dass du gar nicht mehr ernsthaft versuchst, überhaupt verstanden zu werden. Diese Geschichte bietet viel Zuflucht. Schließlich ist es ja auch sehr bequem, von niemandem jemals verstanden zu werden. Es befreit dich von einer Menge Verpflichtungen und der Verantwortung, dich verständlich zu machen. Wir müssten darüber ein bisschen mehr nachdenken. Ich vermute aber stark, dass es in der deutschen Kultur ein paar dieser Selbsterzählungen gibt, deren Leitmotiv lautet: »Niemand versteht uns, denn wir sind viel zu kompliziert.«

Finden Sie es nicht auffällig, dass einige der dynamischsten gesellschaftlichen Träume der heutigen Zeit in Entwicklungsländern geträumt werden?

Das liegt daran, dass diese Länder im Aufbruch sind, sie sind auf einer Reise. Diese Länder müssen nur ihre Spezialität definieren oder ihre Position im Weltmarkt. Indien zum Beispiel muss sich entscheiden, was es sein will. Und es ist jetzt schon klar, woher Indiens Reichtum kommen wird, und es ist auch absehbar, dass Indien in der zukünftigen Weltpolitik ein großes Gewicht haben wird. Ähnliches gilt auch für China. Diese Länder haben das Gefühl, auf einem fahrenden Zug zu sitzen. Für diese Länder ist es nicht besonders schwierig, in die Zukunft zu zeigen und zu sagen: »Das ist die Zukunft, die uns schon heute definiert.« Für unsere reichen Nationen ist das viel, viel schwieriger. Die Länder, die schon einen langen Weg hinter sich haben, wie Großbritannien und Deutschland, finden es sehr viel schwieriger, in die Zukunft zu schauen, denn diesen Ländern geht es jetzt vor allem darum, ihren heutigen Status in der Welt zu verteidigen, und weniger darum, noch viel beweisen zu wollen.

Aber ist es nicht genau das Gefühl, »auf einer Reise« zu sein, nach dem sich vor allem junge Leute sehnen und das sie brauchen, um sich mit ihrem eigenen Land identifizieren zu können, statt es in Scharen zu verlassen? Deutschland beispielsweise verliert jedes Jahr zigtausende von begabten und bestens ausgebildeten jungen Frauen und Männern ans Ausland.

Absolut. Da treffen Sie den Nagel auf den Kopf! Ein Politiker oder eine Politikerin, der/die heute ein Land führen will, muss absolut in der Lage sein, dieses gemeinsame Ziel und die Mission eines Landes zu formulieren.

Was könnte so ein »gemeinsames Ziel« sein, das Deutschland seiner Jugend anbieten könnte?

Eines ist sicher: In der Zeit und in dem moralisch-ethischen Klima, in dem unsere jüngeren Generationen heute glücklicherweise leben, kann dieses gemeinsame Ziel kein eigennütziges Ziel mehr sein. Für Entwicklungsländer ist es völlig legitim, eigennützige Träume zu haben. Denn sie hatten bisher nichts, und das ist nun ihre Gelegenheit. Es ist völlig in Ordnung, wenn Indien heute sagt: »Wir werden jetzt alle reich!« Aber für Länder, die reich waren und weiterhin reich bleiben und die in der Vergangenheit so viel vom Reichtum der Welt für sich in Anspruch genommen haben, kann es kein eigennütziger Traum sein, zumindest kein ausschließlich eigennütziger Traum. Das würde nicht nur schlecht aussehen, es wäre auch schlecht.

Was bisher kaum ein reiches Land geschafft hat, ist, einen Traum aufzuzeigen, den es nachweislich auch mit anderen, mit weniger begünstigten Ländern teilt. Für mich könnte Deutschlands Traum darin bestehen, das Gewissen der Welt zu sein, etwa wenn es um Themen wie Friedenssicherung geht, Umwelttechnologien, freiheitliche Politik, Toleranz, Biowissenschaften und Ähnliches.

Deutschland könnte es gelingen, sich selbst als die hilfreichste aller europäischen Nationen zu präsentieren, die die Entwicklungsländer unterstützt und ihnen hilft, voranzukommen. Für eine reiche Nation wie Deutschland wäre es völlig legitim, ein solches Ziel anzustreben. Und natürlich wäre so etwas auch in Deutschlands Interesse, denn das wäre zugleich eine Spielart von kommerziellem Imperialismus. Auf jeden Fall würden die jüngeren Generationen in Deutschland und auch außerhalb Deutschlands so etwas attraktiv finden.

Es ist auffällig, wie wenige reiche Länder es geschafft oder auch nur darüber nachgedacht haben, sich darüber zu definieren, welche Beziehung sie zu den ärmeren Ländern haben. In Großbritannien haben wir gerade erst begonnen, dieses Potenzial zu verstehen. Uns dämmert erst jetzt, dass unser Entwicklungshilfeministerium ein zentraler Partner sein könnte, um Großbritanniens Ziele und Positionen weltweit zu repräsentieren. Mit anderen Worten: Wir werden zu großen Teilen darüber definiert, was wir geben, und weniger darüber, was wir tun, nehmen oder verdienen. Deutschland könnte auf diesem Gebiet eine enorme Glaubwürdigkeit erlangen. Ihr habt da eine Chance, die ihr wahrnehmen solltet. Und ich sage es noch einmal: Das kann kein eigennütziger Traum sein.

Gemessen daran, dass Sie zu Anfang unseres Gesprächs das Wort Traum nur mit großer Skepsis verwenden wollten, ist das, was Sie hier nun skizzieren, eigentlich ein sehr inspirierender Traum!

Ja, das war wahrscheinlich meine eigene Fehlinterpretation der deutschen Kultur. Wissen Sie, die Notwendigkeit eines kollektiven, populären Traums ist für mich sowieso offensichtlich. Ich verstehe aber, dass das in der deutschen Kultur sehr viel weniger offensichtlich ist. Da ist es eher eine radikale Idee.

Danke, dass Sie mit uns geträumt haben.

Ich danke Ihnen.

RICHARD BARRETT

»Nehmt nicht alles so schwer! Lockert diese Kontrollwut und diese Hierarchien.«

Der Unternehmensberater Richard Barrett ist darauf spezialisiert, die interne Kultur großer Unternehmen und Organisationen zu analysieren. Seit Erscheinen seines Buchs ›Liberating the Corporate Soul‹ haben mehr als 700 Firmen und Organisationen in über 40 Ländern auf seine Methoden zurückgegriffen, um ihre Unternehmenskultur neu auszurichten. Richard Barretts Ansatz geht davon aus, dass Unternehmen, die aktiv Verantwortung für ihre Gesellschaft und Umwelt übernehmen, auch finanziell erfolgreicher werden. Barrett war ursprünglich Ingenieur für die Weltbank. Nach Erscheinen seines ersten Buches ›A Guide to Liberating Your Soul‹ ernannte ihn die Weltbank zu ihrem Werte-Koordinator. Seit 1997 leitet Barrett sein eigenes Beratungsunternehmen mit Sitz in Großbritannien und den USA. Richard Barrett wurde 1945 in England geboren.

GROSSBRITANNIEN

Fläche:	241 590 km²
Bevölkerung:	61 Millionen

Herr Barrett, Sie waren bei der Weltbank Koordinator für Grundwerte und Unternehmenskultur. Seit Veröffentlichung Ihres Bestsellers ›Die Befreiung der Unternehmenskultur‹ sind Sie ein weltweit gefragter Berater für Großunternehmen, die nach einer optimistischeren Unternehmenskultur suchen. Bevor wir also gleich darüber sprechen, ob Ihre Expertise auch für Deutschland und einen deutschen Traum relevant sein könnte, erlauben Sie uns zunächst die simple Frage: Was hat die interne Kultur eines Unternehmens mit seinem wirtschaftlichen Erfolg zu tun?

Ich habe die Wechselwirkung von Kultur und Leistung seit etwa 1977 erforscht. Meine These war damals, dass eine Organisation, die sich wirklich um ihre Angestellten und Kunden kümmert und sich mit positiven Werten für die Gesellschaft einsetzt, letzten Endes auch finanziell erfolgreicher ist. Ich habe dann eine Methode entwickelt, um die interne Kultur von Unternehmen und Organisationen zu messen. Ich habe dafür eine Arte Werte-Landkarte entwickelt, die den bekannten sieben Bewusstseinsebenen entspricht. Diese Bewusstseinsebenen gelten für Privatpersonen ebenso wie für Organisationen oder ganze Nationen.

Können Sie diese sieben Bewusstseinsebenen kurz und verständlich erklären?

Ja, klar. Meine Arbeit beruht auf der so genannten Bedürfnispyramide des Psychologen Abraham Maslow. Ich habe sein Konzept in eine Pyramide von Bewussteinsstufen verändert. Wir haben zunächst das Bedürfnis, zu überleben, wir haben das Bedürfnis, Beziehungen zu haben, Selbstbewusstsein zu haben, gefolgt von dem Bedürfnis nach Selbstverwirklichung; dazu gehört auch der Wunsch, ein sinnvolles Leben zu leben. Und egal, ob wir hier nun von Einzelpersonen, Gruppen oder ganzen Nationen sprechen, auf jeder dieser Bewusstseinsstufen erhöht sich der Grad in Inklusivität, also die Einbeziehung von anderen. Auf den ersten drei Stufen, bei den Bedürfnissen, zu überleben, Beziehungen zu haben und Selbstbewusstsein zu haben, geht es primär um mich und meine Eigeninteressen. Wenn wir aber erst einmal zur Stufe der Selbstverwirklichung gelangen, die für demokratische Länder typisch ist, dann geht es um diesen ständigen Ausgleich zwischen meinen eigenen Bedürfnissen und den Bedürfnissen anderer Leute. Das ist der Prozess, der uns ermöglicht, einen inneren Zusammenhalt zu entwickeln. Und dieser Zusammenhalt kommt von einer gemeinsamen Vision, von gemeinsamen Werten und Verhaltensnormen. Und was ich bis jetzt herausgefunden habe, ist, dass es nicht viele Länder gibt, die diesen inneren Zusammenhalt, diese fünfte Bewusstseinsstufe, bereits gefunden haben. Und das, obwohl einige Länder sogar schon Elemente der Stufen sechs und sieben zeigen. Dazu gehören beispielsweise strategische Partnerschaften mit anderen Ländern oder dass eine Nation anfängt, sich Gedanken über soziale Gerechtigkeit zu machen oder über die Bedürfnisse zukünftiger Generationen und Umweltschutz nachzudenken.

Viele Menschen glauben, dass die Idee einer Unternehmenskultur oder gar einer Unternehmens-Vision nur ein weiterer manipulativer Trick der Arbeitgeber ist, um noch mehr Leistung aus ihren Angestellten herauszupressen. Mit allem Respekt, Herr Barrett: Helfen Sie den Großunternehmen nicht nur dabei, sich ein sozial korrektes Wertemäntelchen umzuhängen, während es in Wahrheit stets nur um Gewinnmaximierung geht? Oder träumen die Unternehmen, die Sie beraten, anschließend wirklich sozial verantwortungsvollere Träume?

Beides ist wahr. Zugegeben: Die wirtschaftliche Leistung dieser Unternehmen verbessert sich erheblich. Aber wissen Sie was? Auch die Messwerte für Angestelltenzufriedenheit und Kundenzufriedenheit steigen an. Wir haben auch herausgefunden, dass es ohnehin immer auffliegt, wenn sich ein Unternehmen bei seinen kulturellen Werten manipulativ verhält. Wenn du etwa verkündest, dass du bestimmte Werte vertrittst wie zum Beispiel Vertrauen, Offenheit, Ehrlichkeit und Integrität und dein Verhalten diesen Werten aber nicht entspricht, dann merken die Leute das sofort. Wenn du also dem Zeitgeist hinterherläufst und versuchst, eine Unternehmenskultur zu etablieren, die nur deiner Wettbewerbsfähigkeit dienen soll und dabei etwas vortäuschst, was dein Unternehmen intern gar nicht praktiziert, dann verschwendest du nur deine Zeit.

Einige dieser multinationalen Konzerne, die Sie beraten, haben Budgets, die größer sind als die Staatshaushalte ganzer Nationen. Wenn Ihre Methoden also in der Lage sind, die Unternehmenskultur dieser riesigen multinationalen Konzerne zu verändern, könnten Ihre Methoden dann auch auf Nationen angewandt werden und darauf, wie die einzelnen Bürger eines Landes sich und ihr Land betrachten?

Das ist genau das Thema, an dem wir gerade mit einer ganzen Gruppe verschiedener Vordenker zur Frage nationaler Bewusstseinsbildung arbeiten. Wir wollen selbst herausfinden, ob einige dieser sozialen Techniken, die in großen Organisationen angewandt werden, auch für ganze Nationen funktionieren könnten. Ich bin ziemlich sicher, dass dies der Fall ist. Das Thema liegt mir am Herzen. Ich glaube, einer der wesentlichen Schritte hin zu einer besseren Welt ist nicht nur, die Werte und Verhaltensnormen großer Organisationen zu verbessern, sondern auch die Werte und Überzeugungen von Nationen.

Dann wagen wir doch einmal den Sprung von der Organisation zur Nation: Herr Barrett, mit allem, was Sie heute über Deutschland wissen, was glauben Sie, welcher neue Traum könnte Deutschlands schlafende oder noch unentdeckte, positive Potenziale freisetzen?

Wenn Sie das Wort »Traum« verwenden, klingt das ähnlich wie der Begriff »Vision«, den ich in meiner Arbeit mit großen Organisationen verwende. Ich kann Ihnen nicht sagen, was Deutschlands Traum sein sollte. Ich kann Ihnen aber versichern, dass die Deutschen selbst bereits die Antwort auf diese Frage haben. Sie wissen es vielleicht nicht bei vollem Bewusstsein, aber die Deutschen müssen in diesen Prozess eingeladen werden, eine solche Vision oder einen solchen Traum gemeinsam zu definieren. Wie soll dieser deutsche Traum aussehen, sowohl nach innen als auch für die Welt? Welches Deutschland hätten wir in 20 Jahren, wenn die Werte und Überzeugungen der heutigen Deutschen wirklich zum Tragen kommen dürften und sie die Kultur hervorbringen würden, in der die Deutschen wirklich leben möchten? Mein Traum ist also, dass alle dazu eingeladen werden, an diesem Prozess teilzuhaben. Die Reichen, die Armen, die Jungen und die Alten. Mein Traum ist, dass ihr in Deutschland diesen Dialog beginnt. Denn nur aus einem solchen Dialog kann ein deutscher Traum entstehen, andernfalls wäre es nur Richard Barretts Traum. Das ist also eine Reise der Selbstentdeckung, sowohl für die Bevölkerung als auch für eure Führungspersönlichkeiten. Es geht darum, dass Deutschlands Führungsebene dazu bereit ist, die Bevölkerung an diesem Dialog teilhaben zu lassen, und die Bürger befähigt und ermächtigt, ihre Träume offen auszudrücken.

Etablierte Mentalitäten zu verändern ist sehr schwierig. Welche praktischen Schritte unternehmen Sie bei Ihrer Arbeit, um die Mentalität von Unternehmen oder großen Organisationen zu verwandeln?

Wirkliche Veränderungen geschehen dann, wenn es zu einer Konversation kommt, die so noch nie stattgefunden hat. Das ist auch, was ich den Leuten in den Organisationen sage, mit denen ich arbeite. Ausgangspunkt ist immer die Frage: Wo stehen wir heute? Was sind die persönlichen Werte, an denen die Mitglieder einer Nation festhalten? Wie sehen die Bürger die derzeitige Kultur ihrer Nation und welche Kultur hätten sie vielleicht gerne? Diese Daten ermöglichen einen Dialog, der bis jetzt noch nie stattgefunden hat und der die Keimzelle einer möglichen Verwandlung enthält. Deine Erfolgsaussichten sind besonders groß, wenn es dir dabei gelingt, die Kluft zwischen den Visionen verschiedener Generationen, von Frauen und Männern und von verschiedenen Einkommensgruppen zu überbrücken. Haben die Armen dieselben Träume wie die Reichen? Nein! Sie sehen die Dinge anders. Das haben wir gesehen, als wir die Grundwerte verschiedener Gemeinschaften kartographiert haben. Und was an Deutschland so beeindruckend ist, das ist das Zusammenkommen von Ost und West nach so vielen Jahren der Trennung. Allein darin liegen schon verschiedene Zukunftsträume begründet. Es ist also wichtig, die gesamte Bevölkerung in diese Diskussion miteinzubeziehen.

Tun wir einmal so, als ob Sie Deutscher wären.

Ja.

Was wäre dann das erste Element deutscher Kultur, das Sie in einer solchen landesweiten Diskussion gerne ansprechen würden?

Da spreche ich als Laie, denn ich bin kein Deutscher.

Genau deshalb wollten wir ja mit Ihnen sprechen.

(lacht) Nun, von meiner Warte sehe ich in Deutschland ein starkes Traditionsgefühl. Das ist zunächst einmal positiv. Wenn die Traditionsverbundenheit aber zu stark wird, kann sie eine ganze Nation davon abhalten, ihr volles Potenzial zu verwirklichen. Ich sehe in Deutschland auch ein sehr starkes, positiv besetztes Bewusstsein für Ordnung. Der Nachteil dieser Tugend ist eine starke Neigung zu Hierarchien und dem Bedürfnis, alles zu kontrollieren. Das Ergebnis ist eine Blockade von Innovation und Kreativität. Aus Unternehmerperspektive ist das eines der Kernprobleme, die Deutschland anpacken muss, wenn es wirtschaftlich weiter wachsen will.

Es wird ja oft beobachtet, dass wir Deutsche Schwierigkeiten damit haben, unternehmerische Risiken einzugehen. Was könnte uns das nötige Selbstvertrauen und die Risikobereitschaft geben, die wir zur Verwirklichung größerer Träume bräuchten?

Risikobereitschaft ist der Gegenpol zur Kontrolle. Ich bin kein Befürworter großer Risiken. Ich bin aber dafür, Nachhaltigkeit zu generieren und dann auf dieser Grundlage Risiken einzugehen. Deutschland ist meiner Meinung nach eine sehr widerstandsfähige und nachhaltige Nation. Es könnte sich deshalb auch mehr unternehmerische Risikobereitschaft leisten, als es das bisher tut. Letztlich geht es für euch darum, weniger Kontrolle auszuüben, wenn es um soziale Statusfragen geht und darum, dass auch die einfachen Angestellten ermächtigt werden, ihre Ideen zu präsentieren, und dass die Manager noch sehr viel offener dafür werden, diese Ideen auf ihr Potenzial hin zu beurteilen, statt immer nur nach möglichen Problemen Ausschau zu halten.

Und welche Vision würden Sie Deutschland also empfehlen, um diese Werte von Ordnung und Disziplin auszugleichen, die andernfalls leicht in bürokratische Schwerfälligkeit ausarten?

Um es in einem Satz auszudrücken: Nehmt nicht alles so schwer! Legt diese Kontrollwut beiseite und diese Hierarchien! Ja, das ist schwierig. Aber das wäre ja gerade auch das Thema eines solchen nationalen Dialogs, über den wir gesprochen haben. Was muss ich aufgeben, um zu bekommen, was ich will? Wir sprechen hier von nichts Geringerem als einer Transformation, einem Bewusstseinswandel. Ist so etwas leicht? Absolut nicht! Aber es wird leichter, wenn die Leute bereit sind zu sagen: »Okay, ich selbst bin ein Teil des Problems.« Wenn das geschieht, gibt es eine Chance für einen Dialog, der bisher noch nie stattgefunden hat.

Das ist ein Prozess, den wir in allen Nationen anpacken müssen. Das ist neues Territorium. Ich glaube auch nicht, dass sich bis jetzt schon jemand dorthin vorgewagt hat, dass jemand die Werte einer Nation kartographiert hat, eine Landkarte der Träume angelegt hat, um dann einen landesweiten Dialog darüber zu starten, was es eigentlich bedeuten würde, diese Träume zu leben, die wir alle haben.

Es wird ja immer wieder über die Frage gestritten, ob eine Nation ihren Bürgern einen Traum gibt, oder ob es zuerst die individuellen Träume der einzelnen Bürgerinnen und Bürger sind, die dann den kollektiven Traum eines Landes bilden. Was glauben Sie?

Das ist interessant. Wenn eine Nation ein bestimmtes wirtschaftliches Niveau erreicht, dann beginnt die Masse der Bevölkerung in eine Phase der Selbstverwirklichung einzutreten. Zurzeit gibt es viele westliche Nationen, wo die Menschen gerade beginnen, sich selbst zu verwirklichen. Das bedeutet, dass sie ihre Freiheit haben, dass sie Demokratie und eine freie Presse haben, dass sie ihre Führung offen kritisieren. Das ist echte Demokratie. Leider haben wir heute nur in wenigen Ländern echte Demokratie. Wir haben viele Pseudodemokratien.

Sie sehen das in Großbritannien und den USA. Im britischen Parlament gibt es immer noch das House of Lords mit Abgeordneten, die nicht demokratisch gewählt wurden, sondern die Interessen der Kirche und der Monarchie vertreten. Das gilt auch für die USA, wo die Demokratie von den mächtigen Interessen der Unternehmen gekapert worden ist. Und vergessen Sie nicht, dass Frauen in den meisten europäischen Ländern erst um 1920 das Wahlrecht erhielten. Wir haben also noch keine wirkliche Demokratie. Wir haben immer noch viele Interessengruppen, die dazu neigen, den demokratischen Prozess hinter den Kulissen an sich zu reißen. Aber wissen Sie, letztlich beeinflussen wir die Welt weniger durch das, was wir sagen, als vielmehr durch unser Verhalten und unsere Taten. Wir selbst müssen der Wandel sein, den wir in der Welt gerne sehen würden. Ich glaube fest daran, dass alle Leute gleichzeitig an sich selbst arbeiten sollten, während sie auch versuchen, die Welt zu verändern, beide Bemühungen gehen Hand in Hand.

Waren große Träume die Triebfeder Ihres eigenen Lebens?

Nicht mein ganzes Leben lang. Seit etwa 15 Jahren bin ich aber von dieser Idee angetrieben, dass sich das Bewusstsein und die Werte gerade auf dem ganzen Planeten verändern. Ich bin davon getrieben, Methoden und Techniken anbieten zu können, die bei der Geburt dieses neuen Bewusstseins helfen könnten. Das ist es, weshalb ich jeden Tag zur Arbeit gehe. Es ist mein Traum, diesen Bewusstseinswandel zu unterstützen, der uns allen eine bessere Welt ermöglichen wird.

Danke, dass Sie mit uns geträumt haben.

Gern geschehen!

ANNE CAMERON

»Träumen ist das Pragmatischste, das wir tun können.«

Anne Cameron ist eine der meistgelesenen Schriftstellerinnen Kanadas. Schon als Kind wurde sie in die alten Mythen und Geschichten der Indianervölker Westkanadas eingeführt, die später viele ihrer über 30 Bücher geprägt haben. Ihre weltweit erfolgreichsten Bücher ›Die Töchter der Kupferfrau‹ und ›Dreamspeaker‹ sind auch ins Deutsche übersetzt worden. Als allein erziehende Mutter von drei Kindern verdiente Anne Cameron ihren Lebensunterhalt viele Jahre lang als Drehbuchautorin. Ihr Film ›Dreamspeaker‹ gewann 1979 gleich sieben kanadische Filmpreise. Anne Cameron lebt mit ihrer Familie auf der Insel Vancouver. Sie wurde 1938 in Kanada geboren und ist in einer Bergarbeiterfamilie aufgewachsen.

KANADA

Fläche:	9 093 507 km²
Bevölkerung:	33 Millionen

Frau Cameron, in Ihren Büchern, etwa dem Bestseller ›Töchter der Kupferfrau‹, geht es oft um die Bedeutung von Träumen. Wo haben Sie in ihrem Leben gelernt, sich Ihre eigene Zukunft zu erträumen?

Ich bin in einer sehr zerrütteten Familie aufgewachsen, die von Alkoholismus und Gewalttätigkeit geprägt war. Der sicherste Ort war für mich damals in meinem Kopf, in meiner Vorstellungswelt. Und als ich so ungefähr elf Jahre alt war, realisierte ich, dass jedes Buch, das ich bisher gelesen hatte, von irgendjemandem geschrieben worden war. Und wenn jemand anderes so etwas bewerkstelligen konnte, warum sollte ich das dann nicht auch schaffen? Von diesem Tag an hatte ich den Traum, eine Schriftstellerin zu werden. Und wenn du erst einmal einen Traum hattest und es dir gelang, diesen Traum mit Arbeit in die Tat umzusetzen, dann sind die anderen Träume leicht.

Wenn wir es richtig recherchiert haben, sind Sie eine schottisch-englische Kanadierin der zweiten Generation.

Das stimmt.

Viele Ihrer engen Freunde und angeheirateten Familienmitglieder sind jedoch Angehörige verschiedener Indianerstämme.

Jawohl.

Wie hat Kanadas indianische Kultur Ihre Sicht auf Träume beeinflusst?

Als ich noch sehr jung war, zehn oder elf Jahre alt, lernte ich eine Frau namens Klopinum kennen. Sie war indianisch. In Kanada sagen wir, sie war »First Nations«. Ihr Name Klopinum bedeutet im Indianischen die »Hüterin des Kupferflusses«. Vor Ankunft der Europäer galt Kupfer unter den »First Nations«-Stämmen als unglaublich kostbar, weil es oft in so reiner Form gefunden wurde, dass es nicht einmal eingeschmolzen werden musste; sie konnten es über indianische Kultur

gleich in Kaltschmiedetechnik bearbeiten. Kupfer war auch ein Statussymbol, es bezeugte enormen Reichtum. Und Kupfer hatte spirituelle Bedeutung, es repräsentierte Weisheit. Als »Hüterin des Kupferflusses« wurde meine adoptierte Tante als wichtige Bewahrerin des alten Wissens anerkannt. Wissen Sie, wir stellen uns die präkolonialen First-Nations-Völker im Rückblick leider oft als ungebildete, unwissende Wilde vor. Die heute herrschende Kultur hat das Wissen unterdrückt, das die First Nations hatten. Sie konnten damals sogar Fisch haltbar machen, sie konnten Fett und Öl gewinnen und konservieren. Wenn dir bei so etwas nur der kleinste Fehler unterläuft, stirbst du an einer bakteriellen Lebensmittelvergiftung. Auch ihre Mathematik war mindestens so hoch entwickelt wie die vieler anderer Völker in der Welt. Ihre navigatorischen Fähigkeiten waren so exzellent, dass sie in offenen Einbäumen nach Japan und zurück fuhren. Sie unternahmen weite Seereisen durch einige der rauhsten Gewässer dieser Erde. Wir hängen aber bis heute dieser Hollywood-Vorstellung an, wonach diese Völker primitiv, unwissend und irgendwie kindlich gewesen sein sollen. Das Volk der Nuu Cha Nulth hatte beispielsweise eine so hoch entwickelte musikalische Kultur, dass ihre Sängerinnen und Sänger mit den europäischen Chören und gregorianischen Gesängen konkurrieren konnten; und Redekunst war eine ihrer am meisten respektierten Kunstformen. Ja, meine Tante Klopinum praktizierte die alte Religion. Alle ihre Enkelkinder wurden ihr weggenommen und auf Internatsschulen gezwungen. Sie hatte niemanden mehr zum Schmusen, niemanden mehr zum Geschichten erzählen, und ich hatte dann das große Glück, dass sie mich wie ihr eigenes Kind annahm. Ich glaube, das Wichtigste, was sie mir beigebracht hat, ist, dass wir innerhalb der Schöpfung nichts Besseres sind, sondern nur ein Bestandteil der Schöpfung. Ein Menschenleben ist in keiner Weise heiliger als das Leben eines Tieres. Sie brachte mir bei, dass sauberes Wasser das kostbarste aller Güter ist. Und dass wir genauso bereit sein sollten, das saubere Wasser und den Rest der Erde zu verteidigen, wie wir auch bereit sind, unsere Familienangehörigen zu verteidigen.

Sie haben in Ihrem Leben viel Leid und Härten gesehen, und mittendrin sicherlich auch viel Schönes. Was haben Sie in ihrem Leben gelernt über die Bedeutung von Träumen als Quelle von Zukunftshoffnung, sei es für einen Stamm, eine Gesellschaft oder für eine ganze Nation?

Wenn du diesen Traum nicht hast, wirst du sterben! Egal, ob du hier von einer einzelnen Person, einer kleinen Gruppe von Leuten oder einer ganzen Nation sprichst. Wer keinen positiven, konstruktiven, spirituell heilsamen Traum hat, wird absterben. Wissen Sie, das Wachstum der transnationalen Unternehmen, das nordamerikanische Freihandelsabkommen, dieses ganze Krebsgeschwür ignoriert schlichtweg, dass die Ressourcen dieser Erde begrenzt sind. Die reden zwar alle von nachhaltigem Wachstum, aber selbst ein Krebsgeschwür bemüht sich noch um nachhaltiges Wachstum und tötet am Ende dennoch seinen Träger. Du kannst nicht einfach immer mehr Mineralien aus den Bergen schürfen, Verwüstung hinterlassen und dann noch denken, du könntest einfach ewig so weitermachen.

Diesen Leuten macht das aber gar nichts aus. Die tun so, als müssten sie die verschmutzte Luft selbst nicht atmen, als müssten sie das vergiftete Wasser selbst nicht trinken. Für den Rest von uns ruht unsere einzige Hoffnung in dem Traum von jenem Tag, an dem alle Gewässer wieder sauber sein werden, jenem Tag, an dem wir uns wieder trauen, nach draußen zu gehen und tief einzuatmen.

Sie sagten gerade, dass eine Gesellschaft oder eine Nation ohne Traum sterben würde. Nun gibt es aber auch viele Europäer, die der Ansicht sind, dass gesellschaftliche Träume ebenfalls das Ende einer Nation bewirken können. Schließlich können nationale Träume auch in gefährlichen Nationalismus umkippen. Wo ziehen Sie also die Trennlinie zwischen einem nationalen Traum und Nationalismus?

Ihr müsst jetzt mal damit aufhören, euch selbst zu verprügeln. Der Weltkrieg ist vorbei! Die Befreiung von Auschwitz ist über 60 Jahre her. 60 Jahre! Und ihr prügelt euch immer noch dafür, ganz so, als ob Deutschland das einzige Land wäre, das jemals verrückt geworden ist. Nennen Sie mir doch nur ein Land in der Welt, das damals bereit war, all die jüdischen Flüchtlinge bei sich aufzunehmen, die darauf hofften, dort Schutz zu finden. Kanada wies ganze Schiffsladungen von Flüchtlingen ab und schickte sie zurück! Und es waren außerdem nicht die Deutschen, die die Ukrainer absichtlich zu Tode gehungert haben. Millionen und Abermillionen von Ukrainern sind verhungert und man ließ sie absichtlich verhungern. Und es waren nicht die Deutschen, die Bomben auf Hiroshima und Nagasaki geworfen haben. Es waren nicht die Deutschen, die Stalins Gulags betrieben. Die Deutschen sind auch nicht mit den USA in Südamerika, Kambodscha und Laos gewesen, die Deutschen haben das Palästina-Problem nicht zu verantworten und sind auch nicht am Tamilen-Problem schuld. Ihr müsst damit jetzt wirklich einmal fertig werden! Okay? Niemand ist unschuldig und ihr seid nicht schuldiger als irgendjemand sonst. Die ganze Welt war damals verrückt! Schließt euren Frieden damit! Die Kinder im heutigen Deutschland haben damit rein gar nichts zu tun.

Und ja, natürlich, Nationalismus ist eine Krankheit. Nationalismus entsteht, wenn kein Traum existiert. Wenn die Leute einen starken, einen auf Werte gestützten Traum haben, werden sie ganz bestimmt nicht zum Reichstag marschieren, den Arm heben und »Lang lebe Hitler!« grölen. Der Mann war verrückt.

Sie sagen also, dass ein gesellschaftlicher Traum sogar der beste Schutz vor Nationalismus ist?

Ja. Ein Traum, der sich auf hohe Werte stützt. Ein Traum, in dem genauso viel Platz für Liebe ist wie für finanzielles Profitstreben. In unserer Zeit hängt doch gerade alles vom Profit ab. Du musst »Shareholder Value« generieren, Gewinne erwirtschaften, blablabla. Und dabei ist völlig schnurz, was derweil mit den einfachen Leuten geschieht, wir trampeln einfach über sie hinweg. Es ist Zeit, dass wir uns weiterentwickeln.

Nun ist es ja so, dass gesellschaftliche Träume nicht von oben herab installiert werden können. Mit allem, was Sie aber in Ihrem Leben über Deutschland gehört oder vielleicht sogar aus eigener Anschauung vor Ort gelernt haben, was wäre da Ihr optimistischster Traum-Vorschlag für Deutschlands Zukunft und seine Rolle in der Welt?

Es ist ja so, dass ihr in der ganzen Welt den Ruf habt, dass ihr die beste Ausrüstung, die besten Maschinen, Autos und Motorräder herstellt; und selbst die besten Fahrräder kommen noch aus Deutschland. Mein Traum ist deshalb, dass Deutschland als Beispiel vorangeht und die alternativen Technologien entwickelt, die wir jetzt alle brauchen, um uns von Benzin und Erdöl abzunabeln. Deutschland ist schon heute führend in der Entwicklung von Windenergie und Gezeitenkraftwerken, und ihr habt die dafür nötige Bevölkerung, ihr habt die Produktionskapazitäten. Ich würde es also wirklich begrüßen, wenn Deutschlands Industrie sich ernsthaft bemühen würde, Alternativen zum Verbrennungsmotor zu entwickeln. Natürlich spielen alle schon mit diesen Technologien herum, aber niemand meint es wirklich ernst, denn heute hängt immer noch derart viel Kapital an der Benzin- und Erdöl-Industrie.

Ich denke, dass Deutschland von allen europäischen Staaten am meisten anzubieten hat und die Europäische Union in eine Zukunft führen könnte, die sehr viel hoffnungsvoller ist, als alles was bis heute verwirklicht wurde.

Wenn ihr nicht gerade damit beschäftigt seid, euch für eure Fehler der Vergangenheit selbst zu verprügeln, dann habt ihr diese Eigenart (lacht) – ich weiß nicht, wie ich es beschreiben soll – aber ihr fasst ein Ziel ins Auge und beschließt, dass ihr dieses Ziel erreichen wollt, und dann kann euch nichts mehr aufhalten. Ihr verfolgt dieses Ziel so entschlossen; ihr geht dafür über die Berge, durch die Berge oder um die Berge herum, aber ihr lasst das Ziel nicht mehr aus den Augen. Ich glaube wirklich, dass Deutschlands technologische Expertise das hervorbringen kann, was die Welt jetzt braucht, damit wir uns nicht vollends selbst vernichten. Ihr seid die Richtigen, um an die Weltöffentlichkeit zu treten und zu sagen: Schaut alle her! Hier ist eine Lösung und hier ist noch eine Lösung, und hier ist die Technologie, um sie zu verwirklichen.

Glauben Sie, dass Sie mit Ihrer Sicht Deutschlands alleine dastehen oder ist das, was sie hier gerade sagten, eine typische Einstellung unter Kanadiern?

Ich glaube nicht, dass nur ich allein so denke. So verschroben bin ich nun auch wieder nicht. Deutschlands Haltung in der Frage des Irak-Kriegs, die Art, wie Deutschland für seine Position geradestand und zu US-Präsident Bush sagte: »Sie irren sich!«, das hat vielen Menschen in der Welt die Augen geöffnet. Das war eine sehr mutige Haltung. Immerhin hatten wir es hier mit einem militärischen Schwergewicht zu tun. Dieser kleine Kerl aus Texas, der da mit seinen Cowboystiefeln herumstolziert, sagte ja: »Ihr seid entweder an unserer Seite oder gegen uns!«. Und Deutschland war die lauteste Stimme, die zu ihm sagte: »Nein. Wir sind nicht an deiner Seite!« Ich glaube, Kanada hätte den USA hier nicht die Stirn bieten können, wenn nicht Deutschland und anschließend Frankreich bereits kundgetan hätten, dass sie bei diesem Tanz nicht mit von der Partie sein werden.

Glauben Sie, dass gesellschaftliches Träumen im Widerspruch zu dem Wunsch steht, pragmatisch zu sein?

Oh nein. Ich glaube, Träumen ist das Pragmatischste, was wir tun können. Alles Wunderbare, was in der Welt jemals geschah, hat mit einem Traum angefangen. Mozart hätte seine Musik nicht komponiert, wenn er nicht davon geträumt hätte. Es würde keine Gedichte geben, ohne dass sich nicht jemand hinsetzt und zunächst einmal von einem Gedicht träumt. Mensch, wenn du keinen Traum hast, bist du tot. Da könntest du dich genauso gleich hinlegen und sterben. Du musst Träume haben. Unsere Träume geben uns unsere Hoffnung. Wenn wir keine Träume mehr hätten, warum würden wir dann überhaupt noch Kinder haben?

Gute Frage. Stellen Sie sich vor, ein bereits etwas verbitterter Teenager käme auf Sie zu und würde sagen: »Sie wollen also, dass ich einen Traum habe, Frau Cameron? Diese Lüge können sie aber jemand anderem auftischen. Was soll ich denn mit einem Traum anfangen? Ich hab doch nicht einmal einen Job!« – Was würden Sie diesem Teenager antworten?

Weißt du, Ärger ist Energie. Und anstatt deinen Ärger zu nutzen, um einem Polizisten auf den Kopf zu hauen oder einen Stein in eine Fensterscheibe zu schmeißen, nutze deinen Ärger, um dir deinen eigenen Job zu kreieren. Es gibt allerlei Arbeiten, die nicht verrichtet werden, weil überhaupt niemand auf die Idee dazu kommt.

Und, ja, es macht mir Sorgen, dass meine Kinder und Enkel höchstwahrscheinlich nicht denselben Lebensstandard haben werden, den ich in meinem Leben hatte. Es gibt kein billiges Erdöl mehr in Kanada und die Bereinigung der Umweltschäden hier wird viele, viele Generationen dauern. Wir waren so verschlafen und so gleichgültig, dass wir eine Regierung nach der anderen gewählt haben, die alle nur das Geld verpulvert haben, als würden die Reserven nie zu Ende gehen. Meine Enkel werden nicht so viele Sachen haben wie ich. Ich wohne ja sogar in meinem eigenen Haus, können Sie sich das vorstellen? In Mexiko gibt es Menschen, die an einem Abhang in Erdlöchern wohnen und denen aber nicht einmal dieses Erdloch gehört. Ich habe damals nach Abschluss der zwölften Klasse ohne jegliche Anstrengung meinerseits einen Arbeitsplatz gefunden. Heute kommen die Kinder aus der Universität und es gibt keine Arbeit für sie. Bei uns arbeiten Frauen mit Universitätsabschlüssen in Kriminologie zum Mindestlohn in Schuhgeschäften. In Vancouver gibt es Taxifahrer, die eigentlich ausgebildete Hochschullehrer sind. Aber hier ist noch ein Gedanke: Das Fell meines Hundes wächst mit phänomenaler Geschwindigkeit. Jedes Mal, wenn ich aber im Hundesalon um einen Termin bitte, werde ich auf eine wochenlange Warteliste gesetzt. Ich zahle pro Hundeschur 40 Dollar und der Hundesalon hat pro Tag etwa 20 Kunden. Das ist eine nette Menge Geld, die da in den Laden spaziert, finden Sie nicht? Einen Hundesalon zu eröffnen ist aber ganz bestimmt das Allerletzte, was Ihnen ein Berufsberater in der Schule empfehlen würde. Stattdessen schicken sie dich in Computerlehrgänge. Ich weiß nicht, welchen Wert das noch hat. Alles, was auf einem Computer gemacht werden kann, lässt sich viel kostengünstiger in China erledigen als hier in Kanada. Sinn und Zweck eines Jobs ist inzwischen nur noch, dass du in der Lage bist, Essen auf den Tisch zu stellen. Das ist alles. Wenn dir deine Arbeit auch noch Spaß macht, dann ist das wirklich schön. Und wenn du sogar tun kannst, was du wirklich tun wolltest, dann hast du ein Riesenglück! Hier in Kanada geht die Regierung davon aus, dass jede Person, die heute ins Berufsleben eintritt, im Lauf der Jahre durchschnittlich fünfzehn Mal umlernen muss. Was machst du da? Von ständiger Umschulung träumen? Natürlich nicht. Aber du versuchst zumindest, dazuzulernen.

Frau Cameron, bei der Suche nach einem neuen Traum für eine Gesellschaft kann es leicht geschehen, dass die alten Menschen ignoriert werden, ganz so, als ob die Alten mit ihrer Sicht auf die Welt ein Hindernis für neue Träume wären. Und das gilt sicher nicht nur für Deutschland, sondern für alle westlichen Nationen. Was glauben Sie, welche Bedeutung haben Deutschlands alte Menschen für das Entstehen eines neuen deutschen Traums?

Eure Alten wissen besser als irgendjemand sonst, welche Fehlentwicklungen möglich sind. Sie wissen besser als irgendjemand sonst, was der ultimative Preis des Wahnsinns ist. Und sie wissen bestimmt besser als irgendjemand sonst, was du dir mit Apathie einhandelst. Die alten Menschen des heutigen Deutschlands waren junge Leute, als der Wahnsinn einst begann, und sie taten damals genauso dasselbe, was die jungen Leute heute auch tun: Sie nahmen die Politik nicht ernst genug. Und als sie endlich anfingen, die Politik ernst zu nehmen, saßen sie bereits in der Falle. Und auch wenn ihr euch bis heute dafür prügelt oder großartig tönt, was ihr damals alles nicht getan oder sogar verhindert hättet, will ich Ihnen nur eines sagen: Ich hätte mich damals ganz bestimmt nicht vor die Tore von Auschwitz gestellt und gerufen »Stopp! Stopp! Hört auf damit, das muss ein Ende haben!«. Nein, ich wäre zuhause gesessen und hätte die

Klappe gehalten, damit ich nicht selbst verhaftet und in den nächsten Güterwaggon gesteckt werde.

Die alten Menschen in Deutschland wissen heute sehr genau, wo die Stolpersteine sind. Und sie müssen einen Traum gehabt haben! Sie reden vielleicht nicht darüber, aber sie müssen einen Traum gehabt haben, oder sie hätten einfach Selbstmord begangen. Wissen Sie, Sie müssen den Alten zuhören und hören, wie es damals war in Deutschland, gegen Ende des Krieges. Welcher Traum hielt sie damals davon ab, schlicht und einfach in die Scheune zu gehen und sich zu erhängen? Es gab nichts mehr zu essen. Sie wurden für alles verantwortlich gemacht. Das Schuldgefühl allein muss gereicht haben, um die Leute in den Wahnsinn zu treiben. Und sie haben das durchgestanden. (lacht). Schließlich wissen wir ja alle, dass ihr stur seid. Dass eure heutigen Alten das alles durchgestanden haben, bedeutet, dass sie einen Traum hatten. Und dieser Traum hat die Nation dorthin gebracht, wo sie heute steht. Wenn ihr diesen alten Menschen nur endlich zuhören würdet! Es ist so offensichtlich, dass ihr Traum noch lebendig ist. Sie sind damals nicht einfach ausgewandert. Sie haben sich der Situation gestellt und fingen mit dem Wiederaufbau an. Fragt die Alten, warum sie das damals auf sich nahmen. Sie taten es bestimmt nicht aus Apathie oder weil es auf den Auswandererschiffen keinen Platz für sie gegeben hätte. Sie werden euch ihren Traum erzählen. Aber nur, wenn ihr bereit seid, ihnen zuzuhören.

Danke, dass Sie mit uns geträumt haben.

Gern geschehen. Und wenn ihr nach Tahsis kommt, nehmen wir euch mit zum Lachsfischen. Ihr werdet nicht glauben, was ihr hier seht: Wir haben immer noch sauberes Wasser, wir haben immer noch Bäche und Flüsse, wo du deine Tasse eintauchen und einen Schluck trinken kannst, ohne danach krank zu werden. Und wir wollen, dass das so bleibt!

Auch ein Zukunftstraum.

Oh ja, und ob!

PAULO COELHO

»Ich sehe Deutschland mit der Unschuld eines Kindes.«

Paulo Coelho ist einer der erfolgreichsten Schriftsteller der Welt. Seine Bücher sind in über 60 Sprachen übersetzt worden. Weltweit wurden bisher 85 Millionen Exemplare seiner Bücher verkauft. Allein in Deutschland stand ›Der Alchimist‹ mehr als 300 Wochen lang in den Bestsellerlisten. Coelho wollte schon in seiner Jugend Schriftsteller werden. Seine Eltern hielten dies jedoch für ein Zeichen psychischer Krankheit und ließen ihn mehrmals in die Psychiatrie zwangseinweisen, wo er mit Elektroschocks behandelt wurde. Erst im Alter von 40 Jahren kehrte Coelho zu seinem Traum zurück, Bücher zu schreiben. Ein Jahr später verfasste er seinen Weltbestseller ›Der Alchimist‹, das bis heute meistverkaufte Buch in der Geschichte der portugiesischen Sprache. Paulo Coelho lebt mit seiner Frau in Rio de Janeiro, Brasilien, wo er 1947 zur Welt kam.

BRASILIEN

Fläche:	8 456 510 km^2
Bevölkerung:	ca. 190 Millionen

Herr Coelho, Ihr Weltbestseller ›Der Alchimist‹ wird vielfach als Loblied auf die Macht der Träume beschrieben. Wir haben auch gehört, dass Sie beim Signieren Ihrer Bücher oft nicht nur Ihren Namen schreiben, sondern noch ein kleines Zitat hinzufügen: »Folge Deinem Traum!«

Das stimmt. Ich denke, das ist das Wichtigste in unserem Leben. Und ich sage nicht, dass wir, wenn wir unseren Träumen folgen, nicht auch sehr schwierigen Situationen ausgesetzt sein werden, so wie mir das widerfahren ist. Ich sage jedoch, dass es möglich ist. Der einzige Weg, wie dein Leben wirklich gerechtfertigt sein kann, ist, wenn du bereit bist, den Preis für deine Träume zu bezahlen.

Nehmen wir einmal an, Sie hätten es mit einer Person oder sogar einem ganzen Land zu tun, das keinen großen Traum hat. Was würden Sie dieser Person oder diesem Land raten?

Ich glaube, ehrlich gesagt, dass wir alle ganz genau wissen, was unsere Träume sind. Sie sind schon von Kindheit an in uns, wenn wir noch sehr jung sind. Aber dann sagen alle um uns herum, dass unsere Träume unmöglich seien. Auch mir ist das so ergangen. Mein Traum war, Schriftsteller zu werden. Meine Familie sagte damals aber, dass das unmöglich sei und dass niemand sich von Literatur ernähren könne. Und eine Weile lang habe ich ihnen sogar geglaubt. Nach einiger Zeit stellte ich dann aber fest, dass ich mit meinen Lebensentscheidungen nicht glücklich war und dass das gar nicht meine Entscheidungen, sondern die Entscheidungen der Gesellschaft waren. Erst später in meinem Leben habe ich mich entschieden, den Preis für meinen Traum zu bezahlen und meinen Traum zu verwirklichen. Ich sagte mir damals: Natürlich ist das eher unwahrscheinlich und vermutlich nur ein verrückter Traum, aber ich werde es trotzdem versuchen!

Auch ein Land besteht nur aus einzelnen Personen. Ich glaube an die Macht der Menschen, den Traum eines Landes zu verändern. In Brasilien leben wir beispielsweise in einer sehr besonderen Zeit, in der die Menschen nun voller Hoffnung sind. Das hilft sehr. Und ich will damit gar nicht behaupten, dass es deshalb auch der brasilianischen Wirtschaft besser gehen würde. Ich sage auch nicht, dass sich die Kluft zwischen armen und reichen Leuten in Brasilien dadurch verringert hätte. Was ich damit aber sagen will, ist, dass Hoffnung den Menschen hilft, schwierige Zeiten durchzustehen. Wenn wir nun also vom deutschen Traum sprechen, dann ist das ein kollektiver Traum, der Traum der Menschen in Deutschland. Und dieser Traum ist sehr wohl am Leben! Um ihn zu finden, müssen Sie in sich hineinschauen, statt nur nach außen zu blicken und zu glauben, was die Leute alles über Deutschland sagen.

Viele Leute glauben, große Träume für eine bessere Zukunft seien nur das Privileg junger Menschen oder – im Fall von Nationen – das Privileg von Entwicklungsländern, keinesfalls jedoch etwas für erfolgreiche G8-Staaten wie Deutschland. Stimmen Sie dem zu?

Nein, dem würde ich absolut nicht zustimmen! Ich selbst habe zum Beispiel erst im Alter von 40 Jahren mit dem Schreiben angefangen, einer Lebensphase, in der die meisten meiner Freunde schon anfingen, über ihre Pensionierung nachzudenken. Ich habe damals gesagt, dass ich jetzt alles stehen und liegen lasse und mich aufmache, um meinen Traum zu verwirklichen. Und was nun den Vergleich mit den Entwicklungsländern angeht: Ich habe jetzt mein ganzes Leben lang gehört, dass Brasilien das Land der Zukunft sei. Bis zum heutigen Tag warte ich aber auf den Beginn dieser Zukunft. Du kannst den Entwicklungshorizont eines Landes oder auch einer Person nicht in so enge Zeitrahmen pressen. Ich weiß auch von vielen, vielen Ländern, die immer nur auf ihre Zukunft warten, aber nie für ihre Gegenwart kämpfen. Und dann habe ich auch noch Länder beobachtet, die durch Phasen der Dekadenz gehen, weil sie glauben, ihren Traum bereits erreicht zu haben und nun ganz oben zu stehen. Die meisten Leute vergessen einfach, dass das Leben ein fortwährender Kampf um die Erfüllung deiner inneren Bestimmung ist. Und deine innere Bestimmung ist völlig mit der Bestimmung deines Landes verknüpft. Ich bin überzeugt: Wenn du dieses soziale Bewusstsein nicht hast, versagst du nicht nur darin, deinen

Landsleuten zu helfen, du übst dann auch deine Staatsbürgerschaft nicht wirklich aus.

Lassen Sie uns noch ein wenig über Ihren eigenen erstaunlichen Lebensweg sprechen. In der Welt der Künstler sind Sie ja so etwas wie eine G8-Nation: Sie haben es an die Spitze geschafft und sind einer der weltweit meistverkauften Schriftsteller. Ihr Buch ›Der Alchimist‹ ist zum Beispiel das meistverkaufte Buch, das jemals in portugiesischer Sprache geschrieben wurde. Nachdem Sie schon so vieles in Ihrem Leben erreicht haben, was erträumen Sie sich heute für Ihre eigene Zukunft?

Ein Traum ist eine fortwährende Reise. Mein Traum war, ein Schriftsteller zu sein, also musste ich Bücher schreiben. Jedes neue Buch ist eine neue Herausforderung, und das ist es, was mein Leben sehr interessant macht. Ich weiß nicht, wie mein nächstes Buch werden wird und muss mich deshalb stets bemühen, mich auszudrücken. Ich muss mich anstrengen, die Herausforderungen meines täglichen Lebens zu akzeptieren, und das macht mein Leben schön. Einem Traum zu folgen bedeutet nicht nur, das Ende eines Weges zu erreichen. Es bedeutet, die täglichen Herausforderungen deines Lebens anzunehmen und sie in den eigentlichen Grund deines Daseins zu verwandeln. Und das gilt für Länder wie auch für einzelne Personen.

Jemand hat Sie mal gefragt, weshalb keine Ihrer Erzählungen in Ihrem Heimatland Brasilien spielt. Ihre Antwort war interessant. Sie sagten damals, Sie seien mit Brasilien zu sehr vertraut, um noch den unschuldigen Blick zu haben, der Ihnen erlauben würde, neue Dinge im eigenen Land zu sehen. Diese Antwort fasst sehr gut zusammen, weshalb auch wir gezielt mit Persönlichkeiten von außerhalb Deutschlands sprechen, um sie nach ihrem deutschen Traum zu fragen. Deshalb auch die Frage an Sie, den großen Träumer aus Brasilien: Was ist Ihr mutigster und hoffnungsvollster Traum für Deutschlands Zukunft?

Ihr Deutschen seid in eurer jüngeren Geschichte durch diese Tragödien gegangen und habt sie überlebt. Das macht euch nun stärker und hilft euch, die menschliche Natur besser zu verstehen; denn es gab eine Zeit in Deutschland, während der ihr die menschliche Natur nicht verstanden habt. Aus diesem Grund glaube ich heute, dass ihr nicht nur dazugelernt habt, ihr habt auch nicht vergessen. Wann immer du heute mit Deutschen sprichst, sind sie sich stets der Nazizeit und des Holocaust bewusst. Sie sind sich dessen immer noch bewusst. Und wissen Sie, das ist nicht überall in der Welt so. Ich will das nicht näher ausführen, aber einige Länder haben ihre Vergangenheit schlicht vergessen und deshalb auch nichts aus ihr gelernt. Soweit es also mich als einen Ausländer betrifft, bin ich für Deutschland sehr optimistisch. Und wahrscheinlich sehe ich Deutschland gerade deshalb deutlicher, weil ich selbst kein Deutscher bin. Ich sehe Deutschland mit der Unschuld eines Kindes, verstehen Sie? Und was ich da in euch sehe, ist diese tapfere Haltung gegenüber eurer Gegenwart und die tapfere Art, in der ihr eure Vergangenheit nicht vergesst. Ihr habt auch zur richtigen Zeit die richtigen Maßnahmen ergriffen. Es war schließlich Deutschland, das als Erstes sagte: Wir gehen nicht mit in den Irak. Deutschland hat damit ein Exempel statuiert, denn es hat sich getraut, der Allmacht von Präsident Bush entgegenzutreten. Ich glaube, das ist eine innere Haltung, die sich auch in Zukunft immer wieder äußern wird. Ihr wisst, was Krieg bedeutet. Ihr wisst, welche Tragödien damit einhergehen. Das heutige Deutschland wird gemeinsam mit seinen Freunden eine sehr wichtige Rolle spielen. Sein Grundwert ist der, dass Krieg nur das allerletzte Mittel sein darf und dass wir, wenn wir Nein sagen, bei diesem Nein auch bleiben; ganz egal, was die Umstände sind und welchen Preis wir dafür bezahlen müssen.

Angenommen, Deutschlands Bundeskanzlerin oder Bundeskanzler würde Sie, Paulo Coelho, bitten, ein neues, poetisches Mission Statement für Deutschland zu schreiben, was würde dieses Mission Statement beinhalten? Was wäre der erste Satz?

Oje, geben Sie mir ein wenig Zeit zum Nachdenken! (überlegt) Der erste Satz dieses Statements wäre: »Alle Menschen haben das Recht, unterschiedlich zu sein. Sie sollten für ihre eigenen Werte einstehen und nicht danach streben, die Gedanken anderer Leute nachzuahmen. Sie sollten an ihren eigenen Träumen festhalten, und ihre Träume sind unterschiedlich.« Ich glaube, das wäre der erste Satz. Wahrscheinlich ist das ein Paradox, immerhin besagt die Erklärung der Menschenrechte, dass wir alle gleich sind. Ich würde sagen, dass wir verschieden sind und dazu stehen sollten. Wir sollten zu unserer Unterschiedlichkeit stehen und nicht versuchen, alles im selben »Melting Pot« zu verschmelzen. Wenn wir tatsächlich zu allem dieselbe Einstellung hätten, wäre das genau der Moment, ab dem wir ganz leicht manipuliert werden könnten, um uns dann alle in dieselbe verrückte Idee einzureihen. Genau das ist ja auch in der Nazi-Zeit passiert: »Wir sind alle gleich!« Nein. Wir sind verschieden. Wir haben unterschiedliche Meinungen und werden dazu stehen müssen.

Inwiefern kann ein Land eine Bestimmung haben?

Ein Land hat aus demselben Grund eine Bestimmung, aus dem auch einer eurer Philosophen, Meister Eckhart, einst sagte: »Ich bestehe aus meinem Selbst und meinem Wesen, und es ist meine Pflicht, mein menschliches Wesen mitzuteilen.« Wenn wir also erst einmal unser inneres Wesen mitteilen, beginnen wir damit auch, eine Anhänglichkeit an unsere Werte zu entwickeln, die schon seit Anbeginn der Menschheit existieren. Von da an entwickelt sich auch unsere Vielfalt. Deshalb unterscheidet sich der deutsche Traum auch vom brasilianischen oder vom japanischen Traum. In diesem Zeitalter der Globalisierung können wir nun aber Brücken zwischen verschiedenen Kulturen bauen, die euch als Deutsche oder mich als Brasilianer oder die Japaner bereichern werden. Wir werden nur nicht versuchen, anderen unsere Werte aufzudrücken. Und da mögen Sie sich jetzt vielleicht fragen, wo eigentlich der Kern unserer Träume ist. Er reicht weit zu unseren Ahnen zurück; zu jenem Zeitpunkt, als sie begannen, für die Gründung eines Stammes zu kämpfen und dann für eine Sphäre von Werten. Diese Wertesphäre manifestierte sich in vielerlei Form, das Einzige, was davon aber bis heute überlebte, ist die Kultur. Ihr Deutsche, ihr habt so eine reiche Kultur. Wir Brasilianer auch. Und ich werde jetzt nicht weniger brasilianisch, nur weil ich Goethe lese. Und Sie werden nicht weniger deutsch, nur weil Sie eines meiner Bücher lesen oder gerne Samba tanzen. Es ist diese kollektive Seele eines Stammes, eines Landes, die hilft, die Menschheit zu bereichern.

Es war wohl auf dem Weltwirtschaftsforum in Davos, wo Sie einmal sagten, die Globalisierung werde nicht, wie allgemein befürchtet, zu weniger, sondern noch zu viel mehr Vielfalt führen.

Ja, daran glaube ich. Was mir nur Sorgen macht, ist, wenn wir es mit Religion zu tun haben; denn das entzieht sich unserer Kontrolle. Ich glaube, je mehr wir uns globalisieren, umso mehr können wir dank verschiedener Werkzeuge, wie etwa dem Internet, wieder unseren Stamm finden. Statt uns in ein globales Dorf zu verwandeln, gehen wir in Wahrheit zurück zu einer Stammeskultur. Wenn ich mich heute zum Beispiel für japanische Gartenkunst des 17. Jahrhunderts interessiere, kann ich über das Internet vier oder fünf Gleichgesinnte finden. Je globalisierter du also wirst, desto vielfältiger wirst du auch.

Welche Verantwortung geht damit einher, eine Träumerin oder ein Träumer zu sein?

Den Traum zu verwirklichen. Es ist nicht genug, eine Träumerin oder ein Träumer zu sein. Du musst eine pragmatische Träumerin sein. Du musst diesen Traum in die Tat umsetzen, andernfalls ist er nutzlos und bleibt eine Fantasie. Du hilfst damit dann weder der Welt noch dir selbst, noch deinem Land. Es ist die Kunst der Alchemie, diese emotionalen, unsichtbaren Welten hinüber in die physische Welt zu bringen. Ich könnte davon träumen, ein Schriftsteller zu werden. Wenn ich aber kein Buch schreibe, ist dieser Traum nutzlos und bedeutet, dass ich ein Feigling bin, dass ich nicht bereit bin, den Preis für meinen Traum zu bezahlen. Ein Traum ist nur von dem Moment an gerechtfertigt, von dem an du für ihn kämpfst und dich entschließt, deine Energie, Zeit und Anstrengungen für die Verwirklichung dieses Traums einzusetzen. Ein Traum ist nur der erste Schritt in der Kunst des Verwirklichens.

Herr Coelho, vielen Dank, dass Sie mit uns geträumt haben.

Ich danke Ihnen. Ich denke, dass Ihre Idee, über Träume zu sprechen, sehr wichtig ist, denn die Leute werden heute immer enttäuschter und hoffnungsloser. Wenn wir anfangen, über Träume zu sprechen, sehen wir, dass Träumen möglich ist, richtig? Und dann fangen wir an, dafür zu kämpfen.

JEAN-MICHEL COUSTEAU

»Die Nummer eins zu sein ist nicht genug.«

Der Meeresschützer Jean-Michel Cousteau hat mehr als 70 Filme über die Schönheit der Ozeane produziert und dafür zahlreiche Preise erhalten. Sein Dokumentarfilm über die hawaiischen Inseln veranlasste US-Präsident George W. Bush, in der Region das größte Meeresschutzgebiet der Welt einzurichten. Bereits 1998 wurde ihm vom damaligen US-Vizepräsidenten Al Gore der Environmental Hero Award verliehen. Als Präsident der Organisation »Ocean Futures Society« hält Cousteau weltweit Vorträge und arbeitet viel mit Kindern und Jugendlichen, die sich für Umweltfragen interessieren. In Anerkennung seines Lebenswerks wurde Cousteau bei den Olympischen Winterspielen von Salt Lake City 2002 und den Sommerspielen in Athen 2004 eingeladen, als »Botschafter der Umwelt« die olympische Fackel zu tragen. Sein Vater war der französische Meeresforscher Jacques-Yves Cousteau, auf dessen legendärem Forschungsschiff »Calypso« Jean-Michel einen Großteil seiner Jugend verbracht hat. Jean-Michel Cousteau wurde 1938 in Frankreich geboren.

FRANKREICH

Fläche:	545 630 km^2
Bevölkerung:	61 Millionen

Herr Cousteau, dürfen wir Sie bitten, ein wenig mit uns zu träumen?

Ja.

Was ist Ihr mutigster Traum für Deutschlands Zukunft und seine zukünftige Rolle in Europa und der Welt?

Ich wünschte, ich könnte mich in Deutschland hineinversetzen. Aber eigentlich sehe ich mich gern als Mensch ohne Landesgrenzen. Ich hasse meinen Pass. Ich hätte gerne einen internationalen Pass. Wir haben hier sogar eigene Pässe gedruckt, unsere Ozean-Bürger-Pässe, und zwar genau aus dem Grund, dass der Ozean keine Grenzen hat. Der Ozean gehört uns allen. Deutschland ist Teil einer größeren Gesellschaft, die ich Europa nenne, und damit meine ich mehr als nur Westeuropa. Diese Gesellschaft hat die Fähigkeit, Sprachen und Sprachbarrieren beiseitezulegen. Sie träumt als ein gemeinsames Volk. Und wenn es in Europa um Umweltthemen geht, finde ich, dass Deutschland schon vor langer Zeit gezeigt hat, wohin die Reise gehen sollte. Deutschland ist da allen anderen weit voraus. Ich würde deshalb sagen, dass es Deutschlands Mission ist, in Umweltfragen die Führung zu haben und sein Wissen und seine Macht mit anderen zu teilen. Zeigt den anderen, was sie noch besser machen könnten. Sorgt besser für eure Gewässer. Sorgt mehr für eure Umwelt. Baut Maschinen, egal ob Autos oder ganze Industrieanlagen, die energieeffizienter sind. Wir wissen heute, wo die Probleme liegen. Wir wissen, was zu tun ist. Und ich finde, die Geschichte hat gezeigt, dass Deutschland in dieser Hinsicht führen kann. Das ist meine Hoffnung. Unter den Nationen Europas ist das die Rolle, die Deutschland einnehmen kann. Ich bin überzeugt, dass das machbar ist.

Welche praktischen Maßnahmen sollten wir dazu ergreifen?

Machen Sie den Menschen die Schönheit dieses Planeten bewusst, sowohl die Schönheit der Überwasser- wie auch der Unterwasserwelt. Machen Sie die jungen Leute schon in frühem Kindesalter mit der Schönheit unseres Planeten vertraut. Setzen Sie das Thema auf die Lehrpläne, helfen Sie den Lehrerinnen und Lehrern, geben Sie ihnen die Ausrüstung und das Unterrichtsmaterial, das sie dafür brauchen. Ich kenne das deutsche Schulsystem nicht, aber ich würde bezweifeln, dass der Ozean darin heute eine wichtige Rolle spielt. Das ist es, wo ich anfangen würde. Und wissen Sie was? Junge Leute, egal wo in der Welt, sind wie Schwämme. Sie absorbieren diese Information, sie saugen sie in sich auf. Und später, wenn sie dann durch die schwierigen Phasen ihres Lebens gehen, wenn sie erwachsen werden und all diese schwierigen Entscheidungen fällen müssen, einen Job suchen, sich verlieben, eine Familie gründen, wenn sie das alles durchlaufen haben, dann kommen die Dinge, die sie in ihrer Kindheit gelernt haben, wieder zum Vorschein. Das geht nicht verloren. Es wird angewandt.

Ich weiß das, weil ich überall auf diesem Planeten auf Menschen treffe, bei denen ich das Privileg hatte, sie einst in ihren Kindertagen gekannt zu haben. Wie Sie ja vielleicht wissen, haben wir in den Siebzigerjahren verschiedene Bildungsprogramme betrieben. Und die Kinder von damals kommen heute als erwachsene Frauen und Männer wieder zu uns und sagen: »Wissen Sie, die Erfahrungen, die ich damals als Kind mit Ihnen machen konnte, helfen mir heute bei meinen tagtäglichen Entscheidungen und beeinflussen meine Entscheidungsabläufe.« Ich weiß also, dass das wirklich funktioniert. Ich hatte gerade erst wieder das Glück, so eine Erfahrung zu machen. Wir waren auf den britischen Jungferninseln in der Karibik und haben dort allen 6 500 Schulkindern das nötige Unterrichtsmaterial übergeben, damit sie besser verstehen können, wie wichtig die Korallenriffe für ihre Ernährung sind, für ihren Schutz vor Wirbelstürmen und für ihre Volkswirtschaft. Schließlich würden auch keine Touristen mehr kommen, wenn es dort keine Korallenriffe gäbe. Wir helfen den Lehrerinnen und Lehrern, den Kindern das alles beizubringen. Und wenn diese Kinder erst einmal erwachsen sind, werden sie viel bessere Entscheidungen fällen als wir heute.

Sie arbeiten mit Kindern in aller Welt. Welchen Nutzen könnte ein Land wie Deutschland von einem Traum haben, der in ähnlicher Weise über seine Landesgrenzen hinausreicht?

Deutschland hat eine sehr schwierige Zeit hinter sich. Während meiner eigenen Jugend in Frankreich konnte ich ja beobachten, wie sich die Deutschen damals keinerlei Freizeit gegönnt haben und wie sie nur mit dem Wiederaufbau ihres Landes beschäftigt waren. Heute habt ihr dieses Ziel nun erreicht. Die Deutschen gehören zu den Top-Technologen auf diesem Planeten. Was die Deutschen geschafft haben, ist beachtlich. Heute kommen sie nun wieder hervor und gehen in die Welt hinaus. Und ich glaube, es würde den Deutschen jetzt guttun, wenn sie lernen würden, mehr Spaß am Leben zu haben, zu lächeln und sich zu entspannen. Sie haben es jetzt ja – in gewisser Weise – geschafft und könnten sich deshalb auch ein bisschen lockerer machen.

Und natürlich wird es auch in Zukunft immer ein Ungleichgewicht zwischen Reichen und Armen geben, auch wenn das in Deutschland vielleicht nicht so drastisch ist. In großen Teilen der Welt ist dieses Ungleichgewicht aber enorm und ein Thema, das mich persönlich sehr, sehr antreibt. Wenn Sie nur einmal schauen, was in Afrika und Südostasien gerade vor sich geht, dann werden Sie feststellen, dass dort jedes Jahr buchstäblich Millionen junger Leute und kleiner Kinder daran sterben, dass sie kein Trinkwasser haben oder dass ihr Wasser verschmutzt und mit Krankheitserregern infiziert ist, an denen sie früher oder später sterben. Das ist nicht hinnehmbar! Das ist einfach nicht hinnehmbar, wo wir uns doch heute mitten in einer Kommunikationsrevolution befinden, einem Zeitalter, in dem wir – unter anderem auch dank deutscher Kommunikationstechnologie – mit jeder Person auf diesem Planeten Informationen austauschen können. Wir sind heute fähig, jedem Menschen auf diesem Planeten das Überlebensminimum zu gewähren!

Ich denke deshalb, dass Deutschland sich dieser Aufgabe noch mehr verschreiben könnte, als es das bereits getan hat. Denn glauben Sie mir, wenn es irgendein Land in Europa gibt, das umweltbewusst ist und bereits etwas tut, dann ist das Deutschland, und zwar an erster Stelle. Das ist mir sehr wohl bewusst. Aber: Die Nummer eins zu sein ist nicht genug. Es gibt noch so viel zu tun. Deutschland, mit all seiner technologischen Expertise und seiner

Macht als Nation, kann denen, die nicht einmal das Überlebensnotwendigste haben, noch mehr geben. Diese Menschen sollten sich nicht mehr den Kopf darüber zerbrechen müssen, wie sie ihren nächsten Tag überleben können und wie sie ihre Kinder morgen noch einmal füttern können. Mit Deutschlands Hilfe könnten diese Menschen in ihre eigene Zukunft blicken und könnten selbst einen Traum haben; sie könnten sich dann die Frage stellen, was sie in 20 Jahren einmal tun möchten und was aus ihren Kindern alles werden könnte, statt immer nur Angst zu haben, ob sie heute und morgen noch überleben.

Sie sind Architekt und werben in Ihrer täglichen Arbeit stets für ganz pragmatische Lösungen und neue Technologien, um die Schönheit der Ozeane zu bewahren. Sind Pragmatismus und große, idealistische Träume ein Gegensatzpaar?

Wissen Sie, als mein Vater im Jahr 1997 starb, bin ich gleich nach der Beerdigung zuallererst Tauchen gegangen. Dort, unter Wasser, hatten er und ich einst so viel wichtige Zeit miteinander verbracht; eine Zeit, die mir für mein weiteres Leben einen Sinn für Heiterkeit gegeben hat. Und aus dieser Erfahrung heraus kann ich Ihnen nur sagen: Folgen Sie immer Ihren Träumen! Ich glaube nicht, dass du irgendein Problem wirklich lösen kannst, ohne einen Traum zu haben. Gib niemals auf! Ja, es ist hart, es ist nicht leicht. Der Weg zum Ziel ist kein leichter Weg, aber wenn du etwas wirklich willst, wirst du es schaffen. Das gilt für alle und vor allem für junge Leute, die heute mit so viel Fehlinformationen bombardiert werden. Wir alle werden mit Fehlinformationen beworfen, vor allem aber die Jüngeren, die oft gar nicht mehr unterscheiden können, was eigentlich noch real ist und was nicht. Was ist Gewalt und was ist nur ein Film? Es ist schwierig, jung zu sein. Aber diejenigen, die ihren Träumen folgen und im Leben das tun, was sie wirklich tun wollen, werden sich besser anstellen, als die Besten unserer eigenen Generation. Wenn ein Ziel schwer erreichbar ist, sind wir auf der Zielgeraden stärker, als wenn das Ziel ein leichtes gewesen wäre.

Wie wichtig sind kollektive Träume?

Da muss ich Ihnen eine Geschichte erzählen. Ich habe vor einiger Zeit an einer UNICEF-Konferenz in Johannesburg, Südafrika, teilgenommen. Da waren viele wichtige Minister anwesend, die Frau des Generalsekretärs der Vereinten Nationen und der Chef des US-Umweltministeriums. Und alle hielten beeindruckende Vorträge. Am Ende der Sitzung hatte das Saalpublikum dann Gelegenheit, Fragen zu stellen. Und da war dieser Junge, vielleicht gerade mal dreizehn Jahre alt, der extra von Kapstadt nach Johannesburg gekommen war. Er stand auf, stellte sich vor all diese Minister hin und sagte: »Ich habe eigentlich keine Frage an Sie. Aber ich würde gerne etwas sagen. Ich habe das Gefühl, dass Sie alle viel reden und dass nichts getan wird. Wenn Sie nichts unternehmen und einfach nur so weitermachen wie bisher, dann werden wir jungen Leute uns selbst organisieren müssen und unsere eigenen Entscheidungen fällen.« Anschließend war es still im Saal. Diese Stille hielt ein paar Sekunden an und dann sagte der Junge noch etwas: »Ach ja, und falls irgendjemand von Ihnen mit mir Kontakt aufnehmen möchte, hier ist noch meine E-Mail-Adresse.« Für mich war das wie eine kalte Dusche. Seit diesem Vorfall habe ich kapiert, dass die Kinder dieser Welt etwas vorhaben. Sie haben ihre eigene Art, rund um den Planeten miteinander zu kommunizieren. Diese stille Gesellschaft unserer Jugend wird sich jenseits aller unserer Vorstellungen entwickeln. Sie sind die stärkste Macht auf diesem Planeten.

Sie haben in Ihrem Leben viel erreicht. Sie sind einer der weltweit angesehensten Meeresschützer, Ihre Filme wurden mit den wichtigsten Preisen ausgezeichnet und unter Tauchern gelten Sie sogar als lebende Legende. Was ist heute Ihr persönlicher Traum für die Zukunft unserer Trinkwasservorräte?

Wir müssen unseren »Affen-Reflex« beenden. Das ist der Reflex, eine Banane zu schälen und die Schale wegzuwerfen. Im Fall der Affen verrottet die Schale im Lauf der Zeit und hilft dem Baum zu wachsen. In unserem Fall verrottet sie jedoch nicht. Das liegt an den

Materialien, die wir verwenden. Wir müssen damit aufhören, Sachen wegzuwerfen. Die simple Tatsache, dass wir Sachen wegwerfen, ist so, wie wenn wir Geld wegwerfen würden. Alles, was wir wegschmeißen, hat einen kommerziellen Wert. Und dadurch, dass wir Dinge wegwerfen, zwingen wir andere Leute, diesen Müll zu verarbeiten. Andernfalls wird dieser Müll unsere Ozeane und unseren Wasserhaushalt – egal ob Trinkwasser oder Salzwasser – in Mitleidenschaft ziehen. Und das bekommen dann auch diejenigen zu spüren, die darauf angewiesen sind, uns mit Nahrungsmitteln aus dem Ozean zu versorgen. Die Natur sollte als Business betrachtet werden. Und ich bin zutiefst überzeugt: Wenn wir das erst einmal verstanden haben, werden wir viel bessere Entscheidungen fällen. Schauen Sie sich nur an, was nach dem Tsunami Ende des Jahres 2004 passiert ist. Das war eine weltweite Bewegung mit dem Ziel, den Opfern zu helfen. Ich habe in meinem ganzen Leben keine Bewegung gesehen, die friedlicher gewesen wäre. Kriege spalten die Menschen, spalten die Familien, spalten Nationen. Naturkatastrophen vereinigen die Menschen und führen zu friedlichen Bewegungen. Der Tsunami hatte furchtbare Folgen, an denen die Überlebenden auch weiterhin leiden werden. Der Schmerz über den Verlust von Familienmitgliedern oder Freunden ist etwas, das immer bleibt. Betrachten wir diese Katastrophe aber trotzdem einmal ganz nüchtern und rein wirtschaftlich. Da stellt sich doch die Frage, was eigentlich geschehen wäre, wenn wir im Indischen Ozean ein Frühwarnsystem gehabt hätten, wie wir es im Pazifik haben. Mit so einem Frühwarnsystem hätten wir die Menschen 45 bis 90 Minuten vor der Katastrophe rechtzeitig warnen können. Hunderttausende Menschen hätten ausreichend Zeit gehabt zu fliehen. Und wie wäre die Katastrophe verlaufen, wenn wir die Mangrovenwälder an Südostasiens Küsten nicht abgeholzt und nicht so viele Korallenriffe beschädigt hätten? Die riesigen Flutwellen wären zumindest abgebremst worden und zehntausende Menschen wären heute vermutlich noch am Leben. Die Investitionen in ein Frühwarnsystem, in den Schutz der Mangrovenwälder und der Korallenriffe hätten wahrscheinlich einige Millionen Euro gekostet. Die Konsequenz unseres Egoismus kostet uns jetzt aber viele Milliarden Euro!

Wir sind sehr, sehr schlechte Manager unseres Planeten! Wir sind aber nicht dumm, und wenn wir die Dinge von dieser Perspektive aus betrachten, könnten wir uns auch schlauer anstellen. Wir, als so genannte zivilisierte Wesen, haben unsere lebenswichtigen Systeme trotz besseren Wissens misshandelt. Wir missbrauchen unsere Wasserwege, Seen, Bäche, Flüsse und unsere Ozeane als universale Abwasserdeponie, als Mülltonne, als Schrotthalde! Und wer, wie ich mit Hilfe meines Vaters, seit nun bald 50 Jahren beobachtet, welche Auswirkungen das auf die Küstengewässer hat, auf die Wasserqualität und auf die Vielfalt oder mangelnde Vielfalt von Meereslebewesen, der hat nicht nur einen Traum, sondern auch eine Mission.

Ich glaube, deine Mission ist etwas, das du verstandesmäßig entwickelst. Dein Traum ist hingegen etwas, womit du geboren wurdest oder in das du hineingewachsen bist. Das ist schwer zu erklären, aber der Traum ist im Grunde der Ort in dir, wo du all die Energie und Ressourcen findest, die du brauchst, um immer wieder zu der Mission zurückzukehren, die du glaubst, erfüllen zu müssen. Das ist ein endloser und faszinierender Prozess. Es gibt ja das Sprichwort, wonach der aufregendste Teil einer Mission der Weg zum Paradies sei. Das Paradies ist wahrscheinlich langweilig. Der Weg dorthin ist das Spannende! Und deshalb geht es hier ja auch um ein lebenslanges Engagement. Ich will einfach nur sicherstellen, dass wir alles in unserer Macht Stehende tun, um die Weltöffentlichkeit und jede Person auf diesem Planeten auf die Schönheit und Bedeutung der Ozeane aufmerksam machen, auf die Rolle, die die Ozeane in unserem tagtäglichen Leben spielen. Die Ozeane sichern unser aller Überleben. Deutschland kann hier sehr viel beitragen.

Danke, dass Sie mit uns geträumt haben.

Ich glaube, zu träumen bewegt unsere Welt in eine Richtung, bei der gewährleistet bleibt, dass die menschliche Spezies auch in Zukunft träumen kann.

ROMÉO DALLAIRE

»Toleranz halte ich für einen herablassenden Begriff.«

Der Kanadier Roméo Dallaire war 1994 Kommandant der UNO-Blauhelmtruppen in Ruanda. Dallaire versuchte damals, den Völkermord an den Tutsi zu verhindern, und bat die Vereinten Nationen um mehr Truppen. Die UN verweigerten dem General aber die Unterstützung. Dallaire harrte mit nur 260 Soldaten unter Lebensgefahr in Ruanda aus und versuchte, möglichst viele Tutsi und moderate Hutu vor den Hutu-Milizen zu schützen. Er musste miterleben, wie innerhalb weniger Wochen etwa 900 000 Menschen mit Macheten ermordet wurden. Dallaire fühlt sich bis heute mitschuldig am damaligen Versagen der UN, der USA und der EU. Nach dem Ruanda-Einsatz wurde er zum Drei-Sterne-General befördert, im Jahr 2000 dann aber wegen posttraumatischer Erkrankung aus der Armee entlassen. Heute ist er Mitglied des kanadischen Senats und betreibt eine Stiftung für ruandische Waisenkinder. Roméo Dallaire wurde 1946 in den Niederlanden geboren.

KANADA

Fläche:	9 093 507 km^2
Bevölkerung:	33 Millionen

General Dallaire, Sie haben schon als kleiner Junge davon geträumt, so wie Ihr Vater Soldat zu werden. Mit 18 Jahren haben Sie sich dann freiwillig zur kanadischen Armee gemeldet und sind dort im Lauf der Jahre zum Drei-Sterne-General aufgestiegen. Tragischerweise hat Ihre Militärlaufbahn Sie ins Zentrum des schlimmsten Völkermords seit dem Zweiten Weltkrieg geführt, als Sie die UN-Blauhelmmission in Ruanda kommandierten, eine Erfahrung, von der Sie jahrelang traumatisiert waren.
Nachdem Sie etwas so Unfassbares wie das Massaker von Ruanda durchleben mussten, wie haben Sie da Ihre Fähigkeit zur Hoffnung überhaupt noch einmal wiedergefunden?

Ich habe ein paar Jahre gebraucht, bis ich überhaupt realisiert habe, welche Auswirkungen die psychischen Verletzungen haben, die so viele Soldaten, Katastrophenhelfer und Diplomaten heutzutage von diesen komplexen und immer grausigeren Konflikten mit zurück nach Hause bringen. Ich bin dann irgendwann zu der Einsicht gelangt, dass ich nur zwei Optionen hatte: Entweder ich finde etwas in der Menschheit, das mir Grund zum Optimismus gibt, oder ich werf es hin, und zwar alles. Der Optimismus, mit dem ich mich dann schließlich identifizieren konnte, ist nicht auf Nahziele ausgerichtet, sondern auf die Zukunft und bedient sich dabei heutiger Werkzeuge. Dieses Ziel ist, dass wir eines Tages nicht mehr wegen Meinungsverschiedenheiten in Kriege geraten und dass wir unsere wirtschaftlichen oder ethnischen Differenzen eines Tages überwinden können. Wir werden diese Gelassenheit erreichen. Das wird vielleicht nur noch ein- oder zweihundert Jahre dauern. Wir können an diesem Ziel aber jeden Tag arbeiten, etwa indem wir uns für die Menschenrechte einsetzen, vor allem in Nicht-Regierungs-Organisationen, und indem wir die 80 Prozent der Menschheit unterstützen, die heute noch unter absolut inhumanen Bedingungen leben.

Sie werben dafür, dass Mittelmächte wie Deutschland eine zentralere Rolle in militärischen Missionen zur Friedenssicherung und auch zur so genannten Friedens-Erzwingung einnehmen. Gleichzeitig schlagen Sie vor, dass die Großmächte bei derartigen Missio-

nen eher im Hintergrund bleiben sollten. In welcher Rolle würden Sie Deutschland bei Friedensmissionen gerne sehen? Und vor allem: Warum ausgerechnet Deutschland?

In der internationalen Staatengemeinschaft erleben die Mittelmächte gerade eine regelrechte Renaissance. Damit meine ich insbesondere die G8-Mittelmächte Deutschland, Japan und Kanada sowie noch ein paar regionale Mittelmächte. Ich glaube, für diese Staaten ist es jetzt an der Zeit, den Vereinten Nationen und den großen Akteuren mehr Kapazitäten bereitzustellen, als sie dies in der Vergangenheit getan haben. Ich habe den deutschen Bundestag besucht und war danach sehr enttäuscht. Ich konnte einfach nicht begreifen, weshalb sich die deutschen Politiker so zurückhalten, wenn es darum geht, eine deutsche Führungsrolle in ganz neuen Kompetenzfeldern zu etablieren. Damit meine ich politische, diplomatische, militärische oder auch humanitäre Kompetenzen für Einsatzgebiete, wo sich die Großmächte nicht unmittelbar involvieren müssten. Ihr könnte nicht einfach immer nur in eurer Geschichte 60 Jahre zurückspringen und sagen: »Wissen Sie, die Leuten werden eben unsicher, wenn wir versuchen, eine Führungsposition einzunehmen.« Ganz im Gegenteil! Ich finde, es ist höchste Zeit, dass Ihr Land die Führungsrolle unter den Mittelmächten einnimmt.

Was qualifiziert die Mittelmächte mehr als die Supermächte, bei solchen Einsätzen die Bodentruppen zu stellen?

Zunächst einmal eure nicht-imperialistische, nicht von Eigeninteressen dominierte Außenpolitik und eure Philosophie gegenüber der Menschheit. Zweitens: Die sehr starke und moderne Regierungsform, die euer Land sich im Lauf der Jahrzehnte angeeignet hat. Was Deutschland in seinem Inneren geschaffen hat, gilt als vorbildlich. Drittens hat Deutschland die militärischen, wirtschaftlichen und technologischen Ressourcen, um diese großen Herausforderungen anzugehen. Viertens haben eure Bürger den politischen Willen dazu demonstriert. Sie haben ein Gefühl für Menschlichkeit, das in Deutschland ein vorherrschendes Thema ist und nicht, wie bei einigen der Großmächte, nur ein Überbleibsel des kolonialen Verhaltensrepertoires.

Deutschland sieht sich gern als Land, das Entwicklungsländer wirtschaftlich unterstützt. Die Idee, dass Deutschland in Zukunft aber auch mehr Friedenstruppen als bisher entsenden sollte, widerstrebt der deutschen Mentalität von militärischer Enthaltsamkeit, die ja aus dem Trauma des Zweiten Weltkrieges hervorgegangen war. Sie selbst sind ein Mensch, der persönliche Traumata bestens versteht. In Ihrem Buch ›Handschlag mit dem Teufel. Die Mitschuld der Weltgemeinschaft am Völkermord in Ruanda‹ schildern Sie sehr eindrücklich, wie Ihre eigene Traumatisierung Sie sogar in Selbstmordgedanken trieb. Gehen wir also einmal davon aus, es gäbe tatsächlich so etwas wie ein kollektives deutsches Trauma, das noch vom Zweiten Weltkrieg herrührt: Wie würden Sie dann als deutsche Regierung für ein stärkeres militärisches Engagement Deutschlands bei UN-Missionen argumentieren?

Dazu würde ich gerne zwei Dinge sagen. Zuerst zum Militär: Die Zeit, in der Soldaten immer nur als Kriegsinstrumente, als Kämpfer oder Krieger betrachtet wurden, ist vorbei. In der heutigen Ära müssen wir zwar Kriegskompetenzen wie etwa die Fähigkeit zu Kampf und Verteidigung haben, die Soldaten der entwickelten Länder haben heute aber eine Rolle, die weit darüber hinausgeht, nur zu kämpfen, sondern auch Konfliktlösung umfasst. Landesverteidigung ist heute nicht mehr die einzige Aufgabe des Militärs. eure Krieger brauchen auch die Zusatzqualifikation, Konflikte entschärfen und lösen zu können. Deshalb glaube ich ja auch, dass euer Offizierskorps sich Fertigkeiten aus der Anthropologie, aus der Soziologie und Philosophie aneignen muss, um sich in dieser neuen Arena von Konflikten überhaupt noch bewegen zu können, und nicht nur in klassischer Kriegsführung, wie wir sie aus der Vergangenheit kennen. Und außerdem – falls Sie sich dieses Argument überhaupt noch zumuten müssen – ist so ein Engagement auch in Deutschlands eigenem Interesse. Wenn wir uns nicht zum Ursprung dieser Wut vorarbeiten, die heute in der Menschheit tobt, dann wird sich diese Wut auch weiterhin Ausdruck verschaffen, sei es in Form von Terrorismus oder anderweitig. Letzten Endes hängt eure eigene Selbstverteidigung davon ab, dass ihr euch hier an die vorderste Linie begebt, an den Ursprung dieser Wut, und helft, sie zu lindern. So, glaube ich, sollten Sie für Einsätze jenseits Ihrer Landesgrenzen werben.

Lassen Sie uns diese Frage noch zuspitzen: Angenommen, eine junge Frau oder ein junger Mann mit sozialem Verantwortungsgefühl stellt Ihnen die Frage, weshalb sie oder er der Bundeswehr beitreten soll, was würden Sie antworten?

Ich würde ihnen dieselbe Antwort geben, die ich auch hier in Kanada gebe. Ich würde ihnen sagen, dass es noch nie eine bessere Zeit gegeben hat, deinem Land in Uniform zu dienen, als heute; außer natürlich zu Kriegszeiten, wenn es unmittelbar darum geht, dein eigenes Land zu verteidigen. Europa steckt heute nicht mehr in dieser klassischen Stagnation des Kalten Kriegs fest. Heute leben wir in einer Zeit, die sehr vieldeutig und verworren ist und in der wir unsere ganze Erfindungskraft und ein enormes Maß an Flexibilität aufbringen müssen. In dieser neuartigen weltpolitischen Arena mit all diesen implodierenden Nationen und mit Regionen, wo wir auf ethnische und religiöse Konflikte und alte Fehden stoßen, brauchen wir jetzt schlaue, sensitive und multikompetente junge Soldaten und Offiziere, die sich hier ins Zeug werfen.

Ihre Friedensmission in Ruanda scheiterte unter anderem an der mangelnden Bereitschaft westlicher Nationen, das Leben ihrer eigenen Soldaten zu riskieren. Am Ende kostete dies das Leben von bis zu einer Million Zivilisten. Kann es überhaupt realistische Friedensmissionen geben, ohne auch zu direkten Kampfhandlungen bereit zu sein?

Genau deshalb ist ja diese ganze Terminologie der Friedenssicherung unbrauchbar. Es geht heute nicht mehr um Friedenssicherung. Es geht um Konfliktlösung. Und das beinhaltet alles, von der Vermeidung von Kriegen bis hin zum späteren Neuaufbau von Nationen. Was wir dafür brauchen, ist die Integration von militärischer Sicherheit und von politischen und humanitären Organisationen, um endlich eine Komplettlösung anbieten zu können. Wir müssen endlich über diese bloßen Kooperationsprojekte einzelner Akteure hinauswachsen, die immer davon limitiert sind, was den jeweiligen Organisationen gerade in den Kram passt oder wer sich mit wem persönlich gut versteht. Ich glaube, dass wir an die internationale Gemeinschaft einen höheren Maßstab anlegen können, wenn es darum geht, den Menschen zu helfen. Selbst wenn wir dafür mit dem Blut unserer eigenen Länder bezahlen müssen. Die echte Sorge der entwickelten Welt für die Entwicklungsländer sollte an die Stelle der bisherigen Position treten, wonach wir uns immer nur dann engagieren, wenn unsere Eigeninteressen auf dem Spiel stehen. Es geht jetzt um ein echtes Verantwortungsempfinden und nicht nur um diese oberflächlichen Hilfsbemühungen. Derzeit unternehmen wir noch alles, um zum Mars zu fliegen, und lassen gleichzeitig 80 Prozent der Menschheit in inhumanen Bedingungen sitzen.

Wie erklären Sie sich, dass Deutschland sich einerseits gern als wirtschaftliche Supermacht präsentiert und andererseits als militärischer Zwerg? Und das, obwohl Deutschland im Frühjahr 2006 beispielsweise der zweitgrößte Entsender von Truppen nach Afghanistan war?

Ich werde versuchen, diese Frage aus den Augen eines Soldaten zu beantworten, der einen völlig anderen Hintergrund und eine andere Geschichte hat als Sie. Immerhin gehöre ich aber zu einer Nation, die ihrem Militär und ihrer militärischen Geschichte ebenfalls in einer Art Hassliebe und einem Gemisch von Akzeptanz und Pflichtempfinden gegenübersteht. Mein Land, Kanada, sieht sein Militär heute durch eine rosa Brille, so als eine Art ganzheitliche Friedensschützer, nicht jedoch als kriegsfähige Kampftruppe. Und genau das hat jetzt zu enormen Problemen geführt, als es darum ging, die Kampfeinsätze und die Verluste zu erklären, die die kanadischen Streitkräfte derzeit in Afghanistan erleiden.

Für die Deutschen war es wegen der Bedrohung durch den Warschauer Pakt einfach ein notwendiges Übel, eine Armee zu haben, die ausschließlich zur eigenen Landesverteidigung da ist. Hinzu kommt, dass Sie in Deutschland eine allgemeine Wehrpflicht haben. Unter solchen Rahmenbedingungen ist die Armee kein Thema, mit dem Politiker Wahlkämpfe gewinnen können. Auch für Deutschlands Jugendliche und deren Eltern ist die Armee bei der Berufswahl damit keine besonders attraktive Option. Wenn Sie unter diesen gesetzlichen Bedingungen und in einer Armeekultur der Heimatverteidigung nun die Mentalität der Nation und der Politiker neu justieren wollen, müssen Sie dafür buchstäblich Himmel und Erde in Bewegung setzen. Es ist einfach sehr schwierig, eine neue Mentalität zu etablieren, die altruistischer ist und auch potenziell hochriskante Einsätze fern der Heimat unterstützen würde, die keinem offensichtlichen Eigeninteresse dienen, außer vielleicht dem Argument der Terrorismusabwehr, die jetzt aber nicht mehr so im Vordergrund steht. Wenn Sie versuchen, in Ihrem Land eine solche Einstellung gegenüber dem Militär zu etablieren, stoßen Sie bestenfalls auf Apathie, noch eher aber auf Bedenken wegen der möglichen Verluste und der finanziellen Kosten eines größeren Engagements.

Die Idee, Kampftruppen ins Ausland zu schicken, kann nun entweder für politischen Prestigegewinn missbraucht werden oder, im Idealfall, als Bekenntnis zur internationalen Gemeinschaft verstanden werden. Anstatt jetzt aber immer nur auf die Kosten einer Truppenentsendung zu starren, könnte so ein Einsatz als Bekenntnis zu einer neuen Herausforderung beschrieben werden, die endlich nicht mehr vor Deutschlands Landesgrenzen liegt, sondern weiter entfernt ist. Dasselbe gilt für Kanada. Die Frage ist: Warum sollten wir die potenziellen Bedrohungen für uns nicht weit von den Toren unserer Heimat entfernt halten?

Sie haben Ihr Leben lang dafür trainiert, tausende von Soldaten zu führen. Sie sagten dazu einmal »das Geheimnis guter Kommandoführung ist Offenheit«. Was meinen Sie damit?

Damit meine ich die Fähigkeit, menschlich zu bleiben. In deiner Kommunikation überträgt sich auch deine Seele, dein Spirit auf die, die mit dir zusammenarbeiten. Darüber können sie die volle Bandbreite dessen erfassen, woran du selbst glaubst, und sich gerade in ihrer Eigenschaft als Soldaten entschließen, auch das ultimative Risiko einzugehen, bei der Ausführung solcher Missionen vielleicht zu sterben. Es sind deine Augen und deine Körpersprache, mit denen du den Menschen um dich herum die essenzielle Wichtigkeit ihrer Mission vermittelst.

Wird es jemals eine Zeit ohne Kriege geben können?

Ja. Ich glaube fundamental daran, dass die Menschheit nach ungetrübter Heiterkeit strebt. Selbst die bösartigsten Menschen, denen ich in Ruanda begegnet bin, wünschten ihren eigenen Familien Sicherheit. Die Essenz der Menschheit ist harmonische Heiterkeit, nicht Konflikt. Die entwickelte Welt kann eine Atmosphäre der Heiterkeit schaffen, wenn sie mit großer Entschlossenheit über ihre Landesgrenzen hinausgeht. Und zwar nicht in kolonialer Manier und als Eroberer, sondern indem wir Hilfe leisten. Mit Geduld. Mit Ausdauer. Und über viele Jahrzehnte hinweg.

Sie waren in den frühen Siebzigerjahren in Deutschland stationiert. Als Sie dann 1976 in Kanada geheiratet haben, sind Sie mit Ihrer Frau für die Flitterwochen nach Deutschland geflogen. Was lieben Sie an Deutschland so?

Oh! Einfach das Gefühl, dass alles so anders ist als in Kanada; das Gefühl einer langen Geschichte. In Deutschland gibt es nicht einen einzigen Grashalm, auf den nicht schon mal jemand getreten wäre, der noch nicht umkämpft oder von jemandem bearbeitet oder irgendwann einmal betrachtet wurde. Diese Durchdringung mit Geschichte in Europa, und Deutschland als einem seiner zentralen Länder, interessiert mich sehr. Das ist der absolute Gegensatz zu meinem Land. Wenn Sie hier von meinem Büro aus eine halbe Stunde lang fahren, stehen Sie tief in den Wäldern, wo noch nie zuvor jemand war. Es ist dieser phänomenale Kontrast, der mich immer anzieht.

Was ist Ihr hoffnungsvollster Traum für Deutschland und für Deutschlands Rolle in der Welt?

Mein Traum für Deutschland ist, dass seine Vision eine Vision von Führung in der Welt ist. Mein Traum für Deutschland ist, dass Deutschlands Jugend viel aktiver wird und sich international viel mehr für Menschen in Not einsetzt. Ich hoffe, dass eure Jugend dabei über Deutschlands Grenzen hinauswächst, dass sie ein Gespür für die internationale Gemeinschaft entwickelt und diese Erfahrungen mit zurück nach Deutschland bringt. Und dieser Bewusstseinswandel wird dann hoffentlich dazu beitragen, dass Deutschland mit all seinen Möglichkeiten und Fähigkeiten nicht mehr so nach innen fokussiert sein wird. Ich finde, Deutschland sollte der Anführer der Mittelmächte werden, wenn es darum geht, den Vereinten Nationen und den Großmächten eine völlig neue Generation von Werkzeugen zum Schutz der Entwicklungsländer anzubieten. Es geht darum, dass auch diese Länder Harmonie und Stabilität erreichen können. Und ich denke, wenn es überhaupt irgendein Land gibt, das gerade aufgrund seiner Geschichte für so eine Rolle geeignet ist, dann ist das Deutschland. Die anderen werden euch folgen.

Haben Sie einen Traum für Kanada?

Oh, mein Traum ist, dass dieses Land beim Schutz der Menschenrechte weit über seine Landesgrenzen und seine heutigen Fähigkeiten hinauswächst. Ich denke, wir sind eine Nation, die der Menschheit gegenüber eine grundlegende Verantwortung trägt, die Verwirklichung der Menschenrechte voranzutreiben. Meine Vision, mein Traum ist, dass die kanadische Jugend uns dazu bewegt, diese Herausforderung in der Welt anzunehmen, und zwar als eine reife Nation, die von den alten Kolonialmächten nicht länger als junge Nation betrachtet wird.

Sie haben schon seit Ihrer Kindheit zwischen verschiedenen Kulturen vermittelt. Sie sind in den Niederlanden geboren und in Montreal aufgewachsen, wo Sie in Ihrer Jugend oft zwischen Ihren frankophonen und Ihren englischsprachigen Freunden vermitteln mussten. Als Offizier führten Sie dann das erste kanadische Artillerieregiment, das ausschließlich aus Angehörigen der frankophonen Minderheit bestand. Was ist erforderlich, um Minderheiten wie zum Beispiel auch junge Deutsch-Türken in die deutsche Bundeswehr zu integrieren?

Respekt! Absoluter Respekt auf Grundlage der Tatsache, dass das Menschen mit Gehirnen und Fähigkeiten sind und dass sie gleichzeitig vielleicht noch nicht all die Werkzeuge und den Hintergrund haben, mit denen wir sie ausstatten möchten. Respekt dafür, dass sie dasselbe Maß an Fertigkeiten und dieselbe Hingabe und dasselbe Ethos entwickeln können und entwickeln werden, das wir selbst haben und nach dem wir selbst streben. Nicht Toleranz! Toleranz halte ich für einen herablassenden Begriff.

Welche Bedeutung geben sie der Präsenz von Soldatinnen in diesen neuartigen Einsatzgebieten, die Sie vorhin beschrieben haben?

Das ist sehr interessant. Ich glaube, dass Frauen unserer männlich dominierten Philosophie von Kommandogewalt und Führungsstil eine neue Dimension hinzufügen werden. Die Soldatinnen werden uns ein neues Verständnis für einen vielschichtigeren Einsatz unserer Mittel eröffnen und sie werden uns wohl auch neuartige Methoden vermitteln, an die wir bisher noch nicht einmal gedacht haben.

General, erlauben Sie uns eine vermutlich sehr persönliche Frage: Was ist das beste Heilmittel für Schuldgefühle?

Die totale Hingabe zur Weiterentwicklung und Verbesserung der Menschheit. Du wirst die Schuld an der Zerstörung von so vielen Menschen und daran, es nicht verhindert zu haben – dieses Versagen –, nie auslöschen können. Es geht aber um deine Entschlossenheit, alles zu tun, damit sich das nie mehr wiederholt.

Sie haben den Großteil Ihres Lebens im Militär verbracht, das Sie in Ihrem Buch auch als Ihre »Muse«, Ihre »Geliebte« und Ihre »Familie« beschrieben haben. Was würden Sie denjenigen Deutschen raten, die ein derartiges Gefühl von Sinn und Zugehörigkeit nirgends finden können und die gleichzeitig aber auch nicht der Bundeswehr beitreten wollen oder können?

Es wäre interessant, einmal zu schauen, ob die Bundeswehr – als diese ehemalige Maschine des Kalten Krieges, die sie einmal war –, ob die Bundeswehr eine Seele hat. Mit Seele meine ich ein inneres Bekenntnis nicht nur zur eigenen Nation im klassischen Sinn, sondern zu einem sehr viel progressiveren und internationaler gesinnten Deutschland. Wenn so etwas genährt werden könnte, dann würde euer Militär für eure Jugend sehr attraktiv, interessant und herausfordernd werden.

Nun gibt es aber viele Jugendliche, für die die Bundeswehr keine Option ist, und Sie wissen ja selbst auch, dass es viele Jugendliche gibt, die überhaupt kein Zugehörigkeitsgefühl zu irgendetwas finden können, auch nicht zu ihrem eigenen Land. Welches Ziel, welches neue Zugehörigkeitsgefühl könnte diesen Jugendlichen angeboten werden?

Ich finde, sie könnten nichtstaatlichen Organisationen beitreten. Diese Initiativen sind zwar noch recht unreif und oft nicht fokussiert genug, manche sind sogar auch ein bisschen gefährlich, aber im Wesentlichen unterstützen sie die Menschenrechte und entwickeln sich gerade zur wichtigsten Einflussmacht auf die öffentliche Meinung und auf die Regierungen. Eure Jugend kann diese Arbeit unterstützen. Der Bedarf ist grenzenlos. Es gibt so unendlich viel zu tun!

Auf der letzten Seite Ihres Buches ›Handschlag mit dem Teufel‹ beschreiben Sie Ihren eigenen Traum für die Zukunft, und wir zitie-

ren zum Abschluss aus Ihrem Buch: »In der Zukunft müssen wir darauf vorbereitet sein, über unsere nationalen Eigeninteressen hinauszuwachsen und unsere Ressourcen und unser Blut für die Menschheit zu vergießen. Ganz egal, wie idealistisch dieses Ziel klingen mag: Das neue Jahrhundert muss ein Jahrhundert der Humanität werden, in dem wir Menschen uns über die Grenzen von Rasse, Religion, Hautfarbe und nationalen Interessen erheben und das Wohl der Menschheit über das Wohl unseres eigenen Stammes stellen.« General Dallaire, Sie haben eines der grauenvollsten Ereignisse des letzten Jahrhunderts persönlich miterlebt. Was sehen Sie in der Menschheit, das Ihnen so viel Hoffnung gibt?

Ich glaube, meine Hoffnung kommt daher, dass die Jugend der Welt stets diese essenzielle Flamme am Leben erhält und nach einem besseren Leben für sich selbst und ihre Mitmenschen strebt. Ich glaube, diese fortwährende Erneuerung der Jugend ist unsere Garantie dafür, dass sich eines Tages eine Vision von Menschlichkeit durchsetzen wird. Die andere Erklärung, die ich Ihnen anbieten könnte, ist, dass Sie den Globus einfach mal wie ein Astronaut betrachten sollten. Die Astronauten sehen den Globus als eine sehr kleine Kugel inmitten einer riesigen, unermesslichen Weite ohne Grenzen. Und für das, was auf dieser Kugel alles stattfinden kann, gibt es keine Limitierung. Aus diesem Gefühl heraus glaube ich, dass die Jugend und die Evolution unserer Technologien uns helfen werden, die Menschheit in die Zukunft zu führen. Wir werden nur diese eine Erde haben. Und wir werden sehr hart arbeiten, um Heiterkeit in diese Welt zu bringen.

General Dallaire, haben Sie herzlichen Dank dafür, dass Sie uns von Ihren Träumen erzählt haben.

Ja, ich glaube, es sind die Träume, die uns helfen, die Visionen und anschließend die Konzepte und Doktrinen zu formulieren, um Dinge zu bewerkstelligen. Nur so lässt sich etwas bewegen. Und nicht einfach nur durch gut Glück oder gar durch Bürokratentum.

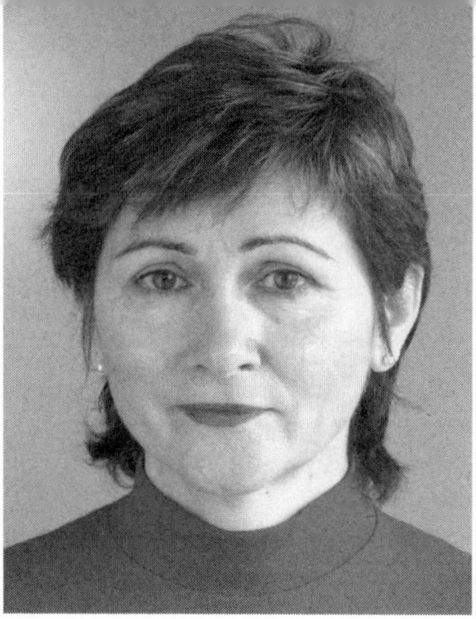

HELENA HANULJAKOVÁ

»Ich habe den Eindruck, dass ich Englisch lernen muss, um die Deutschen überhaupt noch verstehen zu können.«

Helena Hanuljaková ist Präsidentin des Internationalen Deutschlehrerverbandes. Der Verband vertritt die Interessen von schätzungsweise einer Million Deutschlehrerinnen und -lehrern in über 70 Ländern. Helena Hanuljaková wurde 1957 in der damaligen Tschechoslowakei geboren. Sie studierte Russisch und Deutsch, ist Autorin verschiedener Fachbücher und Chefredakteurin einer Fachzeitschrift für Deutschlehrer. Sie lebt heute mit ihrer Familie in Bratislava, der Hauptstadt der Slowakei.

SLOWAKISCHE REPUBLIK

Fläche:	48 800 km²
Bevölkerung:	5 Millionen

Frau Dr. Hanuljaková, Sie sind Präsidentin des Internationalen Deutschlehrerverbandes, einer Organisation, die die Interessen von schätzungsweise einer Million Deutschlehrerinnen und Deutschlehrern aus aller Welt vertritt. Sie kennen die Sorgen und Hoffnungen von Deutschlehrern aus der ganzen Welt, ob aus Japan, Australien, den USA oder Ihrer eigenen Heimat, der Slowakischen Republik. Gibt es einen wiederkehrenden Wunsch, den die Deutschlehrer dieser verschiedenen Länder gemeinsam haben?

Ja, das gibt es. Die Deutschlehrerinnen und Deutschlehrer, die ich vertrete, wünschen sich, dass die deutsche Sprache stärker verwendet wird, und zwar vor allem von den Trägern dieser Sprache selbst, also den Muttersprachlern aus den deutschsprachigen Ländern.

Und das ist nicht mehr der Fall?

Nein. Das ist nicht mehr der Fall. Die meisten Firmen, die hierher zu uns kommen, verwenden heute eine andere Arbeitssprache und nicht mehr Deutsch.

Das Deutsch, das Sie und Ihre Kollegen in aller Welt unterrichten, scheint sich immer schneller von dem Deutsch zu entfernen, das auf Deutschlands Straßen und in Deutschlands Medien gesprochen wird und immer mehr Anglizismen enthält. Sind die Deutschlehrer außerhalb Deutschlands inzwischen die Bewahrer einer Kultur, die wir Deutschen selbst nicht mehr pflegen?

Nun, wir Deutschlehrer vertreten die Meinung, dass Deutsch noch nie eine reine Sprache gewesen ist und auch im Laufe seiner Geschichte immer Wörter aus zahlreichen Sprachen übernommen hat. Man kann die Sprache nicht in einem Glashaus pflegen; sie befindet sich stets in Bewegung. Und natürlich sind wir dafür offen, dass die Deutschen auch andere Wörter akzeptieren. Was wir aber wollen, ist, dass die deutsche Sprache immer auch für die anderen verständlich bleibt. Wir möchten also nicht gegen Anglizismen ankämpfen. Das ist nicht unsere Aufgabe. Aber man muss mit Anglizismen vorsichtig umgehen; vor allem in unseren Regionen, wo die Leute früher keine Möglichkeit hatten, Englisch zu lernen. Ich habe den Eindruck, dass ich Englisch lernen muss, um die Deutschen überhaupt noch verstehen zu können.

Welchen kollektiven Zukunftstraum würden Sie uns Deutschen wünschen?

Ich würde den Deutschen wünschen, dass sie mehr Stolz haben und dass sie sich zu ihrer starken Position in Wirtschaft und Kultur offen bekennen. Für mich selbst würde ich mir wünschen, dass die Deutschen zugleich die anderen Völker so akzeptieren, wie sie sind. Konkret: dass die Deutschen sich selbst als Europäer fühlen. Ich wünsche mir, dass wir im europäischen Raum zusammenleben, einem Raum, in dem wir alle gleichwertig sind und wo die erste Frage nicht immer nur lautet: »Woher kommen Sie«, und die Leute dann anhand dieser einen Antwort einsortiert werden. Stattdessen sollte die erste Frage sein: »Was können Sie tun? Was können Sie machen?«

Woran liegt es, dass die deutschen Regierungen sich nicht stärker dafür einsetzen, dass Deutsch eine wirklich gleichberechtigte Arbeitssprache der Europäischen Union wird?

Die Frage, warum sie so wenig für ihre eigene Sprache tun, stelle ich den Deutschen schon gar nicht mehr. Denn die Antwort, die ich erhalte, ist mit hundertprozentiger Gewissheit stets die folgende: »Ja, wissen Sie, wir Deutschen, wir sind eben nicht mehr so selbstbewusst, wir haben immer diese Schuldgefühle.« Ich schaue ihnen dann nur in die Augen und frage: »Wann wurden Sie geboren, bitte?« Wie kann mir ein 40- oder 50-jähriger Mensch sagen, dass er Schuldgefühle hat? Da kann er doch nichts dafür. Angenommen, meine Eltern lebten da und hätten vielleicht etwas verschuldet, dann kann ich mich damit abfinden. Ich würde nicht immer daran denken, was meine Eltern verursacht haben, sondern ich lebe nun mein eigenes Leben. Und ich möchte mein Leben so leben, dass es positiv beurteilt wird und dass die Leute es schätzen. Natürlich darf man die Vergangenheit nicht vergessen. Aber es ist schade, sich nun hinter der Vergangenheit zu verstecken.

Mein Traum wäre also, dass die Deutschen mit Fug und Recht klarmachen würden, dass ihre deutsche Sprache hier in diesem Raum eine feste Position hat und dass wir da nicht nur darüber reden, sondern dass diese wichtige Sprache auch in allen Gremien offiziell neben Englisch und Französisch verwendet wird. Wenn die Deutschen aber selbst kein Interesse an dieser Sache zeigen, macht es auch für uns keinen Sinn mehr, darum zu kämpfen. Das ist gar kein Vorwurf, lediglich eine Tatsache, die wir hier bei uns stark zu spüren bekommen.

Woran machen Sie diesen Niedergang des Deutschen fest? Wie spüren Sie das?

Ich wohne und lebe in einer Region, wo Deutsch sehr stark verbreitet ist. Aber auch hier spüren wir, dass der Deutschunterricht abnimmt.

Und wie könnten wir Deutschen innerhalb der EU für eine stärkere Rolle der deutschen Sprache argumentieren?

Indem wir auf die Statistiken verweisen! In der Europäischen Union ist Deutsch die am häufigsten gesprochene Muttersprache. Das ist der erste Grund, weshalb die Position des Deutschen in der Europäischen Union verstärkt werden muss. Die Sprache. Und dann natürlich im Hinblick auf die hohen Investitionen der Deutschen in die EU. Das wären auch gute Gründe für die Deutschen, sich einzusetzen. Sie sollten das auf ganz natürliche Weise tun, ohne Aggressivität. Ich denke, wenn diese beiden Gründe genannt würden, wäre so etwas akzeptabel. Und ich möchte auch betonen, dass viele Menschen in den neuen Mitgliedsstaaten der Europäischen Union zu einer Zeit aufgewachsen sind, als andere Fremdsprachen wichtiger waren; also nicht Englisch und Französisch, sondern Deutsch und Russisch. Wenn man also bedenkt, dass im Europäischen Rat oder in anderen Gremien Leute sitzen, die kein Englisch verstehen, wäre es auch für die Übersetzer sinnvoller, nicht nur zwei, sondern drei Sprachen anzubieten.

Wir Deutschen bewegen uns in unserer eigenen Sprache ja ein wenig wie Fische im Wasser. Sie selbst sind zwar in einer anderen Sprache aufgewachsen, haben nun aber den Großteil ihres Lebens der deutschen Sprache gewidmet. Was gefällt Ihnen so an dieser Sprache?

Für mich war die deutsche Sprache immer so schwierig! Aber dann habe ich eines Tages entdeckt, dass sie ein logisches System hat. Das ist wie ein Rätsel. Und so, wie Sie bei einem Kreuzworträtsel allmählich zu logischen Verbindungen gelangen, habe ich das auch beim Studium der deutschen Sprache gespürt. Dank dieser Sprache habe ich auch wirklich gute Freunde in Deutschland gefunden, die ich sehr hoch schätze. Ich denke, sie akzeptieren uns auch.

Danke, dass Sie uns ein wenig von ihren Träumen erzählt haben.

Gern geschehen.

MONIKA HENZINGER

»Es sind die Spitzenuniversitäten, die ein Land attraktiv machen.«

Monika Henzinger ist eine der international erfolgreichsten deutschen Wissenschaftlerinnen. Sie studierte in Erlangen und Saarbrücken Informatik und machte bereits mit 23 Jahren ihr Diplom. Im Alter von 26 Jahren promovierte sie an der amerikanischen Elite-Universität Princeton und wurde anschließend Assistenzprofessorin an der Elite-Universität Cornell. Im Alter von 32 Jahren kehrte sie 1999 für ein Semester an die Universität Saabrücken zurück. Damals war sie Deutschlands jüngste Informatik-Professorin. Noch im selben Jahr holten die Google-Gründer Sergej Brin und Larry Page sie zurück in die USA, wo sie dann bis 2005 als Googles Forschungschefin wesentlich zum Aufstieg des Unternehmens an die Weltspitze beigetragen hat. Derzeit lebt Monika Henzinger mit ihrer Familie in der Schweiz. Sie ist Professorin für Informatik an der Eidgenössischen Technischen Hochschule in Lausanne. Monika Henzinger wurde 1966 in Weiden in der Oberpfalz geboren.

DEUTSCHLAND

Fläche:	349 223 km^2
Bevölkerung:	82 Millionen

Frau Professor Henzinger, Sie sind eine der international erfolgreichsten deutschen Wissenschaftlerinnen und im Rückblick erscheint Ihre Karriere natürlich wie eine fast logische Aneinanderreihung von Erfolgen, vom ersten Hochbegabtenstipendium zur Position der Forschungschefin bei Google und nun Ihrer derzeitigen Professur an der renommierten Ecole Polytechnique in Lausanne. Haben Sie als junge Frau von einer so steilen Karriere geträumt?

Ja, ich habe mir schon ziemlich früh, schon im Gymnasium, gedacht, dass ich gerne einmal promovieren würde. Und als Studentin habe ich öfters mit meinen Studentenkollegen herumgealbert und gesagt: »Ich werde nicht nur eine C4-Professur, sondern eine C8-Professur haben, denn mein Mann wird auch C4-Professor sein.« (lacht) Und jetzt ist es wirklich so gekommen. Ja, ich habe davon schon geträumt.

Deutschland leidet an einem massiven Aderlass an wissenschaftlichen Nachwuchskräften, die jedes Jahr ins Ausland abwandern und keine klare Perspektive für die Rückkehr nach Deutschland haben. Und diese Abwanderung findet statt, obwohl die durchschnittlichen Gehälter an amerikanischen Universitäten nicht immer höher sind als in Deutschland, ganz im Gegenteil. Wovon träumen diese Wissenschaftler und vor allem Wissenschaftlerinnen, wenn sie ihre deutsche Heimat verlassen?

Zum einen natürlich davon, dass sie neue Sachen hinzulernen. Gerade als Wissenschaftler ist es gut, wenn man an mehreren Unis war, denn man kann dort mit verschiedensten Leuten arbeiten und Neues lernen. Der andere Anreiz ist, mit anderen Spitzenwissenschaftlern zu arbeiten. Oft geht man in die USA oder ein anderes Land, weil dort die Experten eines Fachgebiets sind, in dem man selbst arbeiten möchte. Ich glaube, das ist der Traum. Für die USA muss ich noch dazusagen, dass es dort für Frauen und vor allem für Mütter relativ einfach ist zu arbeiten. Es gibt dort ein gutes System von Ganztageskindergärten, die die Kinder schon ab drei Monaten nehmen. In den USA es ist auch gesellschaftlich nicht verpönt, als

Mutter zu arbeiten. Ich glaube, das ist ein großer Unterschied zu Deutschland. Als ich einmal ein halbes Jahr in Deutschland war, wurde mir von allen möglichen Müttern, die zuhause blieben, inklusive einer guten Freundin von mir, nahe gelegt, dass ich doch bei meinem Kind zuhause bleiben solle. Ich wurde gefragt, was mir denn einfallen würde, jetzt noch als Professorin an der Uni zu arbeiten.

Was haben Sie darauf geantwortet?

Ich habe geantwortet, dass ich nicht glaube, dass das meinem Kind schade und dass ich damit glücklicher sei und daher auch mein Kind.

Welchen Traum müsste Deutschland den jungen Wissenschaftlerinnen und Wissenschaftlern der Welt anbieten, um eine vergleichbare Anziehungskraft zu entwickeln wie etwa das Silicon Valley?

Es gibt natürlich viele Details, die man in der deutschen Wissenschaftslandschaft korrigieren müsste. Das Anziehendste in den USA sind aber die Spitzenuniversitäten. Ich würde nicht in die USA gehen, um dort an irgendeiner mittelmäßigen Uni zu studieren. Ich bin in die USA gegangen, weil ich an einer Spitzenuniversität promovieren wollte. Anschließend bin ich lange in den USA geblieben, weil ich an einer Spitzenuniversität unterrichten wollte. Nur an den Spitzenuniversitäten kommt man mit vielen anderen ausgezeichneten Leuten zusammen, bekommt man mit, was sich in anderen Fachgebieten tut. Und als Professorin bekommt man dort auch ausgezeichnete Studenten aus aller Welt. Es sind die Spitzenuniversitäten, die ein Land attraktiv machen.

Im Herbst 2006 wurden drei deutsche Unis in einem langen Auswahlverfahren zu so genannten Elite-Unis gekürt: Die Ludwig-Maximilians-Universität München, die TU München und die Universität Karlsruhe. Diese drei Unis sollen nun besonders gefördert werden, um dann eines Tages mit Stanford oder Cambridge konkurrieren zu können. Was müssen diese drei Elite-Unis als Nächstes verändern, damit auch Sie eines Tages Ihre Kinder dorthin zum Studium schicken würden?

Ich habe selbst an der Auswahlkommission teilgenommen und finde, dass die Exzellenzinitiative schon viele positive Veränderungen an den deutschen Universitäten gebracht hat. Zum Beispiel erleichtern das Angebot von Vorlesungen in englischer Sprache und das Umsteigen auf Bachelor-, Master-, und PhD-Studiengänge vielen internationalen Studenten den Einstieg an deutschen Unis. Durch eine kluge Auswahl dieser Studenten können so, zusätzlich zu den deutschen Studenten, weitere ausgezeichnete Nachwuchswissenschaftler ausgebildet werden. Natürlich ist der Aufstieg zur internationalen Spitze, zu Harvard und Stanford, ein langwieriger Prozess, der ein oder zwei Jahrzehnte dauern kann. Doch es ist sehr gut, sich dieses Ziel zu stecken und darauf hinzuarbeiten.

Auch wenn »Elite« immer noch ein Reizwort ist, klingt das so, wie wenn Sie sich vor allem mehr Offenheit gegenüber Eliten wünschen würden?

Ja! Ich glaube, Deutschland kommt da nicht darum herum. Es sind die Eliten, die Spitzenforschung betreiben. Es sind die Eliten, die Innovationen schaffen und dann Unternehmer werden und Firmen gründen. Und nur durch neue Unternehmen bekommt Deutschland mehr Arbeitsplätze. Ich will da auch noch etwas klarstellen: Ich finde, dass jeder Mensch dieselbe Würde hat. Aber ich finde, dass man in Deutschland Würde und Begabung oft durcheinanderbringt. Jeder Mensch hat dieselbe Würde, ganz egal, ob sehr begabt oder nicht sehr begabt. Jeder hat dieselbe Würde, aber nicht jeder ist gleich begabt. Manche Leute sind begabter als andere. Manche sind auch nur auf einem Gebiet sehr begabt und komplette Loser auf anderen Gebieten. Es gibt nun einmal Leute, die begabter sind und dem Staat und der Gesellschaft mehr bringen, wenn sie Spitzenforschung leisten können und dann Unternehmen gründen.

Unternehmen zahlen Steuern, Unternehmen schaffen Arbeitsplätze, Unternehmen sind extrem wichtig. Viele Internet-Start-ups in den USA wurden von Studenten an Spitzenuniversitäten gegründet.

Im Silicon Valley sind die Arbeitsbedingungen ja sehr hart, die Gehälter sind nicht besonders hoch, die Zeit der vielversprechenden Aktienoptionen ist meistens vorbei, die Sozialabsicherung ist gering, Urlaub gibt es fast keinen, die Arbeitszeiten sind extrem lang. Im Vergleich zu Deutschland eigentlich alles nicht besonders attraktiv, und trotzdem zieht es die akademische junge Elite der Welt in der Regel immer noch in die USA. Deshalb noch einmal die Frage: Welches Traumversprechen müsste Deutschland der akademischen Jugend der Welt anbieten, um sie nach Deutschland zu holen?

Da spielt immer noch das Lotterieprinzip mit. In den USA, und vor allem im Silicon Valley, ist es für Informatiker auf alle Fälle leichter, eine Firma zu starten und erfolgreich zu sein, als wenn sie beispielsweise nach Deutschland gehen würden. Selbst wenn die Chance, viel Geld zu verdienen, nur eins zu zehn oder eins zu zwanzig ist, reizt das noch immer viele Leute. Das andere ist natürlich, dass im Silicon Valley schon so viele Inder, Chinesen und andere Ausländer leben, die dort gesellschaftlich voll akzeptiert sind. Neue Zuwanderer im Silicon Valley wissen also, dass sie keine Außenseiter sein werden. Ganz im Gegenteil: Es gibt schon ein ganzes Netzwerk von ihren Landsleuten, die ihnen helfen werden, wenn sie in Schwierigkeiten geraten. Ins Silicon Valley zu gehen, ist also nicht so riskant, wie nach Deutschland zu kommen, wo es keine vergleichbaren Netzwerke gibt.

Sie leben nun seit vielen Jahren außerhalb Deutschlands. Können Sie uns sagen, wie Deutschlands Software- und Internetbranche international wahrgenommen wird? Wofür steht Deutschland in diesen Branchen?

Wenn man es aus der Perspektive der Softwarefirmen sieht, dann gibt es die Firma SAP, die in der Weltspitze mitmacht, und noch ein paar kleinere Firmen. Ansonsten ist Deutschland nicht sehr sichtbar, um es vorsichtig auszudrücken. Es gibt durchaus einige deutsche Wissenschaftler aus der Informatikbranche, die man international kennt, aber Deutschland speziell steht in der Informatik eigentlich für nichts Konkretes. In politischer Hinsicht hat Deutschland keine klare Identität, aber ich weiß nicht, ob das unbedingt so schlecht ist, denn wenigstens hat es auch keine negative Identität. Was jedoch weltweit anerkannt wird, ist, dass Deutschland für seine schlechte Geschichte, die Nazijahre, eingestanden ist und gesagt hat: »Jawohl, wir stehen dazu, es tut uns leid, dass das passiert ist. Das haben wir nie vergessen.« Das wird Deutschland sehr positiv angerechnet, dass wir nicht versuchen, uns vor dieser Verantwortung zu drücken.

Und was ist Ihr hoffnungsvollster, Ihr optimistischster Traum für Deutschlands langfristige Zukunft?

Was mich sehr beeindruckt hat, als ich in die USA kam und während der ganzen Zeit, die ich dort lebte, ist die Einstellung der Amerikaner zu ihrem Staat und zu ihrer Demokratie. Die Amerikaner schätzen ihren Staat, sie sind stolz darauf. Sie sind stolz darauf, dass sie schon sehr lange eine Demokratie haben, sie sind stolz auf ihre Nation und sie wollen sich bemühen, diese noch besser zu machen. Sie sind auch willig, Opfer dafür zu bringen. Es ist so, wie John F. Kennedy einst gesagt hat: »Frag nicht, was dein Land für dich tun kann, sondern frag dich, was du für dein Land tun kannst.« Das ist die Einstellung der Amerikaner. Mein Traum wäre, dass die Deutschen auch so eine Einstellung hätten, dass die Deutschen auch mehr in diese Richtung denken. Sie haben ja jetzt seit fast 60 Jahren eine funktionierende Demokratie, eine gute soziale Marktwirtschaft, wo die Leute gut abgesichert sind. Sie sollten das einmal schätzen und zugleich auch verstehen, dass das nicht von selbst kommt und auch nicht automatisch weiterbesteht, sondern dass man dafür auch etwas tun muss, dass man sich einsetzen muss für den Staat. Man kann den Staat nicht nur finanziell ausbeuten und immer nur Erwartungen haben, man muss dem Staat gegenüber auch etwas leisten, damit er weiterbesteht. Ich wünsche den Deutschen also eine positive Einstellung zu ihrem Staat. Dass sie einerseits stolz darauf sind und andererseits auch sagen: »Okay, ich bringe jetzt mal ein Opfer für den Staat und mache jetzt zum Beispiel ein soziales Jahr, um unsere Gesellschaft weiterzubringen.« Ich habe so ein bisschen das Gefühl, dass sich die Deutschen immer mehr aus der Verantwortung zurückziehen, die sie ihrem Staat gegenüber haben. Dass sie alles den anderen überlassen und nichts mehr damit zu tun haben wollen. Ich möchte eine aktivere und positive Einstellung zum Staat haben.

Wäre es für eine solche positive Einstellung zum Staat nicht auch hilfreich, wenn wir Deutschen so etwas wie ein positives gemeinsames Zukunftsversprechen formulieren würden?

Ein Mission Statement?

Ja, bleiben wir ruhig bei diesem Begriff. Was denken Sie, könnte Deutschlands zukünftiges Mission Statement sein, Frau Henzinger?

Das Mission Statement könnte sein, Wohlstand ins Land, aber auch in den Rest der Welt zu bringen. Und lassen Sie mich noch eines klarstellen: Ich wollte das jetzt nicht irgendwie patriotisch verstanden wissen. Ich bin nicht der Meinung, wir sollten patriotisch sein. Ich meine nur einfach ganz konkret, dass jeder in seinem Leben etwas beitragen kann, um dieses deutsche Mission Statement, also zum Beispiel Wohlstand und Frieden, zu verbreiten, in seinem Alltag umzusetzen. Nehmen wir zum Beispiel die Kinderunfreundlichkeit in Deutschland: Kürzlich hat mir eine junge Mutter erzählt, sie steige aus der U-Bahn aus, wenn ihr Kind schreie. Ich habe sie ganz erstaunt gefragt »ja, warum denn?«, und dann hat sie gesagt, sie bekomme sonst so böse Blicke zugeworfen und werde so dumm angeredet, dass sie jetzt immer aussteige, wenn ihr Kind schreie. Und da denke ich mir: Wir Deutsche, als Nation, wir brauchen mehr

Kinder. Und da muss jeder bereit sein, Opfer zu bringen. Wenn das heißt, dass man schreiende Kinder in der U-Bahn erträgt, dann ist das ja auch nicht so schlimm. Jeder muss bereit sein, sein eigenes Wohlbefinden ein klein bisschen einzuschränken für das gemeinsame Wohl. Und wenn Deutschland kinderfreundlicher wäre, gäbe es wahrscheinlich auch mehr Kinder. Vielleicht sollte es auch eine Art Übung geben, wo sich die Deutschen selbst überlegen können, was die Mission von Deutschland sein soll.

Als wir uns das letzte Mal bei Google im Silicon Valley begegnet sind, haben wir Sie damals spaßeshalber gefragt, welchen Job Sie in Deutschland gerne hätten. Ihre Antwort hat uns damals überrascht: Sie sagten lachend, Sie wären gerne mal bayerische Kultusministerin.

Wissenschaftsministerin!

Also gut, Wissenschaftsministerin. Jetzt sind Sie ja noch recht jung, das kann also durchaus noch etwas werden. Wie würden Sie Ihren deutschen Traum in diesem Amt in die Tat umsetzen?

Einerseits würde ich versuchen, durch Gespräche mit den Universitätsleitungen und Professoren zu erfahren, was sie ihrer Meinung nach daran hindert, eine Spitzenuniversität zu werden, und dann versuchen, diese Hindernisse zu beseitigen. Andererseits würde ich versuchen, internationale Spitzenkräfte an die bayerischen Universitäten zu locken. Und dabei würde ich einen sehr hohen Maßstab anlegen. Es reicht nicht, wenn jemand an einer ausländischen Universität tätig und willig ist, nach Deutschland zu ziehen. Stattdessen muss er von einer Spitzenuniversität kommen oder sich anderweitig als Spitzenforscher ausgezeichnet haben. Ich finde, da werden die Maßstäbe in Deutschland oft noch nicht hoch genug angelegt. Qualität ist wichtiger als Quantität!

Es gibt ja in Deutschland immer noch diese Haltung, dass wir keine Wissenschaftler aus dem Ausland brauchen. Angesichts der ho-

hen Zahl arbeitsloser Akademiker, so das Argument, sei es absurd, auch noch Akademiker aus dem Ausland anzuwerben. Gleichzeitig haben die Regierungen der Milliardenvölker Indien und China und auch der kleineren USA längst verstanden, dass kein Land der Welt mehr genügend hochqualifizierte Wissenschaftler hat, um in der Wissensgesellschaft alleine zu bestehen. Woran liegt es, dass sich diese Einsicht in Deutschland noch nicht im selbem Ausmaß durchgesetzt hat?

Ich will da zunächst mal eines sagen: Wissenschaftler ist nicht gleich Wissenschaftler. Es gibt da auch Qualitätsunterschiede. Wenn Sie zwei gleich gute Wissenschaftler haben: Fein, dann können Sie den Deutschen nehmen. Aber wenn der Inder besser ist, dann würde ich den Inder einstellen, denn der wird Spitzenforschung treiben, die zu Innovation führt, die wiederum zu Arbeitsplätzen führt. Bei Google sind zum Beispiel enorm viele Ausländer im Bereich Entwicklung; Informatiker, die dort übrigens 50, 60 oder 70 Stunden in der Woche arbeiten. Die Idee ist die: Man bringt die besten Leute ins Land und die gründen Firmen, natürlich nicht sofort und nicht Knall auf Fall, aber langfristig, in den nächsten 10, 20 Jahren, und dadurch werden wieder neue Arbeitsplätze für alle geschaffen.

Der Generalsekretär des European Research Council in Brüssel und ehemalige Präsident der Deutschen Forschungsgemeinschaft, Ernst-Ludwig Winnacker, sagte, die Zahl der weiblichen Lehrstuhlinhaber und Institutsleiter in Deutschland habe sich in den letzten zehn Jahren nur um einen Prozentpunkt erhöht und liege immer noch bei unter zehn Prozent. Der Anteil der Professorinnen, sagt Professor Winnacker, sei in Deutschland damit so niedrig wie fast nirgendwo sonst auf der Welt. Woran liegt das und welche Maßnahmen würden Sie vorschlagen, um den Anteil der Professorinnen zu erhöhen?

Da habe ich natürlich auch keine Patentantwort parat. Ich glaube, die Hindernisse, die Frauen davon abhalten, Professorin zu werden, sind recht unterschiedlich. Meiner Erfahrung nach herrscht in

Deutschland allerdings ein noch viel stärkerer Zwang als in anderen Ländern, als Mutter gar nicht oder nur Teilzeit zu arbeiten. Das beeinflusst oft schon die Berufswahl. Das heißt, junge Frauen setzen es sich oft gar nicht als Ziel, Professorin zu werden, denn sie sind der Meinung, das sei nur schwer mit Kindern oder Teilzeitarbeit zu verbinden. Es stimmt, dass es nur schwer mit Teilzeitarbeit zu verbinden ist, aber bei qualitativ hochwertiger Kinderbetreuung schadet auch die Vollzeitarbeit der Mutter den Kindern nicht. Kindergartenplätze gehören deshalb an vorderste Stelle auf der Liste von Dingen, die nötig sind, um weibliche Wissenschaftler auf allen Stufen der wissenschaftlichen Laufbahn zu fördern. Wissen Sie, als Wissenschaftlerin kann man es sich nicht leisten, ein oder sogar drei Jahre zu Hause beim Kind zu bleiben und dann wieder einzusteigen. Die wissenschaftlichen Veränderungen sind so rasant, wenn man da nicht am Ball bleibt, ist man gleich weg vom Fenster. Und wenn man die weiblichen Wissenschaftler fördern will, dann müssen eben auch die Kindergartenplätze an den Universitätskinderkrippen und -kindergärten mit Vorrang an die Kinder weiblicher Wissenschaftler vergeben werden – auch wenn das gegen das deutsche Gleichheitsprinzip verstößt.

Es gibt bisher noch kein Land auf der Welt, das sich in seinen internationalen Image-Kampagnen als idealer Standort für weibliche Spitzenkräfte positioniert. Wäre das nicht ein inspirierendes und vor allem auch profitables Alleinstellungsmerkmal für einen neuen deutschen Traum?

In der Tat! Es wäre auch schon ein schöner Traum, wenn Frauen in Deutschland schon vom Kindesalter an dieselbe Ermutigung und Förderung für ihre berufliche Entfaltung erhalten würden wie Männer. Verstehen Sie mich nicht falsch: Jede Frau soll machen, was ihren Veranlagungen und Wünschen am meisten entspricht. Ich respektiere eine Frau, die zu Hause bei ihren Kindern bleibt, genauso wie eine berufstätige Frau. Ich möchte da keine über die andere stellen. Aber ich finde, dass in Deutschland den Mädchen von Anfang an eingeprägt wird, dass sie sowieso nicht ihr Leben lang arbeiten werden und dass ihre Berufswahl deshalb nicht so wichtig ist. Diese Einstellung führt dann dazu, dass Frauen finanziell schlechter gestellte Berufe und Anstellungen ohne Aufstiegschancen akzeptieren. Wenn sich das ändern würde, das wäre schon ein großer Fortschritt!

Frau Henzinger, vielen herzlichen Dank.

Gern geschehen. Bayerische Wissenschaftsministerin würde ich übrigens immer noch gern werden. (lacht) Vielleicht schaffe ich es ja mal.

JOI ITO

»Deutschland wird Dreh- und Angelpunkt eines stärker vereinten Europa sein.«

Der Japaner Joichi Ito ist ein einflussreicher Internet-Unternehmer, Blogger und Aktivist für digitale Bürgerrechte. Ito ist Vorstandschef der alternativen Urheberrechtsorganisation Creative Commons, Vizepräsident der Blog-Suchmaschine Technorati, Geschäftsführer der Beteiligungsgesellschaft Neoteny und Direktoriumsmitglied der Internet-Verwaltungsorganisation ICANN, die die weltweite Vergabe von Domain-Namen steuert. In den letzten zehn Jahren hat Ito zahlreiche Unternehmen gegründet, darunter Infoseek Japan, PSINet Japan und Digital Garage. Joichi Ito wurde 1966 in Kyoto geboren. Er ging in den USA zur Schule und aufs College, schloss das Studium aber nicht ab, da ihm langweilig gewesen sei. Nach einer kurzen Laufbahn als DJ gründete er dann seine ersten Internet-Unternehmen. Joichi Ito lebt in Kyoto. Zurzeit arbeitet er an seiner Doktorarbeit über eine »Neue Weltwirtschaft des Teilens«.

JAPAN

Fläche:	374 744 km^2
Bevölkerung:	127 Millionen

Herr Ito, Sie sind uns das erste Mal aufgefallen, als wir einen Essay von Ihnen lasen, in dem Sie Ihre Hoffnungen für die Modernisierung Japans beschreiben. Was uns dabei so überrascht hat, ist, dass unsere beiden Länder, Deutschland und Japan, offenbar vor sehr ähnlichen Herausforderungen stehen, sei es unsere Bevölkerungsentwicklung und das Problem der so genannten Überalterung, sei es unser Zögern gegenüber einer multikulturellen Zukunft oder auch unsere verhältnismäßig risikoscheue Unternehmenskultur. Glauben Sie, unsere beiden Länder könnten etwas von ihren Gemeinsamkeiten lernen?

Ich kenne nur einige der Klischees über unsere beiden Länder, und diese Klischees sind sich oft ähnlich: dass die Eisenbahn pünktlich ist, dass die Bevölkerung auf Pünktlichkeit, Qualität und harte Arbeit Wert legt. Beides sind Länder, in denen Großunternehmen die Wirtschaft dominieren und den Großteil aller Profite einstreichen, ohne dabei größere Risiken eingehen zu müssen. Das hat zur Folge, dass diejenigen, die unternehmerische Risiken eingehen, keine angemessenen Profite einstreichen können. Das Ergebnis ist ein verzerrter Markt, der Einzelpersonen entmutigt und davon abhält, Unternehmen zu gründen und innovativ zu werden. Der größte Unterschied zwischen Deutschland und Japan ist wahrscheinlich, dass Japan eine Insel ist. Deutschland mag sich vielleicht etwas abgeschottet anfühlen, ist aber zumindest geographisch mit seinen Nachbarländern verbunden.

Ich weiß auch, dass Deutschland sehr große Anstrengungen unternommen hat, um sich nach dem Zweiten Weltkrieg wieder mit seinen Nachbarn zu verständigen. Ein großer Teil des Krieges spielte sich ja auch direkt auf deutschem Territorium ab. Die Japaner hingegen haben zum einen keine unmittelbaren Nachbarn und der Krieg kam, von den Bomben einmal abgesehen, nicht wirklich nach Japan hinein. Es gab praktisch keine Kämpfe mit feindlichen Soldaten im Inneren Japans. Die Japaner haben mit ihren Nachbarn keine wirkliche Aussöhnung gefunden. Ein befreundeter Dirigent erzählte mir einmal von einem deutschen Orchester. Als die Deutschen sich wieder mit ihren Nachbarn anfreunden und Frieden schließen wollten, fuhr das Orchester nach Polen und führte dort polnische Musik auf. Als ein japanisches Orchester aber mal nach Korea ging, führten sie dort japanische Musik auf. (lacht) Die Japaner waren einfach nie gut darin, sich für den Zweiten Weltkrieg zu entschuldigen. Die deutsche Bevölkerung hingegen war an einer solchen Entschuldigung aktiv beteiligt. Ich glaube, das hat auch damit zu tun, dass Hitler damals in einer quasi-demokratischen Wahl an die Macht gekommen ist. Ich weiß natürlich, dass dieses demokratische Verfahren schon von den Nazis usurpiert war. In Japan liefen die Dinge aber anders. Das japanische Militär war damals bereits ein bürokratischer Staat im Staat. Sie ermordeten den damaligen Ministerpräsidenten und rissen die Regierung an sich. Die meisten Japaner glauben deshalb bis heute, der Zweite Weltkrieg sei von einer Schurken-Bürokratie losgetreten worden, die keine demokratische Legitimation hatte und nicht gewählt worden war. Nach der Entmachtung dieser Bürokraten waren die Japaner dann froh und erleichtert und sich selbst keiner Schuld bewusst.

Ich glaube, hier liegt ein wesentlicher Unterschied zwischen Deutschland und Japan. Die Deutschen fühlen sich verantwortlicher für die Politiker, die sie damals gewählt haben, während die Japaner sich selbst als Opfer einer diktatorisch gewordenen Bürokratie empfinden. Für Japan ist das heute ein Problem, denn diese Sicht entspricht nicht dem, was der Rest der Welt über Japans Rolle im Zweiten Weltkrieg denkt. Diese unterschiedlichen Sichtweisen unserer Vergangenheit sind einer der Gründe, weshalb es vielen Japanern heute so schwerfällt, sich zu entschuldigen. Sie haben das Gefühl, selbst Opfer gewesen zu sein.

Was ist Ihr Traum für Japans Zukunft?

Hier ist mein Traum für Japan: Ich denke, oder ich glaube, dass es gewisse Bestandteile der japanischen Kultur gibt, die stark sind und dennoch verloren gingen oder allmählich verschwinden und die wir aber beschützen könnten. Wenn Sie Japans Geschichte betrachten, sehen Sie, dass die Japaner intellektuell und aggressiv waren. Sie hatten ein sehr vitales Geistesleben, sie waren risikofreudig, es gab damals eine lebendige Kunst und eine Kultur des Teilens. Es gibt in der japanischen Geschichte einige wirklich wunderbare Elemente. Die moderne Geschichte und Kultur hat jedoch viele der besten Eigenschaften Japans unterdrückt. Heute ist Japan nun viel zu sehr auf sein geographisches Territorium als Quelle seiner Identität fixiert. Eine Konsequenz davon ist zum Beispiel, dass unsere Währung in unsere Landesgrenzen eingesperrt bleibt. Wenn Japan es also schaffen könnte, seine Grenzen für Einwanderer zu öffnen, wenn Japan verstehen würde, dass seine kulturelle Identität den Austausch und die Integration anderer Kulturen aus aller Welt überleben kann, dann könnte es neu aufblühen. Japan sollte sich selbst als eine ortsungebundene Kultur und nicht als Territorialkultur begreifen. Wenn die Japaner nur einmal die enorme Popularität verschiedener Elemente japanischer Kultur in anderen Ländern wahrnehmen würden, könnten sie sich eigentlich mit einem guten Gefühl daranmachen, sich und ihr Land für die Welt zu öffnen.

Die japanische Wirtschaft und die territoriale Verschlossenheit Japans werden meiner Meinung nach nicht überleben. Was auch immer es sein wird, irgendetwas wird hier noch während meiner Lebenszeit passieren. Wenn wir aber diese Krise erst einmal überwunden haben, in der Japan zurzeit steckt, wird die japanische Kultur international besser integriert sein. Sie wird dann etwas sein, an dem die ganze Welt teilhaben kann. Obwohl ich also nicht wirklich glaube, dass Japan als Nation noch eine echte Chance hat, träume ich davon, dass die japanische Kultur irgendwie überleben wird.

Kommen wir zurück zu Deutschland, Herr Ito. Was wäre Ihr idealistischster, Ihr optimistischster Traum für die Zukunft Deutschlands?

Wenn ich an Deutschland denke, sehe ich es als das Land in Mitteleuropa, das am ausgeglichensten und am besten organisiert ist. Das mag eine Fehleinschätzung sein, aber so erscheint es von außen. Ich glaube, Japan steckt wegen seiner Verschlossenheit in einer Krise. Ich glaube, die USA stecken ebenfalls in einer Krise, weil sie nicht verstehen, was es bedeutet, eine Supermacht zu sein, und weil sie nicht verstehen, was Multilateralismus ist. Eure Zukunft dreht sich meinem Eindruck nach jetzt um folgende Fragen: Wie könnt ihr Multilateralismus praktizieren? Wie könnt ihr lernen, andere Kulturen zu verstehen? Wie könnte es Europa gelingen, sich selbst in eine gut funktionierende EU-Demokratie zu verwandeln, während ihr gleichzeitig eure Wirtschaft in Schwung haltet?

Mein Eindruck ist, dass Deutschland das am besten ausgestattete Land ist, um zu versuchen, Europa zu organisieren. Jedes Land hat eine Reihe von Vorzügen und Stärken. Und so stereotyp und oberflächlich es auch klingen mag: Die Deutschen haben eine nachweisliche Erfolgsgeschichte in der Errichtung und dem Betrieb großer Organisationen und Strukturen. Eine der Schwierigkeiten Deutschlands ist noch seine Ethik des Leidens. Ich weiß nicht, was die richtige Formulierung dafür wäre, aber ein Wesenszug eurer Kultur ist immer noch, dass ihr eine sehr schwere Last auf euren Schultern zu tragen scheint. An dieser Mentalität liegt es wahrscheinlich auch, dass Deutschland in den Bereichen Innovation und Kreativität nicht sehr stark zu sein scheint. Vielleicht könntet ihr ja etwas mehr Risikobereitschaft und Unternehmermut aus anderen Ländern importieren? Insgesamt glaube ich aber, dass Deutschland Dreh- und Angelpunkt eines stärker vereinten Europa sein wird. Um ehrlich zu sein, ich denke, Japan hätte eine ähnliche Rolle in Asien einnehmen können, wenn es nach dem Zweitem Weltkrieg nur die richtigen Schritte unternommen und mehr diplomatisches Feingefühl gehabt hätte. Heute ist so eine Rolle für Japan fast unerreichbar. Ihr in Deutschland habt aber so gute Beziehungen zu den anderen europäischen Staaten, dass ihr die Führungsnation werden könntet. Und wenn das erst mal geschieht, glaube ich, wird die gegenseitige Befruchtung der verschiedenen Kulturen helfen, Deutschland aufzuwecken und zu kräftigen.

Sie fliegen viel zwischen Japan und dem Silicon Valley hin und her. Was könnte jemanden wie Sie dazu bewegen, auch in Deutschland leben zu wollen?

Ich reise auch viel durch Europa. Für mich hat jedes Land etwas, das einzigartig und interessant ist. Und als jemand, der aus Japan stammt, mache ich mir natürlich immer Sorgen um die Logistik und habe Angst, dass die Dinge nicht termingerecht laufen oder nicht gut organisiert sind. Manchmal ist es okay, wenn die Dinge schiefgehen, Kreativität braucht ja auch ein bisschen Chaos. Ich mag es aber, wenn mein Heimat-Stützpunkt gut organisiert ist. Ich fühle mich einfach wohler, wenn ich weiß, dass alles gut organisiert ist. Es wäre also toll, wenn Deutschland seine Fähigkeit bewahren könnte, Ordnung aufrechtzuerhalten, und es gleichzeitig noch schaffen würde, mehr Restaurantkultur aus Frankreich und Museen aus Italien zu importieren und sich zu einer Art Plattform entwickeln könnte. Japan und Deutschland sind beide sehr gut darin, eine Infrastruktur zu errichten und zu betreiben. Aber wir sind oft unfähig, diese Infrastruktur mit der Kreativität zu beleben, die andere Länder haben. Um eine Internet-Metapher zu verwenden: Eine der großartigen Eigenschaften des Internet ist es, dass alles in Ebenen organisiert ist und die Web-Inhalte beispielsweise unabhängig von der darunterliegenden technischen Betriebsebene sind. Und diese Interoperabilität, die ich im Internet so genieße, wünsche ich mir auch für den Ort, an dem ich lebe. Um es praktischer auszudrücken: Es würde mir sehr gefallen, wenn Deutschland sich wirklich für Einwanderer und damit auch für einen der Grundwerte der EU öffnen würde, also die Möglichkeit für alle, sich wirklich über die Grenzen hinweg frei bewegen zu können. Wenn das geschieht, würde ich sehr gerne einen meiner Heimatstützpunkte in Deutschland errichten.

Nun sind Sie ja auch ein erfolgreicher Geschäftsmann und Wagniskapital-Geber. Was könnte Deutschland tun, um ein innovativeres und unternehmungslustigeres Klima zu erzeugen?

Ich glaube, das ist ähnlich wie in Japan und eine schwierige Frage. Deutschland hat viele Großunternehmen, die sehr viel Macht haben. So eine Umgebung bringt eine risikoscheue Generation hervor. Und dann ist da in Deutschland auch immer dieses gewisse Schuldgefühl, wenn jemand zu viel Spaß hat oder sich an etwas zu sehr freut. Wenn du versuchst, ein Auto zu bauen, musst du ziemlich ernst sein, denn das ist ein sehr ernstes Geschäft. Wenn du aber versuchst, neue Inhalte oder Geschäftsideen für das Internet zu entwickeln, musst du einen offenen Spirit haben.

Wo Sie gerade das Internet erwähnen, lassen Sie uns kurz über die »Open Source Software«-Bewegung sprechen. Sie sitzen im Vorstand der alternativen Urheberrechts-Organisation Creative Commons. Verschiedene Länder in der Welt haben gegenüber diesen Bewegungen für eine demokratischere Zusammenarbeit im Internet und ein weniger restriktives Urheberrecht sehr unterschiedliche Positionen eingenommen. So war beispielsweise die Entscheidung des Deutschen Bundestages und verschiedener deutscher Kommunen, ihre Server auf das Open-Source-Betriebssystem Linux umzustellen, für viele kommerzielle Softwarehäuser in der ganzen Welt ein Alarmsignal und für andere wieder ein Zeichen der Hoffnung. Wie könnte der Spirit dieser globalen Open-Source-Bewegung auch einen neuen deutschen Traum beflügeln?

Wenn Sie sich nur einmal die wirklich interessanten Softwareanwendungen im Internet anschauen, werden Sie – aus Perspektive der Open-Source-Bewegung – feststellen, dass viele der besten Projekte aus Europa kommen, sei es das Betriebssystem Linux, das World Wide Web oder IRC Chats. Das Internet mag zwar in den USA seine Anfänge gehabt haben, Europa ist aber einer der wichtigsten Co-Entwickler. Und trotzdem sind es vor allem Amerikaner, die nun mit ihren Patentmonopolen das Geld einstreichen. Für die Europäer wäre es also nicht nur politisch, sondern auch wirtschaftlich vernünftig, ihre Open-Source-Bewegungen zu unterstützen. Rein technisch betrachtet, ist das Internet heute eher so etwas wie ein öffentliches Versorgungsunternehmen. Ich weiß, es gibt Leute, die mich wegen dieser Ansicht einen Sozialisten schimpfen. Viele Grundbestandteile des Internet benötigen heute aber nicht mehr so viel Innovation, sondern vor allem Stabilität, während die Innovation jetzt auf den höheren Ebenen des Internet stattfindet. Was uns aber zu schaffen macht – seien es Software-Patente, hyper-restriktive Urheberrechte oder das Thema Netzneutralität –, sind alles Symptome veralteter Geschäftsmodelle der großen Monopolisten. Diese großen Monopolisten kämpfen darum, ihren Wert zu erhalten, und einige dieser Unternehmen sind so riesig, dass im Moment niemand sagen kann, wie lange es dauern wird, bis sie verschwinden. Früher oder später werden sie aber verschwinden. Ich habe allerdings beobachtet, dass Japan und Europa die Tendenz haben, die USA zu imitieren, wenn es darum geht, die Geltungsdauer von Urheberrechten immer weiter zu verlängern oder Patente auf bloße Geschäftsideen oder Software zu genehmigen. Was daran sichtbar wird, ist die Schwäche unserer beiden Demokratien in Europa und in Japan. Die Position der EU zum Thema Softwarepatente finde ich zum Beispiel wirklich ekelhaft. Ich dachte, Europas Demokratie wäre ein wenig stärker. Ihr müsst eure Feinde identifizieren. Der Feind sind die großen, multinationalen Firmenmonopole, die versuchen, eure Demokratie zu beeinflussen und zu überwältigen und eure Gesetze zu ihren Gunsten zu verändern.

Heute kämpfen wir um Softwarepatente, ein Thema, das ohnehin nur die wenigsten verstehen. Aber da ist noch etwas Grundlegenderes im Gange: Wir befinden uns in einem fundamentalen Kampf zwischen Geheimniskrämerei und Machtanhäufung auf der einen Seite und unserer Demokratie und den Menschen auf der anderen Seite. Ihr versucht gerade, diese europäische Demokratie aufzubauen, ihr versucht, den Menschen in Europa eine Stimme zu geben und multilateral zu sein. Während ihr alle diese Dinge anstrebt, solltet ihr aber das Internet nicht aus den Augen lassen. Ein offenes Internet, Open-Source-Software und eine wahrhaft offene Gesellschaft sind alle eng miteinander verwandt! Schauen Sie sich nur unsere derzeitige Demokratie in den USA an. Diese so genannte Demokratie ist den Monopolunternehmen sehr ähnlich; ihre Unternehmenskultur und ihre nach außen abgeschotteten Netzwerke entsprechen dem Wesen von proprietärer, geschützter Software. Sie sollten in Deutschland Ihre öffentliche Diskussion über Open Source, über eine offene Gesellschaft, offene Demokratie und über ein offenes Internet so führen, dass verständlich wird, wie sehr alle diese Themen auf ein und denselben Traum hinauslaufen: den Traum, dass alle teilhaben können, dass alle offene Grenzen haben sollten und dass alle das Recht auf Innovation ohne Lizenzzwang haben.

Im 21. Jahrhundert ist das Internet der Grundstein einer offenen Gesellschaft und einer offenen Demokratie. Ohne Open Source haben Sie kein Internet. Das Internet bringt echte Freiheiten, die Freiheit zur Teilnahme, zur Innovation, zur Wertvermehrung, zur Kontaktaufnahme; und das sind die Werte, auf die sich Europa meiner Meinung nach konzentrieren sollte. Deutschland ist dabei das Land, das die technische Kompetenz, die nötige Marktgröße und den Einfluss hat, um eine solche Anstrengung zu koordinieren. Und wenn Deutschland diese Sache nicht unterstützt, weiß ich nicht, wer sonst die Führung einer solchen massiven Bewegung übernehmen könnte, damit die Plattform der Demokratie in unserem Jahrhundert offen und frei bleibt. Und ich sage es noch einmal: Es geht hier nicht nur um Europa. Das offene Internet ist auch essenziell für Afrikas Entwicklung. China arbeitet inzwischen an seiner eigenen Antwort auf dieses Thema und wir werden schon bald einen Wettkampf um das Internet erleben, der sich auf der Ebene des Softwareprotokolls abspielen wird. Wenn dieser Zeitpunkt kommt, wird es wichtig sein, dass Europa eine robuste Open Source Community hat, die verhindern kann, dass die ganze Welt chinesisch wird. Vielleicht können Sie jetzt ja verstehen, weshalb ich beim Schutz der europäischen Open-Source-Gemeinschaften so sehr auf Deutschlands Führung hoffe.

Herr Ito, danke, dass Sie mit uns geträumt haben.

Ich danke Ihnen. Es war mir ein Vergnügen.

EDDIE IZZARD

»Deutschland hat immer noch einen Kater vom Zweiten Weltkrieg.«

Eddie Izzard ist einer der erfolgreichsten britischen Comedians. Für seine Travestie-Shows wurde er bereits mit zwei Emmy-Awards ausgezeichnet. In den letzten Jahren ist Eddie Izzard auch in ernsteren Rollen zu sehen, etwa in den Hollywood-Produktionen ›Ocean's Thirteen‹ und ›Across the Universe‹. Zurzeit produziert er in den USA ›The Riches‹, seine erste eigene Fernsehserie. Izzard ist ein lautstarker Befürworter des Euro in Großbritannien und spricht auch in seinen Travestie-Shows oft über die Notwendigkeit eines gemeinsamen europäischen Traums. Er wurde 1962 als Sohn britischer Eltern im Jemen geboren. Seine Jugend verbrachte er in Irland, Wales und England.

GROSSBRITANNIEN

Fläche:	241 590 km^2
Bevölkerung:	61 Millionen

Herr Izzard, Sie sind nicht nur einer der weltweit erfolgreichsten Comedians, Sie sind auch einer der aktivsten britischen Unterstützer der europäischen Vereinigung.

Yeah!

Und wenn Sie auf der Bühne stehen, sei es in Frankreich, Großbritannien oder Italien, sprechen Sie oft über Ihren europäischen Traum; selbst noch, wenn Sie in Hollywood auftreten. Dieser starke, europäische Traum, den Sie da haben, wo kommt der her?

Nun, es ist unausweichlich, dass die Leute zusammenkommen. Das ist das Wesen der Zivilisation. Vor zehntausend Jahren waren wir noch Jäger und Sammler, dann kam die Landwirtschaft und wir haben Dörfer und Städte gebaut, und nun rücken wir weiter zusammen. Das ist etwas, wofür ich mich mein Leben lang einsetzen werde; einfach die Gemeinsamkeiten der Menschen zu betonen und Sachen zu machen, die die Leute zusammenbringen. Aber die Leute sind wegen verschiedener Sachen deprimiert und diese Vereinigung ist deshalb ganz schön verzwickt. Die Argumentation der Separatisten, das Nein-Argument, ist ja stinkeinfach. Das ist ganz simpel: »Wir mögen uns und wir hassen die anderen!« Das ist alles. Wirklich simpel. Und dann kannst du das »Nein« darauf aufbauen, dass du sagst: »Oh nein! Wir werden alles verlieren, was wir haben. Und wer weiß, was alles geschehen wird!« Die europäische Vereinigung braucht Zeit. Aber wenigstens bringen wir uns nicht mehr gegenseitig um! Eigentlich ist also alles wirklich fantastisch positiv, wenn du die Dinge erst einmal in ihrem größeren Zusammenhang betrachtest. Aber es ist eben schwierig, die größeren Zusammenhänge zu sehen. Es kostet Zeit und Mühe, die Dinge wirklich einschätzen und verstehen zu können.

Wo Sie gerade von dieser Einstellung »Wir mögen uns und wir hassen die anderen« in Europa sprechen: Wir wollten schon immer mal einen Insider aus Großbritannien fragen, weshalb britische Boulevardzeitungen, wie etwa ›The Sun‹, so fasziniert von Adolf Hitler sind. Wenn man diese Zeitungen länger als ein paar Wochen lang liest, beginnt man sich ja fast zu fragen, ob Hitler nicht vielleicht doch noch am Leben ist. Woran liegt das?

Ja, es gibt dieses Problem mit dem »Hitler-Ding«. Ich habe ja ein paar Filme mit deutschen Crews und Schauspielern gedreht und habe mit ihnen dabei auch über dieses »Hitler-Ding« geredet. Da war ein Regisseur aus Österreich und der sagte zu mir, dass das »Produktionsdesign«, also das visuelle Design der Nazis, leider sehr ins Auge sprang. Sie wissen ja, all diese verdammten Fahnen überall, und auch die Uniformen sahen besser aus als unsere britischen Uniformen, die immer irgendwie schlecht saßen. Diese Eindrücke sind bis heute im Gedächtnis haften geblieben und stellen ein Problem dar. Mein großes Anliegen ist ja, dass in Deutschland irgendwas geschehen muss, das eine noch eindrücklichere Erinnerung hinterlassen würde. Aber das ist natürlich knifflig. Und wissen Sie, dieses Angstgetrommel in der britischen Boulevardpresse geht schon seit vielen Jahren so, das schaukelt sich immer wieder mal hoch und dann lässt es wieder nach. Ich selbst bin einfach ein sehr positiver Europäer. Die britische Presse sagt sich hingegen: »Britannien ist eine Insel und deswegen müssen wir auch unser eigenes Ding durchziehen!« Die scheinen auch zu glauben, dass sie mehr Zeitungen verkaufen können, wenn sie die Unterschiede zwischen den Menschen hervorheben. Ich suche lieber nach den Gemeinsamkeiten der Leute. Deshalb ziehe ich als Künstler auch durch ganz Europa.

Sie sind im Jemen geboren, dann nach Irland, später nach Wales und dann nach England gezogen. Was würden Sie, als ein Wanderer zwischen den Kulturen, denjenigen Deutschen raten, die skeptisch sind, wenn es darum geht, Einwanderern gegenüber offener zu sein, egal ob von innerhalb oder von außerhalb der erweiterten EU?

Na ja, unsere Bevölkerung in Europa wird immer älter, und wenn wir keine Wirtschaftsmigranten haben, bleibt die Arbeit unverrichtet liegen. Wir brauchen Einwanderer oder unsere Länder kommen zum Stillstand, die Busse werden nicht mehr fahren, die ganze Infrastruktur, nichts wird mehr funktionieren. Und ich glaube in diesem Zusammenhang übrigens, dass das, was da mit der Ablehnung der EU-Verfassung passiert ist, gut war. Sinn und Zweck der Verfassung war ja, die EU mehr mit den einzelnen Bürgern Europas zu verkuppeln, und genau das hat ja nicht stattgefunden. Europa zu vereinigen ist aber auch das Schwierigste, was jemals jemand versucht hat! Was die damals in Amerika gemacht haben, war ja etwas völlig anderes: Die hatten damals nur drei Millionen Bürger und haben sich eine Verfassung geschrieben, die kurz war und die sie dann im Lauf der Zeit erweitert haben. In der Europäischen Union sind wir dagegen über 450 Millionen Menschen, zusammen mit dem übrigen Europa sind das vielleicht um die 750 Millionen Menschen. Noch nie zuvor hat jemand so etwas versucht! Und alle unsere Länder haben eine Geschichte, die mindestens 1000, 1500 oder sogar 2000 Jahre zurückreicht, eine Riesenmenge an Geschichte! Und das jetzt alles an einen Tisch zu bringen hat noch nie jemand in der Geschichte der Welt getan. Wir müssen das schaffen und wir werden es schaffen! Das braucht einfach seine Zeit. Was wir hier in Europa tun, ist also eigentlich fantastisch, selbst wenn wir ständig darüber streiten.

Welche Rolle sollte Deutschland in dieser Vereinigung spielen?

Ich denke nicht, dass Deutschland eine besondere Rolle spielen muss. Und wissen Sie, wenn die Leute sich jetzt Sorgen machen, sie könnten dabei ihre nationale Identität verlieren, dann kann ich beweisen, dass sie ihre Identität nicht verlieren werden. Werfen Sie nur mal einen Blick ins Vereinigte Königreich, wo wir als ein Haufen verschiedener Länder zusammenkamen. Schottland und England haben sich 1707 als ein Königreich vereinigt, sie sind jetzt also seit 300 Jahren zusammen. Wenn Sie heute zu einem schottisch-englischen Fußballspiel gehen, werden Sie schnell sehen, dass die Schotten sehr schottisch und die Engländer sehr englisch sind. Du verlierst deine Identität nicht. So weit wird es nie kommen. Und, nein, ich glaube nicht, dass ein Land irgendetwas Bestimmtes tun sollte, außer vielleicht seine Wirtschaft flottzukriegen, und ich weiß, dass Deutschland da zurzeit noch Probleme hat. Die einzelnen Bürger sollten aber vor allem ihr Leben genießen, offenherzig sein, ausgehen und cool bleiben. Ich glaube, der Sinn des Lebens ist, es zu leben.

Komiker haben ja das Privileg, das Unsagbare sagen zu dürfen. Welche bisher unbekannten Einsichten könnten Sie uns über das Wesen der Deutschen mitteilen?

Ich weiß nicht, ob das Wesen deutscher Menschen, französischer Menschen oder »unitedkingdomischer« Menschen so unterschiedlich ist. Ich schaue auf die Gemeinsamkeiten. Ja, die sprechen alle verschiedene Sprachen. Aber ich habe auch bemerkt, dass die Deutschen Autos haben und Katzen, Hunde, Hüte, Kinder und Ratenzahlungen. Und wissen Sie was? Das haben wir in Großbritannien alles auch!

Okay. Was haben wir Europäer noch alles gemeinsam?

Wir haben so ziemlich alles gemeinsam. Wir benutzen nur verschiedene Wörter für verschiedene Dinge, aber wir sind alle Menschen. Wir sind einst alle aus Afrika gekommen und ich kann einfach keinen großen Unterschied spüren. Ich habe mich darin geübt, nach den Gemeinsamkeiten zu schauen, weil so viele Leute und auch Zeitungen immer nur fremdenfeindliches Zeug dahergrölen und sagen: »Achtet auf die Unterschiede! Achtet auf die Unterschiede!« Ich bin nicht gut darin, nationale Charakterzüge zu entdecken. Jemand könnte zum Beispiel sagen: »Alle Deutschen sind gut organisiert.« Das ist aber nur ein Mythos. Manche Deutsche sind organisiert, andere sind es nicht. Wenn du anfängst, nationale Charakteristika zu analysieren, fällt eine Menge davon bei näherer Betrachtung in sich zusammen.

Was ist Ihre größte Hoffnung oder Ihr Traum für Deutschlands Zukunft?

Ich würde hoffen, dass Deutschlands Traum der Traum Europas sein wird.

Können Sie diesen europäisch-deutschen Traum beschreiben?

Nun, der amerikanische Traum bestand meinem Eindruck nach darin, dass du mit nichts in der Tasche nach Amerika kommst und dann reich wirst und auf Bergen von Geld sitzt. Ich finde nicht, dass das unser Traum sein sollte. Ich denke, wir wollen einfach nur in der Sonne sitzen und uns beim Fahren den Wind durchs Haar wehen lassen. Nein, wirklich, unser Traum hat etwas mit dem sozialen Versprechen der europäischen Verfassung zu tun: ein gutes Leben zu haben, dass unsere Kinder studieren gehen können, dass wir mit einer vernünftigen Rente in den Ruhestand gehen und überhaupt ein anständiges Leben haben können. Das muss nicht dieser irre Reichtum sein. Sondern dass wir leben können und uns mit den anderen vertragen. Und dass wir dieses Schmelztiegel-Ding durchziehen! Denn, wissen Sie, von Alexander dem Großen bis zum Zweiten Weltkrieg haben wir in Europa erstaunliche Dinge vollbracht. Aber wenn Sie sich die Geschichte dann genauer ansehen, werden Sie entdecken, dass wir alle 50 Jahre alles stehen und liegen gelassen und uns wieder gegenseitig umgebracht haben. Fast so, als ob uns langweilig geworden wäre und wir beschlossen hätten, uns mal wieder alle gegenseitig zu killen. Wir sind sehr gut im Morden. Aber dann, so um 1945 herum, haben wir damit aufgehört. Und jetzt ziehen wir dieses Talky-Talk-Ding durch. Das ist zwar viel langweiliger, aber dafür können wir jetzt gemeinsam Erstaunliches leisten. Ich habe das Gefühl, wir sollten wie ein riesiges Manhattan werden, wo all diese verschiedenen Gruppen zusammenkommen, die Iren, die Italiener, die Russen und wo sich ihre Kinder dann alle miteinander vermischen. Das ist es, was Europa tun sollte.

Wenn eine deutsche Regierung Sie diskret fragen würde: »Herr Izzard, was könnten wir Deutschen Unkonventionelles tun? Uns sind sämtliche Ideen ausgegangen!« Was würden Sie da sagen?

Ich denke, Deutschland sollte eine internationale Rettungstruppe gründen. Ich weiß, das ist eine ziemlich schräge Idee. Aber Deutschland hat immer noch einen Kater vom Zweiten Weltkrieg. Diese negative Prägung müsst ihr hernehmen und in die Idee ummünzen, dass dann, wenn es jemals einen wirklich schlimmen Notfall gibt oder ein Desaster, die Leute in aller Welt sagen werden: »Wir müssen die Deutschen holen! Nur die Deutschen trauen sich, da jetzt noch reinzugehen, nur die Deutschen sind bei so etwas bereit, Kopf und Kragen zu riskieren!« Und diese deutsche Rettungstruppe würde in der ganzen Welt für ihre Selbstlosigkeit bewundert und respektiert werden, weil die Deutschen die Einzigen wären, die so etwas tun. Und wenn alle anderen in der Welt sagen: »Nein, da gehen wir nicht hin, da können wir nicht mehr helfen. Das ist viel zu gefährlich«, dann helfen die Deutschen trotzdem noch, selbst wenn die Hölle über ihnen gefriert. Und jeder würde sie dafür bewundern. Ich weiß, das ist eine ungewöhnliche Idee. Aber so etwas würden die Menschen in aller Welt in Erinnerung behalten.

Deutschland als die Heimat der weltweit mutigsten und aufopferungsbereitesten Rettungstruppe. Wir geben zu, eine interessante Idee! Herr Izzard, als Sie noch ein Kind waren, was haben Sie sich da für Ihr Leben erträumt?

Ich wollte Filmschauspieler werden, seit ich sieben war. Und ich wollte Fußballer werden, aber das hat nicht geklappt.

Sie hatten bisher kein leichtes Leben. Ihre Mutter starb, als Sie erst sechs Jahre alt waren. Als junger Mann flogen Sie vom College und haben sich dann jahrelang als Straßenschauspieler durchgeschlagen, bevor Sie einer der erfolgreichsten europäischen Comedians wurden. Heute werden Sie nun auch in Hollywood als ernsthafter Schauspieler respektiert. Was hat Ihnen geholfen, das Vertrauen in Ihren Lebenstraum zu bewahren?

Vielleicht die Genetik. Ich habe vielleicht die Hartnäckigkeit meines Vater geerbt und ein gewisses Maß an positiver Einstellung und

Selbstvertrauen. Keine Ahnung. Aber das Leben gibt dir deine genetischen Spielkarten und du versuchst dann, das Beste daraus zu machen. Was mir wirklich geholfen hat, war, allen zu erzählen, dass ich ein Transvestit bin! Das hat mir echt geholfen, denn damit wurde ich ein riesiges Geheimnis los. Und bevor ich das allen erzählte, habe ich viel Selbstanalyse betrieben. Dabei wurde mir klar, dass ich auch viele andere Dinge analysieren konnte, zum Beispiel die beste Strategie für meine Karriere. Und als meine Karriere dann erst mal am Laufen war, habe ich gesehen, dass du mit guter Analyse in der einen Hand und Intuition in der anderen Hand viel erreichen kannst. Wenn du dabei auch noch positiv bleibst, kannst du ein produktives Leben haben.

Herr Izzard, danke, dass Sie uns von Ihren Träumen erzählt haben.

No problem! Bye-Bye.

12

WEI JINGSHENG

»Die Deutschen haben bisher nur die erste Hälfte ihres Traums verwirklicht.«

Wei Jingsheng ist einer der bedeutendsten chinesischen Dissidenten. Er wurde 1950 in Peking geboren. Im Alter von 28 Jahren veröffentlichte Wei Jingsheng einen Artikel, in dem er die Demokratisierung Chinas forderte und die kommunistischen Machthaber als Diktatoren bezeichnete. Wei Jingsheng unterzeichnete diesen Text mit seinem vollen Namen und seiner Adresse. Ein Jahr später wurde er wegen Hochverrats zu 15 Jahren Haft verurteilt. Auf Druck von US-Präsident Clinton wurde Wei Jingsheng 1997 freigelassen und sofort in die USA abgeschoben. Seither lebt er in Washington D. C. Gemeinsam mit seiner Partnerin Ciping Huang arbeitet er daran, die verschiedenen chinesischen Bürgerrechtsgruppen im Ausland in einem Dachverband, der Overseas Chinese Democracy Coalition, zu vereinigen. Wei Jingsheng wurde mit zahlreichen Preisen geehrt, darunter dem Sacharov-Preis des Europäischen Parlaments, dem Olof-Palme-Preis und dem Robert F. Kennedy Human Rights Award.

CHINA

Fläche: 9 326 410 km²
Bevölkerung: ca. 1,32 Milliarden

Mr Wei, bevor wir gleich über Deutschlands Zukunft sprechen, lassen Sie uns zuerst über Ihren eigenen erstaunlichen Lebensweg reden. 1978, zwei Jahre nach Maos Tod, als Sie gerade mal 28 Jahre alt waren, haben Sie in Peking einen Essay veröffentlicht. In diesem heute legendären Essay schrieben Sie, alle Reformen der neuen Machthaber seien nutzlos, solange es keine wirkliche Demokratie in China gebe. Für diesen Traum, Ihren Traum von Demokratie, wurden Sie inhaftiert. Sie saßen zuerst acht Monate lang in einer Todeszelle und wurden mit der Möglichkeit eines nachträglichen Todesurteils bedroht. Anschließend verbrachten Sie weitere 17 Jahre in chinesischen Gefängnissen, bis sie dann 1997 in die USA abgeschoben wurden. Wenn Sie zurückblicken und die Chance hätten, Ihre Entscheidung von damals zu überdenken, würden Sie es dann noch einmal tun?

Ich habe während meiner Jahre im Gefängnis viel über diese Frage nachgedacht. Ich empfinde heute ein wenig Bedauern über die Dinge, die ich damals hätte noch besser machen können.

Wir entnehmen Ihrer Antwort, dass Sie es noch einmal tun würden?

Oh ja! Ich würde es wieder tun. Aber dieses Mal würde ich mich noch schlauer anstellen, so dass ich effektiver wäre.

Mr Wei, welchen Nutzen, glauben Sie, könnte Deutschland von einem deutschen Traum haben?

Da muss ich zunächst klarstellen, dass ich die Deutschen nicht sehr gut kenne. Im letzten Jahrhundert hat Deutschland zweimal große Wirkung in der Welt entfaltet, jedoch beide Male negativ. Ich denke, dass die Deutschem in diesem neuen Jahrhundert nun einen Traum haben könnten, der über den bloßen Wunsch nach einem guten Leben hinausgeht und auch die Frage beinhaltet, welche positive Wirkung Deutschland in der Welt entfalten könnte. Das könnte sich auch als guter Anreiz erweisen, um die Deutschen zu mehr Leistung anzuspornen.

Ich habe mit Freunden in Deutschland gesprochen und auch ein paar Bücher gelesen, die mir den Eindruck gaben, dass die deutsche Kultur viel aufgestaute Energie enthält. Das ist, glaube ich, auch einer der Gründe für Deutschlands großen Einfluss im letzten Jahrhundert. Die Frage ist jetzt nur, wie Deutschland diesen Einfluss positiv geltend machen könnte, um wirklich eine bedeutende Nation in der Welt zu werden. Das ist etwas, worüber die Deutschen nachdenken sollten.

Was wäre Ihr eigener, hoffnungsvollster oder idealistischster Traum für Deutschlands Zukunft?

Wie gesagt, ich kenne die Deutschen nicht gut. Als Beobachter von außen wäre mein Vorschlag aber, dass die Deutschen sich nicht nur auf ihr eigenes gutes Leben konzentrieren sollten. Sie sollten sich Gedanken machen, wie sie die positiven Seiten ihrer Kultur nutzen könnten, um in der Welt etwas zu bewirken. Seit dem Zweiten Weltkrieg erscheinen die Deutschen eher unmotiviert, sie haben ihre Türen verschlossen, sich in ihr Schneckenhaus zurückgezogen und grübeln nur noch darüber, wie sie ihr Leben genießen könnten. Das ist eine Verschwendung, denn die deutsche Kultur hat so viel Potenzial. Die Deutschen sollten sich wirklich mehr Gedanken darüber machen, was sie Positives tun könnten, zum Beispiel für die Friedenssicherung in Europa und der Welt und für Demokratie und Menschenrechte in den Entwicklungsländern.

Ich bin besser darin, meine chinesischen Mitbürger zu beobachten. Und damit kann ich Ihnen vielleicht auch einen Anhaltspunkt für Deutschland geben: Es gibt zwei Arten von Chinesen. Die einen haben eine Menge Geld verdient; so viel, dass sie nicht mehr wissen, wohin damit, und nun trotz ihres Reichtums ziellos durchs Leben irren. Die anderen Chinesen sind verhältnismäßig arm, aber haben sich ihre Träume und Ziele für eine bessere Welt erhalten. Sie können sehr arm sein und kämpfen dennoch für Gerechtigkeit und das Wohlbefinden ihrer Nächsten. Sie wirken glücklich, erfüllt, dynamisch und voller Zukunftsmut. Ich glaube, diese Chinesen könnten ein guter Anhaltspunkt für die Deutschen sein.

Die Deutschen könnten sich die Frage stellen, was für ein Volk sie sein möchten. Statt nur für ihr Privatleben zu sorgen, könnten sie auch versuchen, eine positive Zukunftsperspektive für sich hervorzubringen. Vielleicht werdet ihr damit nicht so reich, letztlich könntet ihr damit aber glücklicher werden.

Sie sprachen gerade von Ihrer Hoffnung, dass wir Deutsche eine wichtigere Rolle beim Schutz der Menschenrechte in der Welt einnehmen. Welche praktischen Schritte könnte eine deutsche Regierung in diese Richtung unternehmen?

Es gibt so viele Dinge in dieser Welt, die unsere Aufmerksamkeit verlangen, vor allem die Menschenrechte in Dritte-Welt-Ländern und die Unterdrückung der Menschen dort. Ich habe mit deutschen Regierungsmitgliedern auch über das Thema China gesprochen und ihnen gesagt, dass sie nicht immer nur auf ihre Wirtschaftsbeziehungen mit China achten sollten; schließlich hat sie das bei unseren chinesischen Mitbürgern bereits in ein wirklich schlechtes Licht gerückt. Wenn die Deutschen einmal nach Amerika schauen würden, könnten sie sehen, wie sehr sich Amerikaner für Menschenrechte und Demokratisierung einsetzen. Wenn die Deutschen das auch tun würden, könnten sie ihr Image bei den Chinesen und in der restlichen Welt wirklich verbessern.

Ich habe einmal mit einem ranghohen Mitarbeiter des deutschen Außenministeriums gesprochen. Er sagte etwas, das sehr ehrlich und aufrichtig war. Er sagte: »Herr Wei, machen Sie sich keine Sorgen darüber, welche Partei in Deutschland jeweils an der Macht ist. Alle Parteien werden dem Thema Menschenrechte stets Aufmerksamkeit zollen, schließlich erwarten das die deutschen Bürger von uns. Dennoch sollten Sie nicht zu viel erwarten, denn alle Parteien wollen Wirtschaftsbeziehungen. Deutschland ist auf das Chinageschäft angewiesen.« Als ich das gehört habe, wurde mir klar, was Sache ist: Die deutsche Regierung setzt sich für Menschenrechte ein, um ihre eigene Bevölkerung ruhig zu halten. Sie setzt sich aber nicht ernsthaft für Menschenrechte ein, weil das Geschäftemachen für Deutschland oberste Priorität hat. Eine solche

Herangehensweise wird Deutschlands Ansehen in der Welt beschädigen.

Was halten Sie aber von dem Argument, dass mehr Handel und mehr Unternehmertum in China langfristig auch zu mehr Demokratie führen werden?

Wenn Sie die Länder der heutigen Welt betrachten, werden Sie kein Land finden, das demokratisch wurde, nur weil es reich wurde. Im Gegenteil, es sind gerade die vielen Investitionen aus dem Westen, die der chinesischen Regierung die nötige Unterstützung gegeben haben, um ihre Diktatur aufrechtzuerhalten und noch länger zu überleben. Andernfalls wäre das kommunistische China längst kollabiert, genau wie die einstige Sowjetunion. Statt Demokratie zu bringen, haben die westlichen Investments in China ein Desaster angerichtet. Oder lassen Sie es mich anders ausdrücken: Die westlichen Investitionen in China sind wie der zufällige Reichtum Saudi-Arabiens, nachdem dort Erdöl entdeckt worden war. Dieser plötzliche Reichtum hat das Leben der Diktatur sogar noch verlängert.

Es gibt dieses berühmte Zitat von Napoleon, der einst sagte: »China ist ein schlafender Drache. Wenn er erwacht, wird die Welt erzittern.« In Europa sind hin und wieder ähnliche Metaphern zu hören, wenn es um Deutschland und Deutschlands schlafende Potenziale geht. Vor allem nach dem Fall der Mauer 1989 war in der europäischen Presse plötzlich wieder zu lesen, dass Deutschland ein »schlafender Riese« sei, der gezähmt werden müsse. Was hat es mit dieser Angst auf sich, dieser Angst, dass bestimmte Nationen eines Tages plötzlich »aufwachen« könnten?

Angst ist Teil der menschlichen Natur. Vor allem für jene Menschen, die schon ein angenehmes Leben leben. Sie fürchten sich stets vor Veränderungen und sorgen sich um ihre Zukunft. Wir müssen aber auch verstehen, dass es diesen schlafenden Drachen tatsächlich gibt und dass er mit Sicherheit eines Tages erwachen wird. Es geht nicht darum, diesen Drachen für immer im Schlaf zu halten. Der Drache wird aufwachen. Es geht darum, sicherzustellen, dass der Drache, wenn er dann einmal erwacht, ein guter Drache sein wird und kein schlechter Drache.

Nach dem Zweiten Weltkrieg und nach dem Holocaust, als die meisten deutschen Städte zerstört waren, Millionen von Menschen ermordet worden waren und Deutschlands Ansehen und Vertrauen in der Weltgemeinschaft am Boden lag, hatten viele Deutsche den Traum, Deutschland wiederaufzubauen. Sie träumten auch davon, eines Tages das Vertrauen der Weltgemeinschaft wiederzuerlangen. Heute ist dieser Traum der fünfziger und sechziger Jahre fast schon Wirklichkeit geworden. Es scheint nun aber, dass Deutschland sich auf diesen Lorbeeren ausruht und bequem geworden ist. Wie könnten wir Deutsche einen neuen Traum finden?

Die Deutschen haben bisher nur die erste Hälfte ihres Traums verwirklicht, nämlich eine Demokratie und einen guten Lebensstandard zu haben. Den zweiten Teil ihres Traums haben sie noch nicht erreicht: Den Traum, eine positive Wirkung in der Welt und in Europa zu entfalten. Wir haben hier den Eindruck, dass Deutschland bei vielen lebenswichtigen Themen dieser Welt in Passivität verharrt und es an Aufmerksamkeit mangeln lässt, etwa, wenn es um Menschenrechte und Demokratie in den Ländern außerhalb Europas geht. Deutschlands internationaler Einfluss lässt sich mit dem internationalen Einfluss Frankreichs oder Großbritanniens nicht einmal vergleichen. Deutschland verhält sich meistens passiv und ist unfähig, bei Themen die Initiative zu ergreifen, bei denen selbst so kleine Länder wie Dänemark oder die Niederlande Initiativen wagen. Deutschland muss sich aus dem Status eines Kleinstaates befreien, auf den es auf der weltpolitischen Bühne abgerutscht ist. Deutschland verhält sich heute wie ein missratenes Kind, das etwas Schreckliches getan hat. Bis jetzt hat es nur seinen Fehler korrigiert, aber es hat noch nicht das nötige Selbstvertrauen, um auch etwas zu erreichen, und verharrt deshalb nun passiv im Status quo. Wenn die Deutschen erst einmal Selbstvertrauen haben, werden sie sehr viel mehr erreichen können, als nur ihre Fehler zu korrigieren. Ich glaube, das Wichtigste, was Deutschlands Politikerinnen und Politiker und spirituelle Führungspersönlichkeiten tun sollten, ist, das Selbstvertrauen der Deutschen wieder aufzurichten.

Wo verläuft die Trennlinie zwischen Selbstvertrauen und Nationalismus?

Die beiden sind eng verwandt, aber fundamental verschieden. Nationalismus kann Stolz ohne Vernunft sein, ohne Grenzen. Selbstvertrauen ist die Fähigkeit, rationale und anständige Entscheidungen darüber treffen zu können, was richtig und was falsch ist.

Aus der Distanz betrachtet, scheint es so, wie wenn viele Chinesen zurzeit nicht nur von Demokratie träumen würden, sondern auch davon, endlich westlichen Lebensstandard und Luxus zu haben. Das ist ein sehr greifbarer und verständlicher Traum und weder gut noch schlecht. Glauben Sie, dass es für so genannte Entwicklungsländer naheliegender ist, einen großen Traum zu haben, als beispielsweise für Deutschland, Japan oder die USA?

Es ist für alle Leute wichtig, ein Ziel vor sich zu haben; ganz egal, ob sie es erreichen können oder nicht. Dieses Ziel sollte ihre Motivation zu sein, sich vorwärtszubewegen, auch wenn viele dieses Ziel nie erreichen mögen. Wir Menschen haben das schon seit Urzeiten so getan. Und für die Dritte-Welt-Länder ist das Ziel heute, die entwickelten Länder einzuholen. Das ist verständlich. Die Frage ist aber, was diese Länder darüber hinaus noch anstreben sollten.

Dem Slogan der Olympischen Spiele 2008 in Peking, »One World, One Dream«, entnehmen wir, dass die Idee gesellschaftlicher Träume auch in den verschiedenen Kulturen Chinas auf große Resonanz stößt. Welchen Traum hat China anzubieten, der nicht nur für China, sondern auch für die übrige Welt förderlich wäre?

Die Menschen in China und die Menschen in allen Ländern der Welt haben einen gemeinsamen Traum, einen Traum von Freiheit,

Menschenrechten, Wohlstand und Frieden. Das Land, in dem diese Olympischen Spiele stattfinden, wird aber in keinerlei Hinsicht von einer Regierung vertreten, die aus einer direkten Wahl durch das chinesische Volk hervorgegangen wäre. Es ist vielmehr eine Regierung, die sich den Wünschen der Menschen entgegenstellt. Der Traum dieser Regierung ist es, die Menschen Chinas und die Menschen der gesamten Welt auch weiterhin zu hintergehen und das chinesische Volk auch in Zukunft in illegaler Weise seiner Rechte und seiner Freiheit zu berauben. Die Regierung hat den wirtschaftlichen Reichtum zugunsten einiger weniger monopolisiert und nutzt Krieg und die Androhung von Kriegen, um den Frieden zu stören. Ihr Traum steht im Widerspruch zum Traum der Menschen dieser Welt. Er hat mit dem auf Gegenseitigkeit beruhenden Traum der Menschheit rein gar nichts gemeinsam. Die Austragung dieser Olympischen Spiele durch so ein Land beschmutzt den Spirit der Olympischen Spiele bis ins Innerste.

Weltweit steigt die Besorgnis über Chinas Umweltpraktiken. Die Liebe zur Natur ist aber im kulturellen Erbe Chinas genauso verwurzelt wie in Deutschland. Gibt es hier etwas, das unsere beiden Länder voneinander lernen könnten?

In der traditionellen chinesischen Kultur gab es Gebräuche und Sitten für den Schutz unserer Umwelt, die Jahrtausende zurückreichen. Und es gab dafür nicht nur Gesetze, sondern auch ein Brauchtum, das unsere gesamte Volkskultur tief durchzog. Damals wurden zahlreiche Mythen und Legenden herangebildet, um damit Gewohnheitsrechte und Verhaltensnormen zu etablieren, die die Menschen zum Schutz ihrer natürlichen Umwelt angespornt haben. Seit der Machtübernahme durch die Kommunistische Partei Chinas sind diese Bräuche aber alle zerstört worden. Besonders seit der wirtschaftlichen Entwicklung der Achtzigerjahre übersteigen die Umweltschäden jetzt alles, was in den hundert Jahren davor angerichtet wurde. Heute nun Deutschland nachzuahmen und sich dann mit echter Gesetzestreue ans Werk zu machen, wäre nicht gerade einfach.

Sie sagten vorhin, Deutschland solle mehr Verantwortung in der Welt übernehmen und in größeren Zusammenhängen denken. Natürlich kann sich aber ein einzelnes Land nicht um alles gleichzeitig kümmern. Gibt es Ihrer Ansicht nach also ein ganz bestimmtes internationales Thema, auf das Deutschland sich konzentrieren sollte?

In dieser Welt müssen wir alle unsere Prioritäten setzen. Werfen Sie einen Blick auf die Geschichte: Das größte Problem in der zweiten Hälfte des letzten Jahrhunderts war die Sowjetunion. Sie wurde aufgelöst, vor allem dank der Anstrengungen der Vereinigten Staaten und auch Deutschlands. Damit wurde ein großes Problem dieser Welt gelöst. Hinter vielen unserer heutigen Probleme steckt jetzt China, und China ist dabei, noch gefährlicher zu werden als die einstige Sowjetunion. China sollte die oberste Priorität haben. Deutschland sollte sich darauf konzentrieren, in China Veränderungen zu bewirken. Das ist ein sehr wichtiges Ziel.

Können Sie das etwas deutlicher beschreiben?

Nehmen wir nur mal die Tatsache, dass die USA die Staaten Nordkorea, Irak und Iran als die »Achse des Bösen« bezeichnen. Meiner Ansicht nach haben die USA damit aber die eigentliche »Achse der Achse« nicht benannt. Wer steht denn hinter diesen drei Staaten? Das ist China. Die USA sind bei diesem Thema sehr vorsichtig. Sie haben kapiert, dass die Europäer ihnen in dieser Angelegenheit nicht beistehen, und wagen es deshalb nicht, das Thema anzusprechen. Wenn sich aber die Europäer hier mit den USA zusammentun würden, mit dem gemeinsamen Ziel, die schlimmsten Staaten der heutigen Welt beim Namen zu nennen, dann würden die USA durchaus entsprechende Maßnahmen ergreifen. Ich finde wirklich, dass Deutschland eine führende Rolle in der Europäischen Union wie auch in der Weltpolitik einnehmen sollte, statt zuzulassen, dass Frankreich der chinesischen Regierung fortwährend den Hintern küsst.

Sie haben für das Festhalten an Ihrem Traum einen großen Teil Ihres Lebens im Gefängnis verbringen müssen. Wenn nun eine junge Frau oder ein junger Mann aus Deutschland Sie fragen würde, »Herr Wei, was habe ich eigentlich davon und was ist die Belohnung dafür, einen großen Traum für mein Land zu träumen?«, wie würden Sie antworten?

Wenn du deinen Traum verwirklichst, ist deine größte Belohnung, dass du damit ein wertvolles Mitglied der Gesellschaft geworden bist. Deine Entscheidungen und Anstrengungen werden viele andere Leute ermutigen, sich ebenfalls für eine bessere Welt einzusetzen. Das allein ist schon eine Belohnung. Nehmen Sie mich als Beispiel: Es ist etwa 30 Jahre her, dass ich mein Essay ›Die fünfte Modernisierung‹ geschrieben habe, mein Essay über Demokratie. Und heute sehe ich immer mehr Chinesinnen und Chinesen, die darauf antworten und sich um diesen Traum von Demokratie herum verbünden. Das gibt mir ein Gefühl des Glücks, das ich mir mit Geld nicht kaufen könnte. Es ist schon lustig. Als ich im Gefängnis saß, haben mich die Polizisten dort immer wieder gefragt: »Wie kannst du immer so fröhlich sein, wenn du doch hier in einem Gefängnis sitzt?« (lacht)

Herr Wei, was ist heute nun Ihr chinesischer Traum?

Freiheit und Demokratie für unsere Chinesen war mein größter Traum, den ich mir gewünscht habe, als ich vor knapp 30 Jahren mein Essay schrieb. Heute sehe ich, dass wir Fortschritte in diese Richtung machen. Aber wissen Sie, für die Verwirklichung Ihrer Träume müssen Sie auch immer einen Preis bezahlen. Mein heutiger Traum ist deshalb, dass unsere Chinesen auf ihrem Weg zur Verwirklichung dieses Traums so wenig Schmerzen leiden müssen wie möglich.

Wenn Sie auf Ihr Leben zurückblicken, waren Sie ja nicht der Einzige in China, der von Demokratie geträumt hat. Aus über einer Milliarde Menschen waren Sie aber einer der ganz wenigen, die sich gesagt haben: »Für diesen Traum werde ich notfalls auch mein Leben aufs Spiel setzen.« Warum gerade Sie? Was glauben Sie, war es, das ausgerechnet Sie als jungen Mann dazu bewogen hat, derart über sich selbst hinauszuwachsen?

Das ist eine gute Frage. Die Jahre 1978 und 1979 boten eine in der Geschichte Chinas seltene Chance für Reformen. Es wäre ein Jammer für die Chinesen gewesen, sie verstreichen zu lassen. Ich war mir der Gefahren damals bewusst. Aber jede Nation braucht Personen, die bereit sind, hervorzutreten und sich hinzugeben. Ich empfand es als meine Pflicht, dieses Opfer für Chinas Demokratie und Menschenrechte zu erbringen. Junge Leute, die heute etwas erreichen wollen, sollten sich sagen: »Jetzt ist es an mir, etwas zu geben«, statt sich nur zu fragen, »Was kann ich hier gewinnen oder verlieren?«.

Herr Wei, wir haben Respekt für Ihren Mut, ein Träumer zu sein, und danken Ihnen für Ihre Bereitschaft, mit uns über Deutschland zu sprechen.

Ich freue mich sehr, gemeinsam mit den Deutschen zu träumen.

13

GARRI KASPAROW

»Ich glaube, Russland ist ein Teil Europas.«

Der Russe Garri Kasparow gilt als einer der besten Schachspieler in der Geschichte des Schachsports. Im Alter von 17 Jahren war er Junior-Schachweltmeister, mit 22 Jahren dann jüngster Schachweltmeister aller Zeiten. In den Neunzigerjahren wurde Kasparow durch seine Partien gegen den IBM-Schachcomputer ›Deep Blue‹ einem breiteren Publikum bekannt. Im Jahr 2005 beendete Kasparow seine professionelle Schachkarriere, um sich der politischen Arbeit in Russland widmen zu können. Kasparow ist einer der deutlichsten Kritiker von Präsident Putin, dessen Regime er als diktatorisch bezeichnet. Er ist Vorsitzender der Vereinigten Bürgerfront Russlands, einer Organisation, die sich für demokratische Wahlen einsetzt und schon mehrmals zu Demonstrationen aufgerufen hat, in deren Verlauf auch Kasparow verhaftet wurde. Garri Kasparow ist 1963 in Baku, Aserbaidschan, zur Welt gekommen.

RUSSLAND

Fläche:	16 995 800 km²
Bevölkerung:	ca. 141 Millionen

Herr Kasparow, Sie waren mit 17 Jahren Junior-Schachweltmeister und Internationaler Schachgroßmeister, mit 22 Jahren waren Sie dann jüngster Schachweltmeister aller Zeiten und gelten bis heute als eines der größten Genies in der Geschichte des Schach. Aber damit nicht genug, Sie sind auch ein erfolgreicher Buchautor und schrieben beispielsweise schon für das ›Wallstreet Journal‹. Sie hätten eigentlich viele Optionen für eine bequeme Zukunft. Was um alles in der Welt hat Sie da bewogen, in die russische Politik einzusteigen?

Ich war schon immer der Ansicht, dass ich stets das tun sollte, womit ich am meisten bewirken kann. Am Anfang war das der Schachsport. Meine Entscheidung, mich vom Schach zurückzuziehen, kam dann aus der Einsicht, dass meine Fähigkeit, hier noch etwas zu bewirken, sehr begrenzt war. Ich war immer noch die Nummer eins. Ich hätte meine Führungsstellung durchaus noch eine Weile lang verteidigen können. Aber ich spürte, dass ich woanders mehr ausrichten kann.

Ich habe mir Russlands politisches Leben immer wieder angeschaut und glaube einfach, dass es meine Bürgerpflicht ist, mich einzumischen. Mir ist klar, dass die Gefahren nicht nur hypothetisch sind. Ich habe Putins Aufstieg an die Macht beobachtet und seine konstante Politik, die demokratischen Institutionen meines Landes zu zerstören. Die Entscheidung war für mich sehr einfach: Wenn ich in meinem Land bleiben will, dem Land, wo ich zur Welt kam und aufwuchs, dem Land, für das ich fast drei Jahrzehnte gespielt und das ich verteidigt habe, dann muss ich das Regime bekämpfen, das meiner Ansicht nach nun die Zukunft meines Landes bedroht. Hier in Russland zu bleiben und nichts zu unternehmen, was meinem Land helfen könnte, ist inakzeptabel.

Indem Sie Präsident Putin öffentlich angreifen und ihn mit dem römischen Tyrannen Caligula vergleichen oder ihn als Führer eines diktatorischen Regimes bezeichnen, riskieren Sie ja nicht nur Ihren Ruf, sondern – wenn wir so weit gehen dürfen – auch Ihr Leben. Was ist Ihr persönlicher Traum für Russland, der Sie antreibt?

Wir müssen uns eingestehen, dass Russland kein demokratischer Staat mehr ist. Wahlen wurden von Russlands politischer Landkarte gestrichen und Putin verfolgt fortwährend die Politik, demokratische Institutionen zu liquidieren. Putin und seine Kreise erweitern zurzeit ihre Macht jenseits der Verfassungsgrenzen. Wenn wir aber den russischen Bürgern keine Mitsprache bei den Entscheidungen des Staates geben, haben wir keine Zukunft. Russland könnte dann ohne Traum dastehen. Russland würde dann vielleicht aufhören zu existieren, denn dieses Regime hat kein Projekt anzubieten. Ich bevorzuge übrigens das Wort »Projekt«. Auch an Ihrem »German Dream Project« mag ich die Idee eines Projektes. Das liegt vielleicht daran, dass ich Schachspieler bin und gerne in strategischen Begriffen denke. Jedes Land, jede Nation braucht ein Projekt. Russland braucht so ein Projekt besonders dringend, weil es immer noch am Kollaps der Sowjetunion leidet.

Bis heute hat der russische Staat keinerlei Vision für die Zukunft zu bieten. Das derzeitige Regime sitzt auf zig Milliarden von Öl-Dollars; und das ohne jegliches Zukunftsprojekt, ohne Antwort auf die Fragen, die für die Bürger meines Landes lebenswichtig sind. Sie geben uns keine Vision, was in den nächsten fünf oder zehn Jahren alles möglich sein könnte und wie wir diese äußerst ermutigende weltweite Wirtschaftslage mit ihren enorm hohen Ölpreisen nutzen könnten, um Russland wiederaufzubauen und in eine prosperierende Marktwirtschaft zu verwandeln. Ohne diese Antworten, ohne den russischen Bürgern Mitsprache in staatlichen Entscheidungen zu geben, haben wir keine Zukunft.

Wie könnten sich Ihr Traum oder Ihr Projekt für Russland und ein möglicher neuer deutscher Traum vielleicht gegenseitig ergänzen?

Sowohl in Russland als auch in Deutschland spuken noch zu viele Geister der Vergangenheit herum. In Deutschland sind Sie vielleicht in einer angenehmeren Situation, denn Ihre Großeltern haben die Vergangenheit verurteilt. Sie haben sehr hart daran gearbeitet, ihre Vergangenheit nicht auszulöschen, sondern zu bewältigen. Russland hat seine Vergangenheit leider nicht bewältigt. Und das ist eine blutige Vergangenheit, die nicht nur in Russland und der ehemaligen Sowjetunion Tragödien verursacht hat, sondern in vielen Ländern der Welt, vor allem in den Ländern Osteuropas. Die Auswirkungen des sowjetischen Kommunismus sind noch weltweit spürbar. Und ich denke, Russland braucht denselben Prozess einer Vergangenheitsbewältigung, den auch Deutschland durchgemacht hat. Wir müssen beide nicht mehr bei null anfangen, sondern können aus den Fehlern unserer Vergangenheit lernen, aus den Verbrechen, die von schlimmen Menschen in Russland und in Deutschland im Namen einiger verrückter Träume begangen worden sind und zu so viel Tod und Zerstörung geführt haben.

Herr Kasparow, bei allem, was Sie über Deutschland wissen und in Deutschland erlebt haben, was ist Ihr hoffnungsvollster, kühnster oder vielleicht auch ungewöhnlichster Traum für uns Deutsche und für Deutschlands Rolle in der Welt?

Ich glaube, es ist sehr schwierig für ein europäisches Land, selbst für ein Land von der Größe Deutschlands, einen Traum zu haben, der von der Bestimmung des restlichen Europas getrennt wäre. Das Einzigartige an Europa ist ja, dass jedes Land etwas anzubieten hat. Und es ist genau diese großartige Kombination, die Europa zur Wiege, zur Mutter der modernen Zivilisation machen könnte. Europa hätte so viel anzubieten, wenn die vereinte Macht verschiedener Nationalitäten und Kulturen in einer neuen, freundlichen Form präsentiert würde. Aber das hängt eben sehr von der Fähigkeit der verschiedenen Länder und Nationen ab, zusammenzuarbeiten. Es ist so wichtig, dass jede Nation in der Lage ist, ihren besten Beitrag zum gemeinsamen Wohl präsentieren zu können. Und selbstverständlich hat Deutschland dabei eine Führungsrolle. Deutschland hat so viel anzubieten. Es ist nicht nur ein prächtiges Land in der Mitte Europas, es ist auch ein Land, das den gesamten Prozess der europäischen Vereinigung präziser und effektiver machen könnte.

Nehmen wir einmal an, ein Jugendlicher aus Deutschland, Junge oder Mädchen, käme auf Sie zu und würde sagen: »Herr Kasparow, ich weiß, dass die Nationen Indien und China große Träume träumen, und auch der amerikanische Traum ist immer noch lebendig; ich selbst habe aber keinen Traum für Deutschland. Und wie exportstark Deutschland nun ist oder was für tolle Autos mein Land in die Welt exportiert, ist mir völlig schnurz. Könnten Sie mir vielleicht einen guten deutschen Traum vorschlagen?« – Was würden Sie da antworten?

Die Herausforderung für Deutschland als Nation, für Deutschlands politische Führung und auch für Deutschlands Jugend besteht darin, einen Traum für Deutschland zu finden, der sich mit den individuellen Träumen der einzelnen Deutschen verbinden lässt. Denn die individuellen Träume können heute ja überall in der Welt verwirklicht werden.

Ich denke auch, dass Deutschland seine Schatten aus der Vergangenheit überwinden muss, die die Leute immer noch davon abhalten, Träume oder Sehnsüchte für ihre Nation zu hegen. Es gibt da sicher keine Zauberformel. Wenn aber der gemeinsame Wille da ist, der Wunsch und die Überzeugung, dass diese Millionen individueller Träume am besten in unserem eigenen Heimatland verwirklicht werden können, dann führt dies letztlich auch zur Entstehung eines nationalen Traums. Dieser Traum ist schon in Reichweite, denn Europa braucht neue Ideen. Europa braucht neue Denkansätze. Und Deutschland, als das bevölkerungsreichste und mächtigste Land Europas, sollte einen Traum hervorbringen, der ein deutscher Traum und gleichzeitig auch Teil eines europäischen Traums ist.

In einer Rede, die Sie in Hamburg hielten, sagten Sie, Russland müsse sich mit Europa vereinigen. Russland ist aber ein Land, das so riesig ist, dass es elf der weltweit vierundzwanzig Zeitzonen umfasst. Was bringt Sie zu der Annahme, dass so eine Union überhaupt möglich wäre?

Ich glaube, Russland ist ein Teil Europas. Russland ist Teil der europäischen Welt. Und ja, Russland ist riesig, es ist das größte Land der Welt. Es ist so groß wie Brasilien und Australien zusammen, und wahrscheinlich noch größer. Andererseits ist Russlands Bevölkerung aber im europäischen Teil Russlands konzentriert. Und noch wichtiger als das sind die Mentalität und Geschichte, die Tradition und Religion, die Russland zu einem Teil der europäischen Kultur machen. Ich glaube deshalb, dass wir einen Weg finden müssen, unsere »Projekte« zusammenzubringen, auch wenn sie sehr verschiedenartig sein mögen. Schließlich haben wir ja auch noch unsere Ostgrenzen und östlichen Nachbarn. Unser Projekt könnte aber mit den Projekten Europas und Deutschlands verbunden werden, die ja ebenfalls noch definiert und verwirklicht werden wollen.

Wenn Sie Satellitenbilder anschauen, auf denen Russland bei Nacht zu sehen ist, dann sehen Sie im wesentlichen einen riesigen hellen Fleck. Dieser helle Fleck ist natürlich Moskau, die inzwischen größte Stadt Europas mit circa elf Millionen Einwohnern, je nach Stadtgebietsgrenze sogar 14 Millionen Einwohnern. Das übrige Russland sitzt dagegen weitgehend im Dunkeln. Welcher russische Traum oder welches Projekt könnte dieses gigantische wirtschaftliche Ungleichgewicht zwischen Moskau und dem übrigen Russland verringern?

Der Unterschied zwischen den Lebensstandards in Moskau und anderen russischen Städten ist riesig. Die Armut, die hier die ländlichen Regionen nur unweit von Moskau ruiniert, ist etwas, das Sie sich gar nicht vorstellen können. Moskau ist eine der teuersten und lukrativsten Städte der Welt. Etwa 70 Prozent, manche sagen sogar 80 Prozent des gesamten russischen Vermögens sitzen in Moskau. Unter Putin wird alles Geld aus Russland wie von einem Staubsauger nach Moskau umgeleitet. Das Geld wird aus den Regionalhaushalten in das schwarze Loch von Moskau abgesaugt. Wir glauben, dass es umgekehrt sein sollte. Das Geld sollte bei den Gemeinden, Städten, Landkreisen und Regionen bleiben. Russland sollte eine echte Föderation sein und kein zentralistischer Staat, der vom KGB und der sowjetischen Nomenklatura regiert wird. Allmählich verstehen nun aber immer mehr Leute, dass nur wir selbst unser Land verändern und uns Hoffnung und eine Zukunft geben können.

Sie sind ohne Zweifel ein Schachgenie, einer der größten Schachspieler aller Zeiten. Sie sind sehr gebildet und hochintelligent. Erlauben Sie uns trotzdem die Frage: Was qualifiziert Sie, Garri Kasparow, Russland zu reformieren oder sogar eine Führungsrolle in Russland einzunehmen?

Ich bin nicht besonders optimistisch, dass meine persönliche Anwesenheit und meine Arbeit in Russland einen besonders großen Einfluss entfalten können; bestimmt nicht den Einfluss, den ich in der Schachwelt haben könnte. Aber wenigstens bewirke ich hier überhaupt irgendetwas. Und ganz egal, wie wirksam meine Präsenz, meine Aktivitäten oder meine Einflussnahme hier sind, ich glaube, dass ich zumindest eine Wirkung auf viele andere Russen habe, die nun wenigstens sehen können, dass Garri Kasparow seine moralische Entscheidung gefällt hat; dass er diese Härten durchsteht und für etwas kämpft, von dem er persönlich keinen Vorteil haben wird. Ich habe außerdem auch Kinder. Ich kann nicht mitanschauen, wie meine Kinder in einem Land aufwachsen und großgezogen werden, in dem ihre Zukunft so ungewiss ist. Als ich mir sagte, dass ich meinen Kindern ein Leben in einem freien Land wünsche, war das auch ein wichtiger Beweggrund, mein eigenes Leben für Russlands demokratische Opposition zu riskieren. Am Ende geht es mir einfach nur darum, dass die russische Öffentlichkeit entscheiden kann, wer dieses Land regiert, welcher politische Weg in die Zukunft beschritten wird, welches »Projekt« ausgewählt wird.

Die Vereinten Nationen sagen voraus, dass bereits im Jahr 2050 rund 9,1 Milliarden Menschen auf der Erde leben werden. Für die Kinder von heute bedeutet das, dass sie einen sehr viel härteren Wettbewerb überstehen müssen als beispielsweise Sie und wir in unserer eigenen Jugend. Was würden Sie Deutschlands Jugendlichen sagen, um ihnen Zuversicht für die Zukunft zu geben?

Da muss ich zunächst mal sagen, dass ich überglücklich wäre, wenn ich das Jahr 2050 erleben dürfte. Es liegt in den Händen der jungen Wissenschaftlerinnen und Wissenschaftler, der jungen Deutschen, mir dieses Vergnügen zu ermöglichen! Im Ernst, ich glaube, dieses Jahrhundert könnte großartige Alternativen für uns eröffnen. Wir müssen nur über unseren Horizont hinaus denken und nach den Sternen greifen. Ich glaube, wir werden phänomenale Veränderungen erleben, denn ich persönlich gehe davon aus, dass unsere auf Erdöl basierende Weltwirtschaft nicht mehr lange überleben kann. Wir werden eine neue Weltwirtschaft errichten müssen. Wir müssen wettbewerbsorientierter werden. Und Deutschland ist eigentlich in einer besonders guten Ausgangsposition, um etwas hervorzubringen, was die Welt für immer verändern wird. Alle diese neuen technologischen Projekte und Versuche, Antworten auf diese neuartigen Herausforderungen zu finden, brauchen ja nicht nur Kreativität, Entschlossenheit und Präzision, sondern eben auch Effektivität. Deutschland dürfte es deshalb eher leichtfallen, in diesem technologischen Durchbruch, den wir in den nächsten 15 bis 20 Jahren erleben werden, seinen Platz zu finden.

Sie schreiben Bücher darüber, was Schach uns für unser tägliches Leben lehren kann; etwa, wenn es darum geht, Entscheidungen zu fällen, Strategien zu formulieren, unsere Intuition zu fördern oder Probleme zu lösen. In Ihren Büchern beschreiben Sie das als »die Art und Weise, wie Hoffnung und Zweifel unsere Informationsverarbeitung beeinflussen«. Was könnte Deutschland in Bezug auf seinen Pessimismus und Optimismus vom Schach lernen?

Ich glaube, diese Einsichten sind sowohl für Einzelpersonen als auch für Gruppen sehr hilfreich. Es gibt keine allgemeingültigen Lösungen oder Ratschläge, die für größere Gruppen funktionieren würden, aber Schach kann als Werkzeug dienen, um unsere eigene Performance zu analysieren. Es ist extrem wichtig, dass wir unsere Stärken und Schwächen realistisch sehen. Schach zwingt uns, objektiv und gleichzeitig sehr energiegeladen zu sein, weil wir ja ständig nach neuen Horizonten Ausschau halten müssen. Ich habe mich 20 Jahre lang an der Spitze gehalten, weil ich ständig neue Ziele für meine Expansion gefunden habe. Ich war immer zielgetrieben. Ich habe immer daran geglaubt, dass es Wege geben muss, etwas Neues zu lernen. Und ich habe mich nie gescheut, von den jüngeren Generationen zu lernen. Es hat meinen Stolz nicht angekratzt, durch meine gesamte Karriere hindurch weiterzulernen. Wenn ich das Spiel verliere, bedeutet das, dass ich etwas dazulernen muss. Wenn wir in dieser Weise auch die Vergangenheit eines Landes analysieren oder die Rolle einer Person aus der Gegenwart, kann dabei jeder neuartige Ideen hervorbringen, die extrem nützlich und produktiv sein können.

Sie haben von 1981 bis 1991 Schachgeschichte geschrieben, als Sie fast ein gesamtes Jahrzehnt hindurch kein einziges Spiel verloren haben. Können Sie uns diesen »Spirit of Winning« oder »Geist des Siegens« erklären?

Der »Geist des Siegens« ist eine permanente Herausforderung: Je öfter du gewinnst, umso größer wird deine Angst, eines Tages zu verlieren. Das stärkt deinen Charakter. Wenn es dir da gelingt, trotz aller Aufregung dein Schießpulver trocken zu halten, besonnen zu bleiben, deine Entschlossenheit aufrechtzuerhalten und immer, immer weiterzukämpfen, und zwar nicht, um anderen etwas zu beweisen, sondern nur für dich selbst, dann bist du fast unbesiegbar. Ich bin stolz auf das, was ich geleistet habe, und glaube, dass ich meinen Spirit gekräftigt habe. Was ich im Schach gelernt habe, hilft mir jetzt sehr und wird mir immer helfen. Zu siegen ist also kein Geheimnis, das nur wenigen gehört. Siegen ist etwas, was wir lernen können, indem wir uns selbst und unsere Umgebung beobachten und darauf vorbereitet sind, uns jeder nur denkbaren Herausforderung zu stellen.

Herr Kasparow, danke, dass Sie uns von Ihren Träumen erzählt haben.

Danke Ihnen. Ich freue mich, dass wir dieses intensive Gespräch hatten.

14

UTE LEMPER

**»Nicht immer alles so perfekt.
Einfacher! Offener!
Und viel mehr lachen!«**

Ute Lemper ist Deutschlands international erfolgreichste Chansonnière. Sie wurde 1963 in Münster geboren. Nach dem Schauspielstudium am Wiener Max-Reinhardt-Seminar war sie zunächst am Staatstheater Stuttgart engagiert, bis Andrew Lloyd Webber ihr 1983 eine Rolle in der Wiener Inszenierung von ›Cats‹ anbot. Zwei Jahre später entdeckte Ute Lemper die Chansons von Kurt Weill, die bis heute zu ihrem Repertoire gehören. Für ihre Darstellung der Lola in Peter Zadeks Inszenierung von ›Der Blaue Engel‹ wurde Ute Lemper 1992 von der deutschen Presse wütend attackiert. Ab Mitte der Neunzigerjahre lebte sie dann zunächst in Paris und London, bevor sie sich später mit ihrer Familie in New York niederließ. Sie hat bisher über zwanzig CDs veröffentlicht und gilt als weltweit angesehenste Interpretin deutscher Chansons der Zwanzigerjahre.

DEUTSCHLAND

Fläche: 349 223 km^2
Bevölkerung: 82 Millionen

Frau Lemper, Sie leben schon seit vielen Jahren in New York. Was fällt Ihnen als Erstes ein, wenn Sie das Wort »Deutschland« hören?

Deutschland ist zunächst mal doch die Heimat, die Kindheit, die Jugend, das Aufwachsen, eine starke Identität, eine deutsche Identität, die manchmal zu deutsch erscheint. Deshalb ist es auch ganz angenehm, quasi im Exil zu leben. Mein Eindruck ist, dass Deutschland sich in einer Metamorphose befindet und zumindest versucht, sich zu öffnen; nicht nur gegenüber der Marktwirtschaft, sondern auch gegenüber der Identität einer multikulturellen Gesellschaft. Das fällt Deutschland und ja auch vielen anderen europäischen Ländern offensichtlich sehr schwer. Ansonsten steht Deutschland für die frühen Phasen meines Lebens. Heute hat das Land zum Glück eine andere Identität als die, die ich damals in den Sechziger- und Siebzigerjahren erlebt habe.

Sie haben sich als Künstlerin so intensiv mit der Musik der Weimarer Republik beschäftigt, dass die ›New York Times‹ Sie anerkennend als die »Botschafterin Weimars« bezeichnet hat. Was fasziniert Sie so an Deutschlands Geschichte?

Mir wurde so um das Jahr 2000 herum bewusst, dass ich in der Tat in vielen Teilen der Welt als eine Art Botschafterin dieser Musik wahrgenommen werde und dass dieses Repertoire so etwas wie eine Mission für mich geworden ist. Am Anfang war das für mich nur die pure Begeisterung für die Musik dieser schwierigen Vorkriegszeit. Als ich aber Ende der Achtzigerjahre, kurz vor dem Fall der Mauer, mein erstes großes Album ›Ute Lemper singt Kurt Weill‹ produziert hatte und diese vorwiegend deutschsprachige CD dann in den USA 50 Wochen lang auf Platz eins der Cross-Over-Charts stand, da wurde mir klar, dass die Zeit reif war, diese Musik wirklich wiederzubeleben. Dass es an der Zeit war, sich mit den Themen Krieg, Holocaust, deutsche Identität und den Künstlern der Vorkriegszeit neu zu beschäftigen.

Ich war ja erst 23 und ehrlich gesagt erschüttert über die Gespräche, die ich damals mit vielen Menschen hatte; über die Vergangenheit Deutschlands, seinen Ruf und über die vielen Vorurteile gegenüber Deutschland. Diese Musik zu singen wurde für mich also zur Herzenssache, vor allem die Musik von Weill, Spoliansky und all den jüdischen Komponisten, die damals von den Nazis vertrieben worden sind. Und der Kreis hat sich für mich geschlossen, als ich nach Jerusalem auf ein Theaterfestival eingeladen wurde, das auch im Fernsehen ausgestrahlt wurde. Damals dachte ich mir dann, dass es auch sein Gutes hat, dass ich – als Angehörige einer Generation, die durchaus mit vielen Vergangenheitsfragen auf der Schulter durch die Welt zieht –, dass ich dieses Repertoire pflege. Und ich finde diese Musik auch einfach super, besser als alles andere, was ich etwa in Deutschland finden konnte. Die Sechziger und Siebziger waren wie ein kulturelles Vakuum. Es gab damals zwar gutes Theater, aber in der Musik war nicht viel los. Als junge Schauspielerin war es deshalb toll, in die Musik hineinzuspringen, die in den zwanziger Jahren so geblüht hat, und diese Lieder zu interpretieren, die von Themen wie Politik, Kultur, Religion und Sexualität erzählen. Das hat für mich auch nichts mit Nostalgie oder Romantik zu tun. Es geht mir immer um Geschichtskritik, ganz bestimmt nicht um eine Lobeshymne an Deutschland. Wenn ich zum Beispiel Lieder aus der Dreigroschenoper singe, dann immer mit dem Fieber der Rebellion und des Aufwachens, wie es Brecht ja damals auch meinte.

Sie leben mit Ihrer Familie in New York, einer Stadt, deren Stadtverwaltung Dolmetscher für über 180 verschiedene Sprachen beschäftigt. Wie verändert sich in dieser Umgebung der Blick auf das ferne Deutschland?

Als New Yorkerin habe ich heute natürlich Probleme mit diesem nationalen Stolz vieler europäischer Nationen, der auf jahrhundertealten Geschichten und Monarchien aufbaut. Ich kann mit diesem Snobismus bezüglich des eigenen Kulturerbes einfach nichts mehr anfangen.

Gilt das auch für den amerikanischen Nationalstolz, der ja auch sehr ausgeprägt ist?

Oh ja! Aber in New York ist das ein bisschen anders. Ich könnte mir kaum vorstellen, in Amerika außerhalb New Yorks zu leben. Der nationale Provinzialismus und religiöse Fanatismus in den USA ist absolut unerträglich und in mancher Hinsicht noch schlimmer als die europäischen Identitäten, die ja zumindest in der Theorie sehr progressiv sind. New York ist aber eine sehr liberale Stadt mit einer wirklichen Koexistenz von allen möglichen Religionen und Kulturen und Schicksalen. Das Leben wird hier mit weniger Normen gelebt. Es gibt ja diese deutsche Norm, und genauso auch eine französische oder britische Norm, wie man sich zu verhalten hat und wie man spricht und was die Statussymbole sind. Das gibt es hier so nicht. Jeder ist hier ein Freak und wer hier mainstream-american ist, ist nicht besonders interessant. Je exotischer, desto besser. Die Geistesfreiheit ist hier einfach größer.

In Deutschland ist man dagegen mit den Urteilen so schnell und die Urteile sind zu eng. Auch die Statussymbole in Deutschland sind sehr materialistisch. Es muss immer Kaschmir sein, ein tolles Auto und eine super Stereoanlage. Damit verhunzen sich die Deutschen ihr Glück, finde ich; dass sie ihr Glück so sehr an materialistischen Idealen aufhängen und nicht einfach daran, zu leben. Einfach ein Steak in die Pfanne hauen und ein paar Bohnen dazu, nicht immer so perfekt, sondern einfacher. Alles viel einfacher! Offener! Und viel mehr lachen! Und auch Kinder sind wichtig. In Deutschland gibt es ja nicht mehr so viele Kinder und das hat auch mit diesem Snobismus und Egoismus zu tun. Das ist diese Denkart, wonach Kinder zu viel Arbeit verursachen und man dann ja seinen Lebensstil einschränken müsste. Ich wünsche Deutschland eine tiefere Einbettung in seine echte Gesellschaft; ein Kulturleben, das nicht nur darin besteht, über Kultur herzuziehen und darüber zu reden, sondern sie am Esstisch mit tiefen Gesprächen und Verbundenheit zu leben.

Wo wir nun über Deutschland sprechen: Was ist Ihr hoffnungsvollster Traum für das Deutschland der Zukunft?

Nun, mein deutscher Traum ist es, in die Straßen zu gehen und es als ganz selbstverständlich zu empfinden, eine Kirche neben der Synagoge und neben der Moschee zu sehen und all diese Menschen, die da ein und aus gehen in diese verschiedenen Gotteshäuser, selbstverständlich als Deutsche anzuerkennen. Das ist der Traum einer Koexistenz. Der Traum, diese verschiedenen Religionen, oder, fast muss man heute sagen, diese verschiedenen Zivilisationen, die an diese Religionen gekoppelt sind, anzuerkennen.

Sie werden ja schon fast seit Beginn Ihrer Karriere immer wieder mit einem anderen Star aus Deutschland verglichen, mit der legendären Marlene Dietrich. Stimmt es, dass Marlene Dietrich Sie eines Tages in Paris anrief und mit Ihnen über Deutschland sprach?

Ja, das stimmt. Zunächst mal zu den Vergleichen: Das fing natürlich so an. Jeder, der neu anfängt, wird gleich in die Schubladen gepresst; da waren Marlene Dietrich, Lotte Lenya und Edith Piaf immer wieder die drei großen Vergleiche, die mich übrigens auch sehr stolz gemacht haben. Aber das hat sich ja heute sehr gelockert, und ich glaube schon, dass ich heute meinen eigenen Mythos hier bestreite. Das war also 1989, ich war damals in einem kleinen Hotel in Frankfurt und habe für meine erste große Soloshow geprobt. Davor hatte ich aber drei Jahre lang in Paris gelebt und dort die Sally Bowles in Jérôme Savarys ›Cabaret‹ gespielt und dann den französischen Molière-Preis gewonnen. Die Marlene lebte damals noch in der Avenue de Montaigne in Paris und hatte wohl auch alle Zeitungen studiert und mitbekommen, dass ich so das aufstrebende deutsche kleine Fräuleinwunder war, wie man mich damals nannte. Ich hatte ihr damals einen Brief geschrieben wegen dieser seltsamen Vergleiche. Ich war da ja so jung und sie hatte diese wahnsinnig lange Karriere mit vielen Kapiteln hinter sich. Ich hatte ihr also einen kleinen Brief geschrieben, um ihr meinen Respekt auszudrücken. Und sie fand mich dann in diesem Hotel, irgendwie über ihre Freunde, und wir waren zwei, drei Stunden am Telefon. Ich war sehr überwältigt, sie wirklich am Telefon zu haben. Und wir haben gesprochen. Über alles. Sie hat natürlich viel gesprochen, über ihr Leben in Paris, ihre Heimat, ihr schizophrenes Verhältnis zu Deutschland. Sie sagte: »Deutschland ist doch nach wie vor meine Heimat! Wenn die das auch nicht wollen. Deutschland ist trotzdem noch meine Heimat!« Und wir wissen ja, dass es damals ihr letzter Wunsch war, in Deutschland beerdigt zu werden, in Berlin.

Sie haben im Lauf Ihrer bisherigen Karriere immer wieder mit namhaften Filmregisseuren zusammengearbeitet, wie etwa Peter Greenaway, Volker Schlöndorff oder Robert Altman. Woran liegt es Ihrer Ansicht nach, dass der deutsche Film in den letzten Jahren zwar innerhalb Deutschlands immer mehr an Bedeutung gewinnt, im Ausland jedoch weiter hinter den Filmexporten Frankreichs, Großbritanniens und zum Beispiel auch Spaniens zurückliegt? Oder positiv gefragt: Was könnte der deutschen Filmbranche noch mehr internationale Reichweite verschaffen?

Zunächst mal muss sich da eines ändern, und zwar müssen die Filme in Originalsprache gezeigt werden, wie das in Holland und einigen anderen Ländern schon seit Jahrzehnten üblich ist. Nicht alles mit diesen furchtbaren Synchronsprechern vertonen, die dann allen Charakteren, sei es einem Verrückten aus Brooklyn oder einem italienischen Mafiamann, mit ihrer Art zu reden immer so eine deutsche Identität aufstempeln. Diese Synchronisationen sind wirklich nicht besonders toll. Ich kann mich überhaupt nicht mehr daran gewöhnen, nicht mehr die Originalstimmen zu hören. Das muss aufhören. Das Englisch wird dann viel besser sein, die Schauspieler werden dann viel besser Englisch sprechen und können dann auch an internationalen Filmen besser teilnehmen oder selbst etwas Englisches für den internationalen Markt produzieren. Hinzu kommt, dass die Franzosen schon immer ein besseres Verständnis für Dialoge, Reflexionen und Poesie im Film gehabt haben. Vor allen Dingen Poesie und Stillleben im Film. Das war immer eine französische Spezialität. Aber es gibt ja schon ein paar tolle deutsche Filme, die es schaffen, da will ich jetzt nicht so aburteilend sein. Die tollen deutschen Regisseure, wenn sie Erfolg haben, gehen dann aber gleich in die Produktion der amerikanischen Filme hinein, wie etwa Wolfgang Petersen, die dann hier produzieren, und keiner weiß überhaupt mehr, dass das Deutsche sind.

Viele Deutsche, Franzosen oder Italiener, die in die USA ziehen, entdecken dort, aus der Distanz, dass sie nicht nur eine nationale, sondern sehr wohl auch eine europäische Identität mit sich tragen. Haben auch Sie so etwas wie einen europäischen Traum oder eine persönliche Hoffnung für Europa?

Meine größte Hoffnung für Europa ist, dass sich die Menschen wie Europäer fühlen. Dass sich so ein großes Gefüge von Europa entwickelt. Ich weiß zugleich nicht, ob ich es den Franzosen wünsche, sozusagen ihre Französischheit aufzugeben, oder den Deutschen wünsche, ihre Deutschheit wegzugeben. Aber es ist schon der realistische Zukunftstraum, dass dies in gewisser Weise möglich ist. Dass wir also nicht mehr sagen, »Ich bin Franzose und ich komme aus Perpignan und das ist es, was ich denke«, und so weiter, sondern dass der gemeinsamen Währung nun auch eine gemeinsame Philosophie nachfolgt; dass sich ein Lebensgefühl entwickelt, mehr als Kontinent zu denken denn als vereinzeltes Land. Das vereinzelte Landesdenken hat eine zweitausendjährige Geschichte von gegenseitigen Feindseligkeiten und Vorurteilen. Und gerade im letzten Jahrhundert war das ja auch auf ewig stilisiert, den Deutschen als furchtbaren Charakter einzuschätzen. Und die Briten und Franzosen haben da ihre eigenen Geschichten zu erzählen. Das ist jetzt vielleicht alles sehr theoretisch. Der eigentliche große Traum ist aber, dass Europa in der Lage ist, als reicher Kontinent die Weltprobleme zu lösen, die Probleme von Armut, die Probleme im Nahen Osten und in den Ländern der Dritten Welt. Das ist Europas eigentliche Aufgabe. Und gegen diese große Aufgabe, die fast unlösbar scheint, aber doch die wirkliche Aufgabe dieses Jahrtausends ist, sind all die kleinen Fehden zwischen Frankreich und Deutschland, Briten und Polen völlig unwichtig.

Danke für Ihre Bereitschaft, mit uns über Ihre Träume zu sprechen.

Ja, jetzt müssen diese Träume nur auch gelebt werden. Sonst bleibt alles nur Theorie!

HUNTER LOVINS

»Es gibt einen Zusammenhang zwischen Arbeitslosigkeit und dem Fehlen eines Traums.«

Hunter Lovins ist eine der international einflussreichsten Unternehmensberaterinnen für die Entwicklung von Umweltschutzstrategien. Sie ist Co-Autorin des weltweiten Bestsellers ›Natural Capitalism‹. Hunter Lovins war 1982 eine der Mitbegründerinnen des Rocky Mountain Institute, bei dem sich heute Automobilkonzerne und Umweltministerien aus aller Welt Rat holen. Für ihr Konzept einer neuen Energiepolitik erhielt sie gemeinsam mit ihrem damaligen Ehemann Amory Lovins schon 1983 den Alternativen Nobelpreis. Im Jahr 2000 wurde sie vom ›Time Magazine‹ zum »Hero of the Planet« gekürt. Heute ist sie Präsidentin des Instituts »Natural Capitalism Solutions« und Professorin an der Presidio School of Management in San Francisco, der ersten Business School in den USA, die einen MBA-Abschluss für umweltgerechtes Management anbietet. In ihrer Freizeit nimmt Hunter Lovins an Rodeowettkämpfen teil. Hunter Lovins wurde 1950 im US-Bundesstaat Vermont geboren. Sie lebt in Eldorado Springs im Bundesstaat Colorado.

USA

Fläche:	9 161 923 km^2
Bevölkerung:	ca. 301 Millionen

Frau Lovins, Sie gelten als eine weltweit führende Expertin für Energiepolitik und sind Co-Autorin von zehn Büchern, darunter der Bestseller ›Natural Capitalism‹. Viele Energieexperten aus aller Welt haben im Lauf der letzten Jahre immer wieder die Hoffnung ausgedrückt, dass Deutschland die Welt in eine neue Energiezukunft führen könnte. Warum ausgerechnet Deutschland?

Die Welt steht vor überwältigenden Problemen, von der Erderwärmung und der Armut in den Entwicklungsländern bis hin zum Terrorismus und unserer erhöhten Verwundbarkeit. Deutschland hat bereits begonnen, in Technologien zu investieren, die einen wichtigen Beitrag zur Lösung dieser Probleme leisten können. Deutschland tut dies aus sehr vernünftigen Gründen: um sich vom Erdöl abzunabeln, um den CO_2-Ausstoß zu reduzieren und um die deutsche Industrie zu stärken.

Aber ich glaube, es gibt für Deutschland und die Deutschen noch einen wichtigeren Grund, sich hier zu engagieren: Die Leute hungern heute nach einer Antwort darauf, was es eigentlich bedeutet, zu leben. Warum bin ich hier? Welchen Beitrag kann ich als Einzelne und können wir als Gemeinschaft leisten, um die Probleme der Welt zu lösen? Wie können wir einen ganz alltäglichen Lebensstil entwickeln, der befriedigt, der Spaß macht und der unserem Leben einen Sinn gibt? Die Welt braucht einen neuen Traum! Die Menschen werfen sich heutzutage in allerlei Formen von fundamentalistischer Religiosität, stets auf der Suche nach etwas, das diesen Hunger stillen könnte. Sie legen sich Lebensstile zu, die keinerlei Sinn machen und nur aus dem Konsumwahn bestehen, dass spätestens ihre nächste große Anschaffung irgendeine Bedeutung in ihr Leben bringen wird. Für Deutschland liegt darin aber auch eine enorme Chance. Die Deutschen, die deutschen Unternehmen und Deutschlands Regierung könnten diese verschiedenen Strömungen zusammenführen und dann Umweltprobleme, wie etwa die Erderwärmung, in einer Weise anpacken, die auch den einzelnen Bürgern ermöglicht, darin einen höheren Sinn für ihr Leben zu finden. Nutzen Sie Deutschlands enorme technische Kapazitäten, nutzen Sie die Branchen, die bereits ihr Geld mit Solar- und Windenergie verdienen, und nutzen Sie diese deutsche Fähigkeit zu vernünftiger Politik, um eine ökologisch nachhaltige Zukunft für Deutschland, für Europa und für die ganze Welt zu entwerfen. In so einem Prozess können Sie auch den einzelnen Individuen helfen, ihre Rolle in der Welt zu finden.

Deutschlands Automobilbranche und ihre Zuliefererbetriebe erwirtschaften knapp 20 Prozent des Gesamtumsatzes der deutschen Industrie. In einem Land, das gleichzeitig unter bedrückend hoher Arbeitslosigkeit leidet, verwundert es deshalb nicht, dass die Idee einer kompletten Umstellung der Automobilbranche auf alternative Antriebe nicht nur Begeisterung auslöst, sondern auch Angst: Die Angst, bei so einem Technologiesprung zu scheitern und mühsam eroberte Marktanteile zu verlieren. Welchen Ausweg sehen Sie aus diesem Dilemma?

Die Antwort ist doch bei näherem Hinsehen ganz offensichtlich. Das Verbrennen von Öl verändert das Klima in einer Weise, die niemand mögen wird. Der Versuch, an Erdölvorräte heranzukommen, hat die USA und ihre so genannten »Verbündeten« in einen Krieg im Nahen Osten geführt. Unterdessen hat China den Welterdöl-Markt betreten und damit einen enormen Preisanstieg ausgelöst. Wir alle wollen Mobilität. Wir müssen uns aber von importiertem Erdöl befreien. Deutschlands automobiltechnische Exzellenz und die deutsche Kreativität sollten deshalb genutzt werden, um qualitativ hochwertige, tolle, aufregende Autos zu bauen, die dazu auch noch eine dramatische Energieeinsparung ermöglichen. Diese Autos sollten mit Treibstoffen fahren, die wir mittels einer wiederbelebten Landwirtschaft selbst anbauen können, oder sie sollten Brennstoffzellenantriebe haben oder Technologien verwenden, über die wir bis jetzt noch nicht einmal nachgedacht haben!

Toyota verdankt heute seine weltweite Führungsstellung der Tatsache, dass es schon vor vielen Jahren beschlossen hat, nicht mehr länger herumzudilettieren, sondern sich voll und ganz der Entwicklung von Hybridantrieben zu widmen. Honda hat sich indessen ganz der Brennstoffzellentechnologie verschrieben. Und werfen Sie dann mal einen Blick auf mein Land, die USA: Die Aktienkurse von General Motors und Ford haben nur noch Ramschwert. Da besteht ein Zusammenhang! Die Japaner haben schon lange eine Industriepolitik, die Innovation fördert, die keine Angst vor neuen Ideen hat, die strategische Investitionen macht und die die Führung ergreift. Allein die Tatsache, dass Ford sich die Hybridtechnologie von Toyota lizenzieren lässt, um überhaupt noch ein Hybridmodel anbieten zu können, ist ein starkes Indiz dafür, dass Toyota und die Japaner eine überlegene Strategie haben. Deutschland sollte das auch anpacken.

Wir Deutschen sind stolz auf unser fortschrittliches Umweltbewusstsein. Deutschlands Regierungen bezeichnen Deutschland sogar als »Umwelt-Weltmeister«. Wenn es aber darum geht, den wirtschaftlichen Gewinn aus dem Umweltschutz einzustreichen, scheint Deutschland ins Hintertreffen zu geraten. Sie haben gerade Japan erwähnt, das inzwischen nicht nur der weltgrößte Exporteur von Hybridautos, sondern auch von Solarzellen geworden ist. Außerhalb Europas wird zunehmend Japan als das »Land der Umwelthoffnungen« betrachtet und nicht mehr Deutschland. Was könnte Deutschland tun, um seine wirtschaftliche Führungsstellung und auch das Image des Hoffnungsträgers im Umweltschutz zurückzugewinnen?

Eine weltweite Führungsstellung beginnt mit einer Diskussion im eigenen Land; einer Diskussion über die Frage, was für ein Land wir eigentlich sein wollen. Es ist okay, dir deine Zukunft zu erträumen. Das Erste, was Deutschland also vielleicht tun könnte und tun sollte, ist, diese Diskussion sehr ernst zu nehmen. Egal ob du noch jung bist und zur Schule gehst oder ob du gerade deine Berufswahl triffst, ob du in der Mitte deiner Karriere stehst oder sogar ein Regierungsmitglied bist, du solltest dich fragen: »Was kann ich tun, um diesen Ort lebenswerter zu machen?« Meine Freundin, die Sängerin Kate Wolf, sagte einmal: »Finde heraus, was dir wirklich am Herzen liegt, und lebe ein Leben, in dem das dann auch sichtbar wird.« Es gibt einen Zusammenhang zwischen Arbeitslosigkeit und dem Fehlen eines Traumes! Der Mangel an Führung, der Mangel an Innovation, der mangelnde Wille, eure Unternehmen wirklich zu Weltklasse und zu globaler Wettbewerbsfähigkeit zu führen, wirkt sich auch auf die Motivation der Menschen zuhause aus.

Das sind Fragen, denen wir uns nicht nur im eigenen Land, sondern weltweit stellen müssen. Wir müssen auch die Entwicklungsländer befähigen, einen höheren Lebensstandard zu erreichen; aber auf eine andere Weise, als es der Westen getan hat. Wenn nämlich bald alle ihre Ressourcen so ineffizient nutzen, wie wir das tun, dann hat unser Ökosystem schlichtweg nicht mehr genug Kapazität, um die Schadstoffe der ganzen Welt zu absorbieren. Wir müssen deshalb mit den Entwicklungsländern eine Partnerschaft schließen, in die wir unsere ganze visionäre Kraft und Kreativität einbringen. Das Land, das hier die Führung ergreift und dem es gelingt, sein eigenes Hightech-Ingenieurswissen mit den lokalen Low-Tech-Firmen der Entwicklungsländer so zu integrieren, dass diese Länder für sich selbst sorgen können, das wird auch für sich selbst eine große Ernte einfahren können. Deutschlands Ingenieurskunst kann der gesamten sich entwickelnden Welt derartige Lösungen anbieten.

Wie können sich Jugendliche auf diese neuartigen Arbeitsmärkte der Zukunft vorbereiten?

Wir im Westen, und ich denke, Deutschland ganz besonders, trainieren unsere Jugend in tiefen Katakomben von Spezialwissen. Wenn du ein Physiker bist, redest du nicht mit Ingenieuren. Wenn du ein Ingenieur bist, redest du nicht mit Künstlern. Wir haben kaum interdisziplinäre, intervisionäre Ausbildungsprogramme. Was ich jungen Leuten raten würde, ist, so viel wie nur möglich aus all den Fachgebieten zu lernen, die nicht ihr Hauptfach sind. Die Ausbildungseinrichtungen würde ich dazu zwingen, dass sie es möglich machen, wenigsten ein bisschen von allem zu erlernen. Ich habe vor einem Monat eine Vorlesungsreihe in nachhaltiger Entwicklung für Ingenieure gehalten. Ich selbst habe noch nie Ingenieurskurse besucht. Was ich über das Ingenieurswesen weiß, musste ich mir selbst beibringen. Was in der heutigen Welt also am allerwichtigsten ist, ist die Fähigkeit, zu lernen; nicht sosehr das technische Wissen, das mit dem Expertentum einhergeht. Und verstehen Sie mich nicht falsch: Fachwissen ist wichtig und wir brauchen Leute, die gute Experten sind und von den Managern angestellt werden können. Aber ich glaube, wir müssen vor allem mehr Manager ausbilden, die wissen, wie sie große Systeme managen können, ganze Unternehmen, Gemeinschaften, große Landwirtschaften, die ganze Welt. Die Fähigkeit, ganzheitlich und in großen Zusammenhängen zu denken, ist das, was im heutigen Ausbildungssystem am meisten fehlt, was am meisten gebraucht wird.

Sie bereisen die ganze Welt und beraten große Unternehmen und Regierungen. In Ihrer freien Zeit, daheim in Colorado, reiten Sie am liebsten Rodeos. Welche Rolle spielten Träume beim Entstehen Ihrer eigenen, ja sehr vielseitigen Karriere?

Ach, ich verbringe jeden Tag Zeit damit, meine Vorstellungskraft auf Wanderschaft gehen zu lassen und zu erfühlen, wohin ich mich in der Zukunft bewegen will. Das sind regelrechte Tagträumereien, bei denen ich zulasse, dass sich verschiedene Szenarien selbst entwickeln und vor meinem geistigen Auge abspielen. Was könnte ich anstellen mit diesem Teil meines Lebens oder diesem Bereich meiner Arbeit? So etwas kann natürlich auch sehr viel strukturierter ablaufen. Der Ölkonzern Royal Dutch Shell nennt das »Szenario-Planung«, wo du also plausible Geschichten erzählst, wie die Zukunft ausschauen könnte. Das ist keine Vorhersagemethode oder gar ein Versuch, festzulegen, was geschehen wird. Es geht da eher darum, zu verstehen, was wäre, wenn die Zukunft in diese oder jene Richtung weitergehen würde, und darum, sich eine Weile lang in dieser Vorstellungswelt aufzuhalten.

Eine Option, die ich mir eine Weile lang durch den Kopf gehen ließ, war zum Beispiel, dass ich eine professionelle Rodeoreiterin werde. Ich war auch Mitglied in Colorados Profi-Rodeovereinigung. Ich habe viel Zeit damit verbracht, mir diese Option buchstäblich zu erträumen, wach und bei vollem Bewusstsein, und mich zu fragen, wie sich so eine Karriere bis an die Spitze der Rodeowelt wohl anfühlen würde. Aber das hat sich einfach nicht so gut und befriedigend angefühlt wie die Arbeit, die ich zurzeit mache. Ich strebe danach, meine Lebensentscheidungen sehr bewusst zu treffen, indem ich mir wie in einer alternativen Wirklichkeit eine Art Vorgeschmack, ein Vorgefühl verschiedener Lebensmöglichkeiten erträume. Und jeden Morgen, wenn ich aufwache, entscheide ich neu, was ich tun werde und was mein Leben sein wird. Und weil ich wirklich durchdacht habe, wie meine Zukunft aussehen könnte, was die Alternativen wären und in welche Richtung ich mein Leben gerne bewegen würde, bin ich dann auch sehr viel besser vorbereitet, Überraschungen und neue Optionen daraufhin abzuklopfen, ob sie mich dorthin bringen können, wo ich hinwill. Und ich muss sagen, ich bin mit meinem Leben ziemlich glücklich. Shell nennt das eine »Strategie ohne Bedauern«. Die benutzen diese Methode, um Milliarden von Dollars um die Welt zu bewegen. Ich benutze sie, um meinen Tag zu planen.

Glauben Sie, dass diese Methode des bewussten Tagträumens nicht nur für Ihre Karriereplanung oder für Shells Unternehmensstrategie hilfreich sein könnte, sondern vielleicht auch für die Zukunftsplanung ganzer Nationen?

Ja sicher! Im Kern geht es hier darum, plausible Szenarien deiner Zukunft zu entwickeln. Die verschiedenen Szenarien können dabei vollkommen widersprüchlich zueinander sein. Es geht nur darum zu verstehen: Was sind die Antriebskräfte? Was sind die bekannten und unbekannten Faktoren? Was sind die kritischen Entscheidungssituationen? Und worüber musst du noch mehr wissen, um ein bestimmtes Szenario plausibel begründen zu können? Shell hat auf diese Art zum Beispiel verschiedene Szenarien für Europas Energiezukunft entwickelt. Ein Szenario nannten sie die »Festungswelt«. Der Name sagt eigentlich schon alles. Dieses Szenario beschreibt keine sehr angenehme Zukunft. Ein anderes Szenario nannten sie »Jazz«, und das ist sehr viel erfreulicher. Die Leute bei Shell halten es zum Beispiel für sehr plausibel, dass Europa sich bis 2050 bereits zur Hälfte mit erneuerbaren Energien versorgt. Und das wäre natürlich ein Szenario, bei dessen Verwirklichung die Deutschen eine für sie sehr erfreuliche Rolle spielen könnten.

Wenn Unternehmen schon längst verstanden haben, dass methodisches Träumen hilft, um neuartige Szenarien zu entwickeln, woran liegt es dann, dass vor allem europäische Politiker so einen weiten Bogen um alles machen, das auch nur im Entferntesten nach einem Traum klingt?

Wenn du eine schlechte Erfahrung mit Träumen gemacht hast, neigst du zu Ängstlichkeit. Du denkst dann, dass es sehr viel sicherer ist, zu glauben, dass alles im Leben nur eine Frage rationaler Entscheidungen ist und dass nur technische Expertise und Geld wirklich zählen. Du planst dann auch alles in einer sehr linearen Art und Weise und bestehst darauf, dass die Dinge sich auch wirklich so linear ereignen. Meine Erfahrung ist, dass die Welt anders funktioniert. Sehr wenige von uns treffen ihre Entscheidungen im Leben rational. Unsere Entscheidungen beruhen eher auf einem komplexen Gemisch von Emotionen, Träumen und rationaler Analyse. Erst anschließend versuchen wir dann, die Entscheidung, die wir in unserem Herzen getroffen haben, mit rationalen Argumenten zu rechtfertigen. Für Außenstehende sehen wir dabei ziemlich oft ziemlich dumm aus. Ich denke, es ist sehr viel ehrlicher, diese Gefühle von Anfang an zuzugeben und zu den Träumen zu stehen, sie offenzulegen, sie zu erkunden und über sie zu sprechen. Das ist eine Erfahrung, die du gemeinsam mit deinen Freunden, deiner Gemeinschaft und deinem Land machen kannst. Ich glaube, dass die Leute, die so etwas bewusst tun, ein sehr viel glücklicheres Leben haben. Ich denke, dass Unternehmen, die ehrlich über solche Dinge sprechen, glücklichere Angestellte haben. Und ich wage zu behaupten, dass Länder, die so etwas tun, auch erfolgreicher sind, eine stärkere Wirtschaft haben und die Welt, die sie miterschaffen haben, sehr viel mehr genießen können.

Ihr eigenes Land, die USA, erlebten ihre inspirierendste Ära, als die Amerikaner in den Sechzigerjahren davon träumten, etwas eigentlich Unmögliches zu schaffen, nämlich auf dem Mond zu landen. Was ist heute Ihr visionärster Traum für Deutschland, der eine ähnlich positive Zukunftserwartung freisetzen könnte?

Deutschland ist ein hoch entwickeltes, gut ausgebildetes und technisch fortschrittliches Land; ein Land, das über alle Voraussetzungen verfügt, um für sich selbst und für die Welt den neuen Traum hervorzubringen, den die Welt jetzt braucht. Wir sollten den Entwicklungsländern helfen, ihre eigenen Bedürfnisse zu stillen. Dabei sollten wir die weltweit besten Umweltschutzmethoden und die besten nachhaltigen Technologien einsetzen, um diesen Ländern bei der Bereitstellung von Energie, Wasser, Gesundheitsvorsorge, Unterkünften, Bildung, sanitären Einrichtungen und Transportsystemen beizustehen. Unsere Unterstützung für diese menschlichen Grundbedürfnisse können wir in einer Weise bereitstellen, dass vor Ort neue Unternehmen entstehen und die erworbene Kompetenz dort im Land bleibt. Wir leisten einen sehr viel größeren Beitrag zu unserer Sicherheit, wenn wir Häuser bauen, die für ihren Wohnkomfort keine Energiezufuhr von außen brauchen, die gut beleuchtet sind und das ganze Jahr über funktionieren, als wenn wir die Leute zwingen, beim Sicherheitscheck am Flughafen ihre Schuhe auszuziehen. Wir wissen auch, dass Investitionen in Energieeffizienz und erneuerbare Energien zehn Mal mehr Arbeitsplätze pro investiertem Dollar schaffen als Investitionen in jegliche Art von zentralisiertem Kraftwerk. Es ist schlicht und einfach ein besserer Lebensstil. Das ist ein Traum, dem sich junge Leute widmen könnten und der auch Deutschlands Unternehmen Wohlstand bringen könnte.

Deutschland ist bekannt für seine organisatorischen und logistischen Kapazitäten. Was glauben Sie jedoch, wie könnte Deutschland auch ein inspirierenderes Image von sich entwickeln? Oder, um es im Marketingjargon auszudrücken, was könnte Deutschland mehr Sexappeal verleihen?

(lacht) Ich glaube, Deutschland als Nation wäre mehr sexy, wenn es mit Menschen rund um die Welt daran arbeiten würde, ihren Bedürfnissen in einer Art und Weise zu begegnen, die auch diese Leute stärken würde. Wenn du jemanden kennen lernst, wenn du zum Beispiel eine Frau triffst, die dich mit leuchtenden Augen anschaut und sagt: »Wow, was für eine Person du bist!«, dann würde sie dir damit das Gefühl geben, dass du es jetzt mit der ganzen Welt aufnehmen kannst. Wenn ich einen Mann treffe, der zu mir sagt: »Du hast so viele Fähigkeiten, du hast, was ich brauche!«, dann gibt mir das ein gutes Gefühl und ich will mit dieser Person zusammen sein. Unsere Anziehungskraft auf andere beruht auf dem, was wir in uns haben, dem Glanz in unseren Augen und dem Gefühl, das wir der anderen Person vermitteln. Die Bedürftigkeit rund um die Welt ist so enorm! Und die meisten von uns schauen sich diese Situation an und sagen nur: »Was kann ich da schon ausrichten? Ich bin ja nur eine einzelne Person, ich kann da nix ausrichten!« Das ist aber nicht wahr. Wenn wir als Individuen, als Unternehmerinnen und Unternehmer und als Nationen beginnen zu sagen: »Stimmt, was kann ich tun? Was kann ich hier bewirken?«, dann fangen wir an, mit anderen zusammenzuarbeiten; mit einer anderen Person, einer anderen Gemeinschaft oder einer anderen Nation. Und wir helfen ihnen dann, auf eigenen Beinen zu stehen. Das ist der Weg, um sexy zu werden, um anziehend zu werden, begehrenswert und gefragt.

Erzählen Sie uns noch Ihren Traum für Ihr eigenes Leben?

Mein eigener persönlicher Traum ist die Arbeit, die ich gerade in Entwicklungsländern mache. Manche Leute sagen ja, dass die reichen Nationen nur 0,7 Prozent ihres Bruttoinlandsproduktes in Entwicklungshilfe investieren müssten, um die Armut in der Welt zu beseitigen und damit auch ihr Versprechen der UN-Millenniumserklärung zu erfüllen. Ich sage aber, dass das nicht wahr ist. Und zwar deshalb nicht, weil unsere Art der Entwicklungshilfe bis jetzt nur ein gigantisches System von Sozialhilfe ist. Wir bezahlen westliche Bauunternehmer, damit sie in diese Länder gehen und dort Schulen, Straßen und Hospitäler bauen. Sie bekommen das ganze Geld und gehen anschließend wieder heim. Stattdessen sollten wir die Entwicklungsländer dazu befähigen, sich selbst zu helfen. Das ist die Grundlage meiner eigenen Arbeit in Afghanistan. Das ist real. Und wenn ich abends schlafen gehe, weiß ich, dass ich ein klein wenig bewirkt habe. Und ich schlafe gut. Ich habe sehr süße Träume. Es ist so wichtig, zu träumen! Mein früherer Chef, David Brower, der Gründer von »Friends of the Earth« und dem »Earth Island Institute« sagte einmal: »Wie soll die Erde in 50 Jahren einmal aussehen? Lasst uns ein wenig träumen: Die Seefahrer haben über Jahrtausende hinweg nach den Sternen gegriffen. Bis heute haben sie dabei keinen Stern zu fassen gekriegt. Aber indem sie sich nach den Sternen ausstreckten, haben sie ihren Weg gefunden.«

Haben Sie herzlichen Dank.

Gern geschehen. Ich freue mich darauf, gemeinsam zu träumen!

16

WANGARI MAATHAI

»Tun wir alle das wenige, das wir tun können!«

Wangari Maathai ist eine kenianische Wissenschaftlerin und Umweltschützerin. Im Jahr 1977 gründete sie die Organisation »Green Belt Movement«, mit der sie Frauen in zahlreichen Staaten Afrikas geholfen hat, bis heute etwa 30 Millionen Bäume zu pflanzen. Im Jahr 2004 erhielt sie dafür als erste Frau Afrikas den Friedensnobelpreis. Nach Einschätzung Maathais ist die Förderung von Frauen die beste Maßnahme für den Umweltschutz. Wangari Maathai war 1971 die erste Frau Zentral- und Ostafrikas, die einen Doktortitel erwarb. In den achtziger Jahren wurde sie wegen ihrer offenen Kritik an Kenias damaligem Regime unter Daniel Arap Moi mehrfach inhaftiert. Im Jahr 2003 gründete sie dann die Grüne Partei Kenias und wurde im selben Jahr auch stellvertretende Umweltministerin Kenias. Heute ist Wangari Maathai im Vorstand zahlreicher internationaler Umweltschutzorganisationen und widmet sich der Ausbildung afrikanischer Frauen und der Aufforstung Afrikas. Wangari Maathai ist 1940 in Nyeri, Kenia, zur Welt gekommen.

KENIA

Fläche:	569 250 km²
Bevölkerung:	ca. 37 Millionen

Frau Maathai, als Sie 1977 Kenias Green-Belt-Bewegung starteten, hatten Sie nur eine kleine Baumschule in Ihrem Garten. Heute, rund 30 Jahre später, hat Ihre Organisation mehr als 30 Millionen Bäume gepflanzt und Sie sind die erste Frau Afrikas, die mit dem Friedensnobelpreis ausgezeichnet wurde. In diesen letzten 30 Jahren saßen Sie mehrmals im Gefängnis und wurden immer wieder mit Morddrohungen verfolgt. Wo fanden Sie in all diesen Jahren immer wieder den Mut, an Ihrem Traum festzuhalten?

Ich möchte zunächst sagen, dass es ein großes Privileg für mich ist, hier ein paar meiner Gedanken mit Deutschland zu teilen, jenem Land, wo ich Ende der Sechziger knapp zwei Jahre lang lebte. Es war in München und in Gießen, wo ich einige meiner Ideen und Visionen fand, die ich dann später, nach meiner Heimkehr, in meinem Land weitergeben wollte.

Ich hatte immer den Eindruck, dass meine Landsleute in all ihrer Armut, ihrer Unwissenheit und ihrer Unfähigkeit, ihre Lebensqualität zu verbessern, Führungspersönlichkeiten brauchten, die sich auch wirklich einsetzen; Persönlichkeiten, die ihnen Mut geben können, um den Weg nach vorn anzutreten, um nicht aufzugeben. Solche Führungspersönlichkeiten waren in meinem Land äußerst rar. Ich hatte das Gefühl, das ich etwas hatte, was ich meinen Landsleuten geben konnte. Und so entschloss ich mich dann, die einfachen Leute zu organisieren, um wenigstens etwas für unsere Umwelt zu tun.

Für wie wichtig halten Sie es, dass eine Gesellschaft oder ein Land eine gemeinsame Vision hat, einen gemeinsamen Traum?

Es ist sehr wichtig, dass die Führungspersönlichkeiten und das Volk eines Landes dieselbe Vision teilen, so dass sie sich gemeinsam in die Zukunft begeben können und nicht in verschiedene Richtungen drängen.

Sind gesellschaftliche Träume nur das Privileg von Entwicklungsländern?

Ich kann Ihnen versichern, dass jede Person, jedes Individuum auf diesem Planeten von einer besseren Welt und von mehr Lebensqualität träumt. Für die Menschen in den entwickelten Nationen ist wichtig, dass sie lernen, ihren Traum zu erweitern, dass sie von einer besseren Welt träumen und für eine friedlichere Welt träumen. Es ist wichtig für sie, zu verstehen, dass wir im Interesse des Friedens auf diesem Planeten lernen müssen, unsere natürlichen Ressourcen besser zu managen und eine gerechtere Verteilung dieser Ressourcen zu ermöglichen. Nur wenn wir diese Notwendigkeit verstehen, werden wir alle Frieden genießen können. Andernfalls müssen wir sehr hohe Mauern errichten, um unsere Sicherheit zu gewähren. Deutschland versteht vielleicht besser als jedes andere Land, wie wichtig es ist, die Ressourcen gerecht zu verteilen und damit allen Menschen auf der Erde die Freiheit zu geben, kreativ und produktiv zu sein.

Wie Sie schon sagten, haben Sie Ende der sechziger Jahre in Deutschland studiert und stehen bis heute in engem Kontakt mit vielen deutschen Organisationen und Persönlichkeiten, die Ihre Arbeit unterstützen und bewundern. Was ist auf diesem Hintergrund Ihr hoffnungsvollster Traum für Deutschlands Zukunft?

Ich liebe die Tatsache, dass Deutschland ein Land ist, das sehr hart arbeitet. Die Deutschen sind auf der ganzen Welt für ihre harte Arbeit bekannt. Ich habe das damals selbst gesehen. Sie sind sehr engagiert, in allem, was sie tun. Zumindest setzten sie sich damals, als ich in Deutschland war, mit ganzem Herzen für den Wiederaufbau Deutschlands ein. Und es gelang ihnen letztlich, nicht nur Westdeutschland wiederaufzubauen, sondern auch noch die Mauer einzureißen, die Ost- und Westdeutschland voneinander trennte. Die heutige Generation der Deutschen kann sich glücklich schätzen, in einem geeinten Deutschland zu leben. Ich glaube, das ist der Traum, den jeder in der ganzen Welt heute gerne hätte.

Ich wünschte, dass Deutschland nun jenseits seiner Grenzen sehen könnte; dass es sich der Menschen in anderen Teilen der Welt stärker annehmen würde, damit diese Menschen dasselbe Maß an Freiheit, an Einigkeit und Fortschritt genießen könnten wie Deutschland. Ich hoffe, dass Deutschland die Welt auch weiterhin mit seinem Wunsch nach Frieden, Einigkeit und Fortschritt inspirieren wird. Das sind die Dinge, die ich in Deutschland gesehen habe, die ich in Deutschland gelernt habe und von denen ich hoffe, dass Deutschland den Wunsch hegt, sie auch mit dem Rest der Welt zu teilen.

Welche praktischen Schritte könnte Deutschland in Richtung eines solchen Traums ergreifen?

Ich glaube, Deutschland hat die Gelegenheit, innerhalb der G8-Staaten und der EU eine sehr wichtige Rolle zu spielen, wenn es um die Förderung von nachhaltiger Entwicklung in anderen Ländern geht. Ich würde es sehr begrüßen, wenn Deutschland stärker in das intelligente Management unserer Umwelt investieren würde. Es wäre wunderbar, wenn Deutschland sein Wissen und seinen technologischen Fortschritt einsetzen würde, um anderen Ländern zu helfen, ihre Ökosysteme zu schützen, zum Beispiel das Kongobecken und das Amazonasbecken. Die Deutschen sind dafür bekannt, dass sie ihre Umwelt lieben. Die Deutschen lieben wirklich ihr Land, sie sorgen für ihre Umwelt und haben zum Beispiel viel dafür getan, ihre eigenen Wälder zu schützen. Ich würde mir wünschen, dass sie diese Vision jetzt auch auf andere Regionen der Welt ausdehnen, deren Umwelt ebenfalls Schutz benötigt.

Professor Maathai, angenommen, eine deutsche Bundeskanzlerin oder ein Bundeskanzler, ganz egal von welcher Partei, würde Sie bitten, ein Mission Statement für Deutschland zu schreiben. Was würde in diesem Mission Statement stehen?

Nun, als eine Person, die aus einem Entwicklungsland kommt und die Umweltschäden in diesen Ländern sieht und viel darüber nachdenkt, würde ich darum ersuchen, dass so ein neues deutsches Mission Statement auch das Thema der Staatsverschuldung beinhaltet. Ich weiß, dass es Millionen von Deutschen gibt, die dafür sind, den

Entwicklungsländern ihre Schulden, die wir heute als illegitime Schulden bezeichnen, zu erlassen. Ich würde mir wünschen, dass sie auch eine faire Handelspolitik unterstützen, die Entwicklungsländern Zugang zu den Märkten der entwickelten Länder geben würde, so dass wir unsere Güter dort verkaufen und das nötige Einkommen erwirtschaften können, das wir brauchen, um unsere eigene nachhaltige Zukunft entwickeln zu können. Wir brauchen diese Unterstützung und ich würde hoffen, dass die Bundesregierung und die Menschen in Deutschland eine solche Anstrengung mittragen würden.

Wie könnte Deutschland sich mit Übernahme einer solchen, größeren internationalen Verantwortung zugleich auch selbst erneuern?

Wie wir alle wissen, ist die Umwelt ein globales Gut. Jedes Land, das sich für den globalen Umweltschutz einsetzt, tut sich damit selbst etwas Gutes. Deutschland ist ein großer Hersteller von Automobilen, ein Sektor, der zum Ausstoß von Treibhausgasen beiträgt. Ich finde, Deutschland würde seinen fairen Beitrag leisten, wenn es seinen eigenen Schadstoff-Ausstoß reduziert und vor allem zum Umweltschutz anderer Länder beiträgt, etwa mit Wiederaufforstungsprojekten und Waldschutz-Programmen in anderen Ländern, die dort den Kohlendioxidhaushalt positiv beeinflussen würden. Die gesamte Welt ist ein potenzieller Marktplatz für Deutschland. Ich weiß, dass viele Länder deutsche Produkte lieben. Es scheint mir deshalb so naheliegend, dass es in Deutschlands eigenem Interesse wäre, in die Entwicklung anderer Länder zu investieren, die damit zu noch besseren Absatzmärkten für deutsche Produkte würden.

Es fühlt sich auch gut an und es ist gut, wenn ein Land wie Deutschland an vorderster Front mit dabei ist, der sich entwickelnden Welt zu helfen. Ich denke, Deutschland hat in der Vergangenheit Großes geleistet. Es hat auch einige Fehler gemacht, aber jeder macht Fehler. Deutschland hat einen weiten Weg hinter sich und hat heute allen Grund, sehr, sehr stolz zu sein. Deutschland kann viele andere Länder inspirieren, die noch Probleme damit haben, auf eigenen Beinen zu stehen, an sich selbst zu glauben und den Weg nach vorn anzutreten.

Was würden Sie denjenigen deutschen Unternehmenschefs entgegnen, die immer noch glauben, dass Umweltschutz keine neuen Arbeitsplätze schaffen kann?

Ich würde ihnen schlicht sagen, dass das nicht wahr ist. Es ist nicht wahr, dass wir Arbeitsplätze verlieren, wenn wir für unsere Umwelt sorgen. Viele große Unternehmen in der Welt beobachten die Tatsache, dass wir mit dem Schutz der Umwelt sehr wohl neue Jobs schaffen können. Fragen Sie nur Unternehmen wie Toyota oder andere Firmen, die in die »Drei Rs« investieren; diese Abkürzung steht für »Re-use, Recycle, Reduce«. In Japan ist dieses Prinzip als »Mottainai« bekannt.

Sie sind die erste Frau Zentral- und Ostafrikas, die einen Doktortitel erworben hat, und Sie sind eine wichtige Stimme für die Gleichberechtigung von Frauen und Männern in der akademischen Welt. Deutschland sieht sich selbst gern als ein Land, wo Frauen und Männer die gleichen Rechte genießen. In Deutschlands Universitäten sind jedoch nur etwa 12 Prozent der Professorenstellen mit Frauen besetzt. Welchen Nutzen könnte Deutschland davon haben, den Traum der Gleichberechtigung von Frauen und Männern sehr viel entschlossener zu verwirklichen?

Wenn Sie sich anschauen, was Frauen bis heute alles erreicht haben, liegt bereits eine lange Wegstrecke hinter uns. Aber auch der Weg, der noch vor uns liegt, ist lang. Wir haben es nicht nur mit einer Politik zu tun, die gegen Frauen gerichtet ist, sondern auch mit frauenfeindlichen Einstellungen. Diese Einstellungen treffen Sie nicht nur in Deutschland an, sondern in der ganzen Welt. Wir haben es mit kulturellen Prägungen zu tun, mit eingefleischten Einstellungen, die Frauen entmutigen und ihre Möglichkeiten zerstören, wo sie eigentlich viel Besseres leisten könnten. Wir kämpfen gegen Barrieren, die über viele Generationen hinweg errichtet worden sind, manchmal sogar in uns selbst. Manchmal sind wir Frauen uns selbst nicht ganz sicher, ob wir wirklich vorwärtsdrängen sollten und ob wir anderen Frauen die Chancen geben sollten, um die sie uns bitten. Das ist also ein langer Prozess und ich kann nur sagen, dass Deutschland und viele andere Länder noch mehr in die Chancen der Frauen investieren müssen, um diese psychologischen und kulturellen Barrieren einzureißen, denen Frauen bis heute gegenüberstehen.

Wenn ein Teenager aus Deutschland Sie fragen würde, woher er oder sie das Vertrauen in einen neuen deutschen Traum beziehen könnte, wenn unsere eigene kulturelle Prägung gleichzeitig vorgibt, dass so ein Traum unwichtig oder schlicht unmöglich sei, welchen Rat würden Sie da geben?

Kolibri-Geschichte

Da möchte ich Ihnen eine Geschichte erzählen. Und diese Geschichte ist für alle Leute in Deutschland, die sich von ihren Problemen überwältigt fühlen oder das Gefühl haben, dass sie sich schon so sehr bemüht haben und dass jetzt jemand anderes etwas unternehmen muss und nicht mehr sie selbst. Diese Geschichte ist für junge Leute, aber auch für Alte, die manchmal das Gefühl haben, in ihrem Leben alles versucht, alles unternommen zu haben, ohne wirklich etwas zum Guten bewirkt zu haben. Es ist die Geschichte eines Kolibris. Es war einmal ein Wald, in dem ein großes Feuer ausbrach. Alle Tiere waren gelähmt vor Angst. Sie wussten nicht, was sie tun sollten. Nur ein einziger kleiner Kolibri beschloss, sich von seiner Angst nicht überwältigen zu lassen und zu tun, was er tun konnte. Der Kolibri flog zum Fluss und begann Wasser herbeizuschaffen; dorthin, wo das Feuer loderte. Er flog hin und zurück und warf jedes Mal sein eines Tröpfchen Wasser auf das Feuer. Die anderen Tiere beobachteten den Kolibri und wurden wütend. »Was glaubst du denn, wer du bist?«, fragten sie ihn. »Das Feuer ist übermächtig! Da kannst du rein gar nichts ausrichten! Du bist nur ein Kolibri!« Aber der Kolibri setzte sich mit ganzem Herzen ein. Er glaubte an seine Fähigkeit, etwas bewirken zu können. Er war beharrlich. Immer wieder flog er zum Fluss und zurück. Und der Kolibri sagte: »Ich tue, was ich kann.«

Und so sollten wir auch empfinden. Wie der Kolibri. Du tust, was du kannst. Lass dich nicht von allen Problemen der Welt erdrücken, tu, was du kannst. Und langsam, aber sicher werden unsere kleinen Taten eine Veränderung herbeiführen. Lasst uns wie der Kolibri sein. Fühlen wir uns nicht mehr erdrückt! Tun wir alle das wenige, was wir tun können!

Professor Maathai, vielen Dank, dass Sie mit uns geträumt haben!

Ich danke Ihnen. Alles Gute!

17

HENNING MANKELL

»Deutschland sollte sicherstellen, dass die Europäer nie ihre Geschichte vergessen.«

Der Schwede Henning Mankell gehört zu den meistgelesenen Autoren Europas. Besonders populär ist seine Romanfigur des »Kommissar Wallander«, deren Verfilmung einen regelrechten Wallander-Tourismus nach Südschweden ausgelöst hat. Mankells Bücher sind in 35 Sprachen übersetzt worden. Allein in Deutschland erreicht die Gesamtauflage seiner Bücher mittlerweile 14 Millionen. Henning Mankell wurde 1948 in Nordschweden geboren. Schon als Siebzehnjähriger begann er am Stockholmer Riks-Theater das Regie-Handwerk zu erlernen und schrieb nebenher erste Romane. Im Alter von 37 Jahren wurde Mankell nach Mosambik im Südosten Afrikas eingeladen, um dort beim Aufbau eines Theaters zu helfen. Heute lebt Mankell die Hälfte des Jahres in Schweden, die andere Hälfte in Mosambiks Hauptstadt Maputo. Dort leitet er das Teatro Avenida, das einzige professionelle Theater Mosambiks. In Schweden betreibt Mankell seinen eigenen Verlag, mit dem er junge Autorinnen und Autoren aus Afrika und Europa fördert.

SCHWEDEN

Fläche:	410 934 km²
Bevölkerung:	ca. 9 Millionen

Herr Mankell, wir haben gehört, dass Sie in Ihrer Kindheit in Nordschweden an einem Fluss gespielt haben, der in Ihrer Fantasie der Kongo war. Und die Baumstämme, die in diesem schwedischen Fluss trieben, waren für Sie afrikanische Krokodile. Heute, gut 45 Jahre später, leben Sie nun tatsächlich den größten Teil des Jahres in Afrika. Haben die Tagträume Ihrer Kindheit den Verlauf Ihres Lebens bestimmt?

Ja und nein. Während meiner Kindheit in Nordschweden, die Sie gerade erwähnt haben, war ich auf meine Vorstellungskraft angewiesen, um auf Reisen gehen zu können. Etwas anderes gab es ja nicht. Warum ich mich in meiner imaginierten Welt damals für den Kongo-Fluss oder den Sambesi entschieden habe, weiß ich auch nicht. Vielleicht war Afrika einfach das Exotischste, was ich mir vorstellen konnte. Später, als ich dann das erste Mal nach Afrika ging, hatte ich diesen Traum wahrscheinlich noch im Hinterkopf, obwohl ich ja aus anderen Gründen nach Afrika gegangen bin: Ich habe dort eine andere Sichtweise auf die Welt gesucht, jenseits der europäischen Egozentrik. Aber ja, ich glaube schon, dass dieser Traum meiner Kindheit irgendwo in meinem Unterbewusstsein eine Rolle gespielt hat.

Wie wichtig ist es wohl für ein Land, einen gemeinsamen Zukunftstraum zu haben?

Ich glaube, das ist von grundlegender Bedeutung. Ich erinnere mich an die Zeit, als Mosambik – das Land, in dem ich den Großteil meiner Zeit in Afrika verbracht habe –, als Mosambik sich 1974/75 von der portugiesischen Kolonialherrschaft befreit hat. Ich kann mich bis heute daran erinnern, wie Samora Machel, der erste Präsident des befreiten Mosambiks, damals sagte: »Unsere Befreiung hat uns vieles ermöglicht, aber wohl am wichtigsten ist, dass wir uns die Chance zurückerobert haben, unsere eigenen Träume zu träumen.« Für mich bringt das zum Ausdruck, dass ein Teil der Identität eines Volkes in der Frage liegt, welchen Traum es hat. Und das ist nicht unbedingt nur ein einziger Traum, aber vielleicht zumindest das Gefühl, gemeinsam mit vielen anderen Leuten in dieselbe Richtung zu träumen. Meine Antwort ist also ein klares Ja.

Woran liegt es, dass solche inspirierenden Träume heute in den meisten europäischen Ländern fehlen?

Die Menschen Europas suchen heute nach einer neuen Art von Identität. Ich habe zum Beispiel Freunde, die sich darüber ärgern, dass niemand sie mehr nach ihrem Pass fragt, wenn sie verreisen. Da ist dieses Gefühl, das Recht verloren zu haben, deinen Pass zu zeigen; das Recht, anderen Leuten zu zeigen, woher du kommst, und dabei Landesgrenzen zu überschreiten. Niemand fragt mehr nach einem Pass und ich selbst finde das sehr gut. Für manch andere ist das aber eher verwirrend. Sie vermissen das Gefühl einer Identität, das sie früher beim Vorzeigen ihrer Ausweise empfanden. In dieser gegenwärtigen Suche nach einer neuen Identität, glaube ich, suchen die Leute gleichzeitig auch nach einem neuen Traum. Ich vermute, dass mit der Erschaffung eines neuen Europa auch ein neuer Traum mitkommen wird.

Was könnte ein konstruktiver neuer Traum für Deutschland sein?

Ich denke, ihr steht immer noch vor dieser riesigen Herausforderung, euer einst geteiltes Land wieder zu vereinigen. Ihr steht damit in Europa allein da. Ihr wart für so lange Zeit ein geteiltes Land und seid nun wieder ein geeintes Land. Und ihr habt, wenn überhaupt, dann erst vor ganz kurzem damit begonnen, euch zu fragen, was euch diese Wiedervereinigung wirklich geben könnte. In Westdeutschland betrachten die meisten Menschen dieses Thema wohl immer noch als Problem. Aber der Tag wird kommen, an dem euch plötzlich klar wird, dass ihr mit der Wiedervereinigung auch eine völlig neue Identität finden könnt. Das muss heute eine wirklich interessante Zeit in Deutschland sein. Und ich würde es begrüßen, wenn die Deutschen aufhören würden, diese Situation nur als »ein Problem« zu bezeichnen, und sie stattdessen als eine »fantastische Gelegenheit« beschreiben würden.

Wenn Sie Deutschland von außen betrachten, haben Sie dann manchmal die Hoffnung, dass Deutschland sich bestimmte Ideale auf die Fahne schreiben oder eine neuartige Rolle in Europa einnehmen würde?

Wir alle wissen, dass Deutschland immer ein starker Motor Europas sein wird, das gilt für die Wirtschaft und auch für alles andere. Ich hoffe ernstlich, dass die Deutschen nie ihre Geschichte vergessen. Wann immer sich ein Land verändert, besteht die Gefahr, dass es seine Geschichte vergisst; und das birgt dann auch das Risiko, dass sich bestimmte Fehler wiederholen. Ich wünsche mir also, dass die Deutschen die Wiedervereinigung ihres einst zerteilten Landes als eine Chance und nicht als Problem sehen. Zweitens denke ich, Deutschland sollte sicherstellen, dass die Europäer nie ihre Geschichte vergessen. Das ist so enorm wichtig. Du musst zuerst zurückblicken, um in die Zukunft gehen zu können. Du kannst keinen Traum für die Zukunft haben, wenn du nicht auch in den Spiegel schaust und zurückblickst, um nach den Träumen zu suchen, die du einst einmal hattest.

Sie haben viel Zeit in Deutschland verbracht und haben Millionen von Leserinnen und Lesern in diesem Land. Wenn Sie nun an ihr Leben in Mosambik denken, gibt es da etwas, was besonders für Deutschland inspirierend sein könnte?

Ich weiß nicht, ob es da etwas gibt, was besonders wichtig für die Deutschen wäre und nicht auch für die Italiener oder für die Spanier. Ich finde aber, dass wir während unserer Suche nach einer neuen Identität für Europa auch in Erinnerung behalten sollten, dass ein riesiger Teil Europas in der Kolonialzeit intensivsten Kontakt mit dem afrikanischen Kontinent hatte. Wenn du heute aber eine deutsche oder auch eine schwedische Zeitung liest, erfährst du alles darüber, wie die Afrikaner sterben; wir wissen jedoch rein gar nichts darüber, wie die Afrikaner leben! Ich glaube also wirklich, dass wir die Art und Weise, mit der wir Afrika betrachten, verändern müssen. Mit Ausnahme der Kolonialzeit hatten Europa und

Afrika sehr gute Beziehungen miteinander. Darüber hinaus glaube und hoffe ich wirklich, dass es nicht mehr viele Jahre dauern wird, bis wir endlich eine Brücke über die Meerenge von Gibraltar bauen, eine Brücke, die Afrika und Europa miteinander verbindet. Das sollte wirklich geschehen.

Es gibt so viele Dinge in Afrika, die für uns von Bedeutung sein könnten. Worin die Afrikaner zum Beispiel viel cleverer sind als wir, das ist ihre Erkenntnis, dass du auf deiner Suche nach einem Traum für die Zukunft auch deine Vergangenheit und die Geschichte nicht außer Acht lassen darfst. Sie wissen ja so gut wie ich, dass wir hier in Europa stets von Morgen und von Übermorgen sprechen; was aber in der Vergangenheit war, vergessen wir völlig. Das ist sehr gefährlich. Ich glaube nicht, dass du wirklich eine neue Zukunft finden kannst, wenn du dir nicht auch Rat aus der Geschichte holst. Die afrikanische Kultur kann uns hier vieles lehren.

Herr Mankell, wenn wir uns Ihre sehr erfolgreiche »Kommissar Wallander«-Serie anschauen, ist die Grausamkeit der Verbrechen, die in Ihren Büchern begangen werden, auffällig. Sie selbst sagen jedoch, die Wirklichkeit sei noch grausamer als alles, was Sie in Ihren Büchern erfinden können. Würden Sie sich als Pessimisten beschreiben?

Nein, das würde ich nicht. Ich glaube nicht wirklich, dass ich in der Lage wäre, irgendetwas zu schreiben, wenn ich tief in meinem Inneren ein Pessimist wäre. Wenn ich das wäre, hätte ich ja keinen Grund, überhaupt etwas zu schreiben. Woran ich natürlich glaube, ist, dass die Menschheit langfristig doch noch ihre Fähigkeit zur Vernunft unter Beweis stellen wird, auch wenn wir zurzeit in einer schrecklichen Welt leben. Wir müssen einfach darauf hoffen, dass diese fürchterlichen Dinge in der Welt sich eines Tages zum Besseren wandeln.

Und was nun die grausamen Verbrechen in meinen Büchern betrifft, kann ich Ihnen nur versichern, dass ich mir niemals Schlimmeres ausdenken könnte, als was ich in der Wirklichkeit antreffe. Es ist nicht meine morbide Fantasie, die diese Dinge hervorbringt, ich finde das in der Wirklichkeit vor. Die Wirklichkeit muss immer die Grundlage dessen sein, worüber ich schreibe. Natürlich gebe ich zu, dass viele Seiten meiner Bücher sehr schwierig zu schreiben waren. Andererseits muss ich das tun, sonst könnte ich meine Geschichten nicht mehr erzählen.

Kommen wir zurück zu positiven Träumen und Ihren eigenen Hoffnungen. Haben Sie so etwas wie einen europäischen Traum?

Ich träume viele europäische Träume. Hier ist ein Traum: Wenn du die Leute heute fragst, wo das Zentrum Europas liegt, sagen viele Leute »Brüssel«. Okay, das ist eine gute Antwort. Manche sagen vielleicht auch »London« oder »Paris« und mögen dafür ihre Gründe haben. Ich sage aber, dass eines der Zentren Europas die kleine Insel Lampedusa ist, südlich von Sizilien. Auf dieser Insel, die sehr nah bei der nordafrikanischen Küste liegt, werden jeden Tag, jeden Morgen die Leichen afrikanischer Flüchtlinge angeschwemmt. Für mich symbolisiert Lampedusa die Frage, welches Europa wir in Zukunft eigentlich haben wollen. Ich finde wirklich, die große Frage Europas ist die: Nehmen wir es hin, dass die Menschen an den Stränden Lampedusas sterben, oder werden wir versuchen, ein neues Europa zu erschaffen, das auch für die Einwanderer und Flüchtlinge da ist, die hierherkommen?

Ein sehr, sehr konkreter Traum für mich ist, dass wir diese Brücke zwischen Nordafrika und Spanien bauen und dass diese Brücke von allen europäischen Staaten finanziert wird. Für mich ist das ein ganz realer, ein ganz pragmatischer Traum.

Sie sind einer der erfolgreichsten Autoren der Welt, Ihre Bücher wurden verfilmt, Sie haben eine tolle Familie, ein aufregendes Leben in Europa und Afrika. Erlauben Sie uns deshalb abschließend die Frage: Was erträumen Sie sich heute für Ihre ganz persönliche Zukunft?

Ich hoffe, noch viele Jahre zu leben, dass ich gesund bleibe und dass ich meine Kreativität nicht verliere. Denn wenn ich meine Kreativität verliere würde, wüsste ich nicht, was mit mir geschehen würde. Ja, ich würde wirklich gerne noch ein paar Jahre lang leben und weiterhin in der Lage sein, zu schreiben.

Herr Mankell, danke, dass Sie mit uns geträumt haben.

Ich danke Ihnen für die Einladung, hier mitwirken zu dürfen. Viel Glück.

WILLIAM MCDONOUGH

»Liebt die Kinder aller Spezies für alle Zeiten.«

Der Amerikaner William McDonough ist Architekt und Designer. Gemeinsam mit dem deutschen Chemiker und Umweltpionier Michael Braungart schrieb er den Bestseller ›Cradle to Cradle – Remaking the Way We Make Things‹. Das Buch gilt international als Standardwerk für ökologisches Design. Bereits während des Studiums baute McDonough schon 1977 sein erstes Solar-Haus. Für den Autohersteller Ford konzipierte McDonough im Jahr 2002 das damals größte begrünte Dach der Welt und ersparte Ford damit Mehrkosten in Höhe von etwa 35 Million Dollar. Zurzeit arbeitet er an nachhaltigen Städtebaukonzepten in China, lehrt an verschiedenen Universitäten und entwickelt Industrieprodukte, deren Bestandteile nicht nur einmal, sondern für immer wiederverwertbar sind. William McDonough wurde 1951 in Tokio geboren. Er lebt mit seiner Familie im US-Bundesstaat Virginia.

USA

Fläche: 9 161 923 km²
Bevölkerung: ca. 301 Millionen

Herr McDonough, Sie sind einer der visionärsten und erfolgreichsten Architekten der Welt. Sie wurden in Tokio geboren, sind unter anderem in Hong Kong aufgewachsen und leben heute in den USA. Zurzeit arbeiten Sie gerade am Design für sieben komplett neue, umweltgerechte Städte in China, die etwa 400 Millionen Chinesen im Lauf der nächsten zwölf Jahre ein neues Zuhause bieten sollen. Welcher Traum steht im Zentrum Ihres Lebens und Ihrer Karriere?

Ich würde gerne die Themen meiner Kindheit, nämlich Armut, Krankheit und Ressourcen-Mangel in einer Welt anpacken und lindern, in der die Leute miteinander teilen können. Michael Braungart, der Co-Autor unseres Buches ›Cradle to Cradle‹, und ich sind der Ansicht, dass unsere Welt in Wahrheit ein Ort der Reichhaltigkeit ist. Wir sind zum Beispiel reich an Sonnenlicht. Wir, als Spezies, können das Energieproblem lösen! Wir besitzen bereits einen gigantischen Kernfusionsreaktor. Er ist nur 8 Minuten von uns entfernt und drahtlos mit uns verbunden. Wir könnten kein perfekteres Energiesystem als unsere Sonne erfinden. Das Design unseres Daseins enthält bereits eine permanente Kernfusion, die rund um die Erde verfügbar ist, wann immer wir sie brauchen. Das Energieproblem wird also gelöst werden. Das ist der Traum. Der Traum von einer vergnüglich vielfältigen, sicheren, gesunden, gerechten Welt mit sauberer Luft, Wasser, Energie und Erde; wirtschaftlich gerecht, ökologisch, elegant und genussvoll. Punkt.

Das Dach des deutschen Reichstagsgebäudes ist, wie Sie vielleicht wissen, offen für Besucher. Sie können da hochgehen. Wir standen also vor einer Weile da oben und schauten auf all die grauen, mit Teerfolie gedeckten Hausdächer Berlins. Wir waren dort mit einem Kollegen, den wir sehr schätzen, und sprachen darüber, wie schön es doch wäre, wenigstens einen Teil dieser grauen Flachdächer mit Dachgärten zu versehen. Unser Kollege gab uns eine eher typisch deutsche Antwort. Er sagte: »Das ist eine fantastische Idee! Aber das wird nie geschehen.« Herr McDonough, wie überwinden Sie in Ihrem Beruf diese Mentalität des »Das-wird-ja-eh-nix!« und »Das-klappt-ja-nie«?

Das ist genau die Welt, in der ich lebe. Wir haben für den Autohersteller Ford eines der größten begrünten Dächer der Welt gebaut. Bei Ford haben uns fast alle, außer Bill Ford selbst, gesagt, dass so etwas nicht machbar sei. In solchen Situationen verlassen wir uns immer auf eine Art »Zen-Philosophie der sieben Fragen«. Wir sagen also: »Warum soll das nicht machbar sein?« Irgendjemand wird dann bestimmt antworten: »Weil so was noch nie gemacht wurde.« Wir fragen dann: »Warum ist das noch nie gemacht worden?« Die Antwort lautet zum Beispiel: »Weil es nicht kosteneffizient ist.« Wir fragen dann: »Warum ist es nicht kosteneffizient?« und bekommen dann zum Beispiel zu hören, dass sonst das Dach zu schwer würde. Wir fragen dann: »Warum würde es zu schwer?« Die Antwort: »Weil du dafür so viel Erde brauchst.« Wir fragen weiter: »Warum brauchst du da eigentlich so viel Erde?«

Nachdem wir genügend solcher Fragen gestellt hatten, bauten wir schließlich ein Dach mit einer speziellen Auflage aus Schotter und saftig-grünen Pflanzenmatten, die einst in Ostdeutschland entwickelt worden waren, um dort während des Kalten Krieges Flugzeug-Hangare zu tarnen. Nachdem wir dieses Spezialmaterial gefunden hatten, unternahmen wir erst einige Experimente und haben das Projekt dann verwirklicht. Verglichen mit den Kosten für ein herkömmliches Regenwasser-Ablaufsystem haben wir Ford geholfen, 35 Millionen Dollar zu sparen. Anschließend haben wir das System noch mit Parkplätzen kombiniert, auf denen das Regenwasser versickern kann. Und auch da hieß es zuerst wieder: »Das könnt ihr doch nicht machen!« Warum nicht? »Weil das noch nie zuvor jemand gemacht hat!« Warum nicht? »Weil es offensichtlich nicht funktionieren würde!« Warum nicht? »Weil es viel zu teuer wäre!« Und so ging das immer weiter, bis wir schließlich Parkplätze gebaut haben, die Regenwasser absorbieren können. Hat das mehr gekostet? Nein. Sie müssen einfach nur immer weiterfragen: Warum nicht? Warum nicht? Warum nicht? Und gleichzeitig müssen Sie den kreativen Leuten erlauben, sich an die Arbeit zu machen. Und auch beim Blick über die Dächer von Berlin können wir ohne Zweifel die Frage stellen »Warum nicht?«, und uns dann an die Arbeit machen.

Im heutigen Deutschland, das über viele Jahrhunderte hinweg erbaut und nach dem Zweiten Weltkrieg wiederaufgebaut wurde, ist schon sehr viel Fläche verbaut. Sind umweltgerechte, fußgängerfreundliche, gesunde und inspirierende Städte, wie Ihr derzeitiges Projekt in China, also nur etwas für boomende Entwicklungsländer oder könnten wir so eine Renaissance des Städtebaus auch in Deutschland haben?

Ja, absolut. Und zwar schon allein, weil es so viel Spaß macht. Stellen Sie einfach grundsätzliche Fragen, zum Beispiel: »Können wir unsere Gebäude in hellen Farben anstreichen, so dass sie in nördlicheren Breiten das Licht in die Straßen hineinreflektieren?« Sie könnten im Lauf der Zeit die Straßenbeleuchtung austauschen, so dass die Menschen gut ausschauen und nicht immer so ausgeleuchtet sind, wie wenn sie unter Wasser wären. Sie könnten drahtlose Sensoren in den Städten installieren, die nur angehen, wenn Fußgänger vorbeikommen, so dass die Städte mit Licht, Klang und Düften pulsieren. Städte können eine angenehme Spielfläche menschlicher Erfahrung sein. Und das sind nur die simplen mechanischen Aspekte. Sie könnten zum Beispiel eine Stadt der Stille entwerfen. Wir entwickeln schon Apartmenthäuser, die still sind. Sie können dort weder die Leute über noch unter Ihnen hören und haben wirklich Ruhe. Diese Dinge sind so wichtig wie etwa die Wohntemperatur oder die Beleuchtung. Diese Veränderungen betreffen zwar jeweils nur Details, sie beeinflussen aber auch den Spirit der Stadt.

Die meisten Apartmenthäuser in Europa und auch in den USA sind immer noch für die im Verschwinden begriffene klassische Kleinfamilie ausgelegt. Die meisten Architekten scheinen schlicht zu übersehen, dass zum Beispiel immer mehr Mütter ihre Kinder alleine großziehen oder dass viele alte Menschen sich kein Altersheim mehr leisten können und lieber neue Formen von Wohngemeinschaften ausprobieren würden. Was könnten wir tun, um Deutschlands Städte wieder humaner zu gestalten, als Orte der Begegnung, wo die Leute mehr Spaß haben können und nicht in Isolation leben?

Nun, Sie sind ja schon einmal mit einem guten öffentlichen Nahverkehr gesegnet. Das ist nicht so wie hier in den USA, wo öffentliche Verkehrsmittel als eine Art Strafmaßnahme angesehen werden. Bei uns in den USA wird die Bevölkerung unter 16 Jahren und über circa 65 Jahre ihrer Mobilität beraubt. Dort, wo es keinen guten öffentlichen Nahverkehr gibt, gründen die Jugendlichen Gangs, weil sie wenigsten zu etwas dazugehören wollen. Gleichzeitig werden die alten Menschen in Altersheime abgeschoben und damit von der Kultur der Jungen und Mittelalten abgeschnitten. Die Menschheit zerstört gerade ihre Gemeingüter, und zwar nicht nur das Gemeingut unserer Umwelt, sondern auch das Gemeingut unserer gemeinsamen Geschichten. Wir verlieren unsere Überlieferungen. Wir verlieren die Verbindungen zwischen unseren Alten und unserer Jugend.

Mein Vorschlag für Europa und Deutschland wäre also Folgendes: Nutzen wir doch Technologien wie Global Positioning und Handy-Telefone und errichten damit ein System, wo zum Beispiel ein zehnjähriges Kind in Hannover das Wort »Violine« eintippen kann und wo ein alter Mensch, zum Beispiel eine Geigerin in einem Altersheim, ebenfalls das Wort »Violine« in ihr Handy eintippt. Eine dritte Person, etwa ein Rentner, der sich ehrenamtlich engagieren will, tippt von irgendwo in der Stadt noch das Wort »Fahrdienst« ein. Und damit hätten wir plötzlich ein Mobilitätssystem, wo das Kind zuhause abgeholt und zu der Geigenlehrerin gefahren wird, die vielleicht im Rollstuhl sitzt, und die nun diesem Kind Geigenstunden geben kann. Jedes Kind, das nun Geige lernen will, könnte auf diese Weise den nötigen Unterricht bekommen, und zwar ohne Ausnahme. Die Menschen aus der Mittelschicht und mittleren Alters müssten dann plötzlich nicht mehr ihr Leben lang für den Erhalt von zwei Autos schuften oder sich endlos Sorgen über die Ausbildung ihrer Kinder machen. Die ältere Generation hätte wieder Kontakt mit der Jugend und würde den jüngeren helfen, während sie gleichzeitig auch ihre eigenen Geschichten erzählen könnte.

Sie betreiben mehrere Firmen und Stiftungen. Sie sind Designer, Berater, Lehrer, halten rund um die Welt Vorträge und schreiben

Bücher. Die Welt zu verändern ist keine kleine Aufgabe. Was tun Sie, wenn Sie sich überfordert oder erdrückt fühlen?

Wenn ich mich erdrückt fühle, spreche ich mit Michael Braungart in Deutschland, er ist mein gedanklicher Partner.

Sie sagen also, dass wir alle im Leben einen solchen Verbündeten brauchen?

Wir alle brauchen ein starkes Gegenüber, eine Person, die uns ermöglicht, unsere eigene Mittelmäßigkeit zu feiern. Ich bin ein sehr mittelmäßiger Chemiker, ich bin ein mittelmäßiger Pianist. Ich feiere meine Mittelmäßigkeit, denn ich bin ein sehr guter Architekt. Wenn ich mich also überfordert fühle, dann typischerweise, weil ich mich außerhalb meines Territoriums bewege. Ich habe einen künstlerischen Verstand und arbeite kreativ. Michael ist mein Gegenüber, er ist ein Wissenschaftler, er versteht die Moleküle und er versteht die Philosophie, die wir gemeinsam entwickeln. Wir haben interessante Dialoge. Wenn ich etwas sage, dann sagt er bestimmt nicht, »das ist aber erstaunlich«, oder, »das ist schön«. Er sagt einfach nur: »Das ist interessant und dann könntest du aber auch noch das Folgende tun«, und dann erzählt er mir etwas völlig Abwegiges und ich sage: »Ja, genau! Und dann könnten wir noch dies und jenes tun.« Das verläuft wie eine Improvisation. Wir verwenden nie das Wort »Nein« und wir sagen nie »Oh, mein Gott«. Wir sagen immer: »Ja. Und dann …«. Das Improvisieren hört nie auf. Du weißt nie, wohin die Reise geht.

Wenn Sie einen Slogan für Deutschlands Jugend formulieren könnten, in dem Ihre eigenen Hoffnungen und Träume für Deutschlands mögliche Zukunft enthalten sind, wie könnte dieser Slogan lauten?

Etwas Schönes. Zum Beispiel: »Liebt die Kinder aller Spezies für alle Zeiten.« Es sollte etwas sein, was jegliche Aktivität vermeidet, die über Liebe hinausgeht. Der Slogan sollte auch keine Adjektive oder Adverbien enthalten, die zu stimulierend in irgendeine Richtung wären. Wenn Sie etwa das Wort »heftig« verwenden, kann das auch als Aggression aufgefasst werden. Wenn Sie Worte wie »resolut«, »müssen« oder »sollen« verwenden, gerät das zu einer schrillen Forderung und reißt die Leute von den Stühlen, als ob sie irgendeiner Pflicht nachkommen müssten. Ich hätte gerne etwas, das sich an den Kern des Individuums wendet und keinen Aufruf an die Massen von irgendeinem Pädagogen. Ich will keinen »-ismus«. Die »-ismen« waren stets Teil unseres Problems, gerade in Deutschland.

Ich würde also sagen, dass Liebe dabei sein sollte, aber kein »-ismus«, wie etwa bei den Hippies. Einfach nur Liebe für die Kinder aller Spezies für alle Zeiten. Du hörst auf dein Inneres, schaust dir die Aktivitäten in deiner Welt an und fragst dich dann, welche Auswirkungen das alles für eine lokale Kultur irgendwo anders haben könnte. Gewähren diese Aktivitäten anderen Menschen Freiheit von Tyrannei? Wird ihr Bedürfnis, zu leben, respektiert? Das Bedürfnis nach Freiheit? Das Bedürfnis, persönliches Glück anzustreben? Die Vorstellung, dass jemand anderes dir vorschreibt, wie du zu sein hast, oder dass du selbst jemand anderem vorschreibst, wie sie oder er zu sein hat, das ist Tyrannei. Seien Sie die Liebe für alle Kinder! Dann kann es auch nicht mehr vorkommen, dass ein Umweltschützer ein Kind in Indien anschaut und dieses Kind dann als ein »Überbevölkerungsproblem« bezeichnet. Wenn das wahr wäre, würden die Menschenrechte aufhören zu existieren.

Ich würde außerdem raten, Industrieprodukte nicht immer nur als etwas zu verurteilen, das schlecht und voller Giftstoffe ist. Versuchen Sie etwas anderes: Schauen Sie sich das jeweilige Produkt an und fragen Sie: »Wäre es nicht wunderbar, wenn sich dieses Produkt wie ein lebender Organismus verhalten würde? Wenn es gesund wäre? Wenn es wachsen würde, wenn es solargetrieben wäre und ähnlich wie ein Lebewesen über einen Stoffwechsel verfügen würde?« Wissen Sie, wir können unsere industriellen Rohstoffe neu designen, so dass sie in wirklichen Kreisläufen unterwegs sind, und so, dass alle von dieser Technologie profitieren könnten, statt nur ein paar wenige, und auch die nur für einen kurzen Zeitraum, während wir dabei andere Spezies ausrotten. Ja, die Frage würde für mich also lauten: Wie lieben wir die Kinder aller Spezies für alle Zeiten?

Das ist schön. – Herr McDonough, gemeinsam mit Ihrem Kollegen Michael Braungart aus Deutschland haben Sie eine Menge verschiedener Produkte komplett neu entwickelt, von Teppichen und Industriefarbstoffen bis hin zu gesamten Fertigungsanlagen. Wie Sie ja wissen, hat Deutschland eine große Kompetenz in der Fertigung, in der chemischen Industrie und im Maschinenbau. Gleichzeitig haben wir heute eine enorm hohe Arbeitslosigkeit. Wie könnte der Fertigungsstandort Deutschland neue Arbeitsplätze schaffen und gleichzeitig auch noch mehr Fürsorge für die Erde und das Wohlbefinden der übrigen Menschheit übernehmen?

Ich denke, ihr solltet leidenschaftlicher kämpfen. Das könnte euch gelingen, ohne euren Sozialstaat zu verlieren, wenn ihr euch klarmachen würdet, dass das Outsourcing nach China und Indien ein Segen für Deutschland ist. Das ist gut für Deutschland. Ich weiß, das klingt auf den ersten Eindruck ein wenig töricht, vor allem angesichts der vielen Arbeitsplätze, die verloren gehen, und angesichts der vielen Familien, die sich eigentlich mehr finanzielle Sicherheit erhofft hatten. Und trotzdem: Deutschland hat potenziell eine sehr gute Zukunft vor sich. Aufgabe der deutschen Volkswirtschaft ist, sich für das Wohl aller einzusetzen. Wenn Sie also beispielsweise beschließen, dass jedes Auto am Ende seines Lebenszyklus wieder zurück zum Hersteller kommen muss, um daraus neue Autos zu bauen, dann wird das zwangsläufig neue Arbeitsplätze hervorbringen. Wenn diese Materialien in die lokalen Kreisläufe zurückkehren und vor Ort wiederverwendet werden, schafft das deutsche Arbeitsplätze. Die Kosten für Treibstoff und Logistik, um Material nach China und zurück zu transportieren, sind zu hoch. Wenn Sie eine derartige Recyclingpraxis aber erst einmal für Ihre deutschen Produkte etabliert haben, können Sie auch zu den Chinesen sagen: Wenn ihr uns eure Produkte schicken wollt, müssen diese Produkte sauber, gesund und recyclingfähig sein. Ab diesem Zeitpunkt wird es dann billiger sein, dieses Produkt in Deutschland zu recyceln und in neue Produkte zu verwandeln, statt sie zurück nach China zu schicken; ganz egal wie niedrig die Lohnkosten in China sind. Dieser Ansatz wird Deutschlands Wirtschaft in einer Weise den Rücken stärken, die die übrige Welt überraschen und begeistern wird.

Wir alle werden von dieser Strategie profitieren, weil wir, die Vereinigten Staaten, dann auch zu den Deutschen sagen können: Bitte, schickt uns eure Autos nur noch, wenn sie als technische Nährstoffe taugen. Wenn wir dann eure deutschen Autos aufgebraucht haben, werden wir sie selbst in neue Autos verwandeln wollen, weil es viel zu kostspielig wäre, sie nach Deutschland zurückzuschicken. Das würde also auch uns neue Arbeitsplätze geben. Und auch wir Amerikaner würden euch Produkte schicken, die aus dieser »Wiege-zur-Wiege«-Philosophie heraus konzipiert worden sind, also nicht mehr nur für einmaliges Pseudo-Recycling, sondern für eine unbegrenzte Wiederverwertung ihrer Materialien. Auf diese Weise würde eine enorme Vielzahl neuer Arbeitsplätze entstehen, die alle der ständigen Weiterverwendung derselben Materialen gewidmet wären. Statt von der Wiege zurück zur Wiege schicken heute die meisten Industrien ihre Produkte immer noch auf eine sehr kurze Reise von der Wiege ins Grab, wo all diese wertvollen Materialien dann in großen Erdgruben enden und keinerlei neue Jobs mehr schaffen. Und um diese neuen Methoden umzusetzen, müssen Sie jetzt wie olympische Athleten oder wie eine Fußballmannschaft denken. Sie müssen das erst unter sich üben, um stark und wettbewerbsfähig zu werden. Anschließend können Sie dann den Wettbewerb mit der restlichen Welt aufnehmen, und zwar zum Spaß und nicht, um andere zu zerstören. Es geht um den Spaß. Das englische Wort für Wettbewerb, Competition, kommt vom lateinischen Wort »competare« und das heißt »sich gemeinsam anstrengen«. Sehen Sie diese Herausforderung als eine Art olympischer Spiele an.

Was wäre Ihr radikalster, innovativster und möglicherweise herausforderndster Traum für Deutschland und seine Rolle in der Welt?

Das mag vielleicht ein wenig seltsam klingen, aber ich liebe den Gedanken, dass die Deutschen in ihrer Psyche und Kultur diese gemeinsame Vorstellung hegen, führen zu können. Ich finde, sie sollten das auch tun. Ich denke, sie können zu großer Zerstörung führen oder zu großer Hoffnung. Zurzeit gibt es zwar eine Vielzahl von Staatsoberhäuptern in der Welt, aber ich sehe keine Führungspersönlichkeiten. Ich sehe Machtpolitiker, Plutokraten und Stimmrechts-Aktivisten, aber ich sehe keine Führungspersönlichkeiten. Die Führung zu haben ist eine schwerwiegende Verantwortung. Sie muss deshalb auf Prinzipien beruhen. Diese Prinzipien können negativ oder positiv sein. Die Prinzipien Deutschlands in der Mitte des letzten Jahrhunderts waren nach Ansicht vieler Beobachter außerhalb wie innerhalb Deutschlands grundfalsch. Wenn Ihre Grundprinzipien aber darauf beruhen würden, alle Kinder aller Spezies für alle Zeiten zu lieben, wäre es kaum möglich, ein unterdrückerisches Regime zu entwickeln. Ihr Deutschen habt eine Fähigkeit, zu führen, und werdet von vielen als Anführer betrachtet. An eurer Stelle würde ich meiner Verantwortung und meinem Charakter gerecht werden und es zulassen, mein höchstes Potenzial zu entfalten.

Was würden Sie deutschen Jugendlichen raten, die nach einem Traum für sich oder ihr Land fragen?

Ich würde sagen: Engagier dich mit aller Kraft für eine Revolution der Hoffnung.

Deutschland gilt rund um die Welt als hoffnungsvolles Vorbild, wenn es um erneuerbare Energien geht oder um neuartige Recyclingpolitik. Auch auf wichtigen Umweltkonferenzen in Asien oder Amerika ist Deutschland stets präsent und wird als Führungsnation respektiert. In Deutschland selbst gilt aber die Idee, dass Umwelttechnologien den nächsten Boom ermöglichen könnten, immer noch als Randthema. Wie erklären Sie sich diesen Widerspruch?

Das ist überall dasselbe. Grüne Technologien werden so ziemlich überall als Randthema betrachtet. Das Schöne ist – und dass ist etwas, was Michail Gorbatschow mal zu Michael Braungart gesagt hat –, das Schöne ist, dass es nur fünf Prozent der Bevölkerung braucht, um eine Revolution loszutreten. Wenn erst einmal fünf Prozent einer Industrie grüner werden, dann dreht sich das plötzlich um und alle anderen wachen auf und sehen, was die Stunde geschlagen hat. Wenn erst einmal die Führer diese Position einnehmen, werden die Manager folgen.

Einige Ihrer Ideen und Träume sind radikal, zum Beispiel die Idee einer Stadt ohne jeglichen Müll oder die Vorstellung, dass unser Verbrauch an Ressourcen so gestaltet werden könnte, dass er für die Ökosysteme der Erde sogar vorteilhaft wäre. Was ist Ihr größter Traum für Ihr eigenes Leben?

Ich würde sagen, das Leben mit meiner Familie so sehr zu genießen wie nur irgend möglich.

Sie haben aber nicht vor, mit Ihrer Arbeit irgendwann aufzuhören?

Nun, ich hoffe, ich werde nie damit aufhören, das Leben mit meiner Familie zu genießen. Diesen Traum lebe ich schon heute.

Herr McDonough, herzlichen Dank und viel Glück in China.

Danke Ihnen. Hat Spaß gemacht.

VIGGO MORTENSEN

»Versuch, so chinesisch zu sein, wie du kannst.«

Der Schauspieler und Schriftsteller Viggo Mortensen wurde 1958 in New York City geboren. Seine Kindheit und Jugend verbrachte er in Argentinien, Venezuela, Dänemark und den USA. Nach dem Studium in den USA jobbte er einige Jahre lang in Dänemark als Kellner, Blumenverkäufer und Gabelstaplerfahrer, bevor er Mitte der Achtzigerjahre nach Kalifornien zog, um sein Glück in der Filmbranche zu versuchen. Bis heute hat Viggo Mortensen in über vierzig Hollywoodfilmen gespielt. Den internationalen Durchbruch schaffte er vollends in der Trilogie ›Der Herr der Ringe‹ in der Rolle des Aragorn. Seit einigen Jahren betreibt Mortensen den Buchverlag Perceval Press, um alternative Schriftsteller zu unterstützen.

USA

Fläche: 9 161 923 km²
Bevölkerung: ca. 301 Millionen

Herr Mortensen, wenn Schauspieler es zu Weltruhm bringen – so wie Sie mit ›Der Herr der Ringe‹ –, dann kaufen sich viele zuerst einmal eine größere Villa, einen Jet oder gleich eine ganze Insel in der Karibik. Sie haben Ihr Geld stattdessen in die Gründung eines eigenen Verlagshauses investiert, um alternative Schriftsteller zu fördern. Welcher Traum treibt Sie an?

Mein Verlag ›Perceval Press‹ ist ein kleines Unternehmen, das die Bücher von Künstlern und Schriftstellern veröffentlicht, die sonst vielleicht nirgends erscheinen würden, aber etwas Wichtiges zu sagen haben. Der Name ›Perceval Press‹ lehnt sich an die Figur des Parsifal an, den Sie ja auch in Deutschland kennen. Angeblich war er aus Wales. Es geht da um diese uralte Idee, dass du dir im Leben deinen eigenen Pfad durch den Wald schlagen musst. Das bedeutet jetzt natürlich nicht, dass Milliarden von Menschen auf der Erde sich alle neue Pfade durch die Wälder brechen sollten; da hätten wir bald keine Bäume mehr. Das ist nur metaphorisch gemeint. Wir sollten Pfadfinder im Leben sein und Herausforderungen suchen.

Sie sind in New York geboren, haben einen dänischen Vater und eine amerikanische Mutter, Sie sind in Argentinien, Venezuela, Dänemark und den USA aufgewachsen und reisen heute für Ihre Filme um die ganze Welt. Was gibt Ihnen in Ihrem Leben das größte Gefühl von Zugehörigkeit?

Ich glaube, du kannst überall dazugehören und dich zuhause fühlen. Es macht heute kaum noch Sinn, von Außenseitern oder »den anderen« zu sprechen und so zu tun, als ob wir noch mit irgendjemandem nicht verbunden wären. Früher ging das vielleicht, da gab es weniger Menschen auf der Welt und alle lebten abgeschiedener. Wenn ich heute aber nach Manhattan zurückkehre, wo ich zur Welt kam, oder wenn ich nach Buenos Aires gehe oder die Silhouette von Kopenhagen mit seinen Kirchtürmen sehe, oder wenn ich nach Wellington, Neuseeland, fliege, dann empfinde ich immer ein gewisses Wohlgefühl und eine Nostalgie. Die Welt vermischt sich heute einfach immer mehr. Und ja, natürlich gab es in Deutschland und auch in Dänemark jede Menge Probleme mit Türken und Pakistanis und Marokkanern. In Dänemark gibt es Menschen, die so ausschauen, als ob sie direkt aus Neu Delhi kämen, und die aber Dänen der dritten Generation sind und wahrscheinlich einen größeren dänischen Wortschatz haben als ich, weil sie es jeden Tag sprechen. Diese Menschen haben etwas und wissen etwas, worüber ihr mit ihnen sprechen könntet, statt sie zu bekämpfen. Ihr könnt so viele Restriktionen beschließen und so viele Zäune errichten, wie ihr wollt. Tatsache ist: Je mehr Mauern ihr baut, egal ob das nun Handelsbarrieren sind, kulturelle, religiöse oder rassenspezifische Barrieren, je mehr dieser Mauern ihr baut und je mehr ihr euch selbst als etwas Besonderes bezeichnet, um andere draußen zu halten, umso mehr baut ihr euch euer eigenes Gefängnis. Jede Mauer hat zwei Seiten.

Sie haben immer wieder mal gesagt, dass die Schauspielerei für Sie ein Weg sei, um mit der Welt zu kommunizieren. Was glauben Sie, fehlt heute in der Kommunikation zwischen uns Menschen und auch zwischen unseren Nationen?

Kommunikation findet ja sehr viel statt. Aber was wird dabei kommuniziert? Was wir jetzt über Jahrhunderte hinweg sehen konnten, ist die Gefahr, die von organisierten Religionen ausgeht, wenn die Leute das, was eigentlich nur als Metapher, Fabel oder Lebensweisheit gemeint ist, absolut wörtlich nehmen. Es sollte eigentlich ohnehin eine Selbstverständlichkeit sein, dass wir Umsicht walten lassen, nichts kaputt machen, respektvoll miteinander sprechen und anderen Leuten nicht wehtun. Von meiner eigenen Regierung in den USA höre ich zum Beispiel Begriffe wie »Frieden«, »Mitgefühl«, »Nachbarschaftlichkeit« oder »moralische Werte«, alles gute Worte, die da kommuniziert werden, aber da scheint wenig dahinter zu sein. Das Leben ist ein ständiges Ringen. Und so, wie das in jeder zwischenmenschlichen Beziehung nicht genügt, genügt es auch für eine funktionierende Demokratie nicht, einfach nur Worte wie »Mitgefühl, Demokratie, Freiheit, Brüderlichkeit« oder »Gleichheit« aufzusagen. Das ist ein fortwährender Prozess, der im Idealfall nie aufhört.

Sobald du von einem Land, deiner Frau, deinem Mann, deiner Freundin, deinem Freund, deinem Sohn, deiner Tochter glaubst, zu wissen, wer sie sind, und wenn du glaubst, dass sie sich nicht ändern werden, lässt du das Verwelken, das Absterben deiner Beziehung mit dieser Person oder dieser Gemeinschaft zu. Und genauso ist das auch mit den Worten in religiösen Schriften oder heiligen Büchern; diese Worte sind tot und müssen neu belebt, neu interpretiert, neu angewandt werden. Das ist genau so, wie du dich ja auch selbst fortwährend ernähren musst und immer wieder Wasser brauchst, spazieren gehen musst, wenn du kannst, und deinen Verstand und dein Herz üben musst.

Sollten Nationen kollektive Träume oder ein kollektives Versprechen für die Zukunft haben?

Ja, wenn ihr euch über eure Ideen im Klaren seid und gleichzeitig dafür offen sein könnt, dass andere unterschiedliche Ideen haben. Schließlich ist das der Anfang und das Ende guter Kommunikation in einer Zivilgesellschaft. Kennen Sie den Schriftsteller Gore Vidal? Mit Blick auf die USA hat er gesagt: »Wir sind nicht nur jenseits der Gesetze, was für ein Imperium nichts Ungewöhnliches ist, bedauerlicherweise bewegen wir uns aber auch jenseits des gesunden Menschenverstandes.« Mir scheint, dass das allen Imperien und Großmächten immer so ergangen ist. Auch Deutschland erging es so in der ersten Hälfte des zwanzigsten Jahrhunderts. Egal, ob es der Niedergang des spanischen Weltreichs war, des Dritten Reichs, des römischen Reichs, des englischen Empires oder nun des amerikanischen Imperiums, ihr Niedergang wurde stets noch durch eine komplette Geringschätzung des gesunden Menschenverstandes beschleunigt. Aber zurück zu Ihrer Traumfrage: Die Vereinten Nationen, diese zwei Worte, sind eine exzellente Idee. Wahrscheinlich ist das die beste Idee, die die Welt jemals hatte. Und natürlich wurden die Vereinten Nationen nicht in bester Manier geführt. Aber ich halte es für viel besser, zu versuchen, die UN zu reparieren und zu verbessern, als diese Idee nun zu zerstören.

Wenn Sie alles bedenken, was Sie über Deutschland wissen oder auch nicht wissen, welchen optimistischen, herausfordernden Traum hätten Sie dann für Deutschland? Oder lassen Sie es uns noch drastischer formulieren: Wenn ein deutscher Teenager zu Ihnen sagen würde: »Ich möchte einen Traum für mein Land, aber ich habe nicht die geringste Lust auf Patriotismus«, was würden Sie dann vorschlagen?

Versuch, so chinesisch zu sein, wie du kannst. Versuch, so jüdisch zu sein, wie du kannst. Versuch, so sehr Apache zu sein, wie du kannst. Sei so argentinisch wie möglich. Versuch, so französisch zu sein, wie es nur geht. Ich meine das nicht unbedingt wörtlich, aber in gewisser Weise eben doch. Sobald du aufhörst, so französisch wie möglich zu sein, so chinesisch zu sein, wie du nur kannst, beginnen die Probleme hereinzusickern. Das ist dann, wie wenn du deinem Auto keinen Ölwechsel mehr gönnst. Beim Versuch, chinesischer zu sein, kannst du lernen, deutscher zu werden. Das klingt wie eine simple Idee, aber die Leute tun's trotzdem nicht, zum Teil nicht einmal die Leute, die selbst darüber reden. Auch ich habe Zeiten, in denen ich feststelle, dass ich anderen zu wenig Aufmerksamkeit widme und den Dingen, die ich aus tiefstem Herzen glaube, nicht gerecht werde. »Die deutsche Nation, die deutschen Bürger«, vergiss es! Das ist, was ich dazu sagen würde. Wo kommen denn die meisten Probleme in Deutschlands Geschichte her? Sie wurzeln doch in diesem Versuch, einzig über die deutsche Nation und das deutsche Volk nachzudenken. Ich würde sagen: Vergiss das alles! Lern alles über die Chinesen und dann vergiss die Chinesen. Lern alles über die Juden und dann vergiss die Juden. Lern alles über die Afrikaner und dann vergiss die Afrikaner. Natürlich vergisst du nichts davon. Was ich damit aber meine, ist, dass du nichts davon zum einzigen Ding erheben solltest, denn so etwas gibt es nicht. Deutschland ist nicht das einzige Ding und sollte es auch nie sein, genauso wenig wie die USA es jemals sein sollten.

Viele erfolgreiche Künstler raten ihren Schülern, stets ihrem Traum zu folgen.

Ja, aber wie könnte ich jemandem raten, seinem Traum zu folgen, wenn ich hier nicht einmal Ihnen einen guten Traum erzählen kann!

Allerdings. Deshalb klingt das in unseren Ohren auch oft nur nach hohlen Phrasen. Wie kann ich denn als Jugendlicher überhaupt wissen, was mein Traum ist, dem ich da folgen soll?

Ja, und wenn du dann zu einem Kind sagst: »Vergiss nie deinen Traum, folge deinen Träumen«, dann denkt sich das Kind »ja, ja« und wundert sich, was das überhaupt sein soll. Ein besserer Rat wäre: »Hör auf dich selbst.« Denn nur in dir findest du letztlich auch deinen Traum.

Es gibt ja das Klischee, wonach Schauspieler rücksichtslose Selbstdarsteller sein müssen und permanent die konformistischen Erwartung der Massenmedien füttern sollten, um berühmt zu werden. Sie scheinen das Gegenteil zu bestätigen. Sie haben in den USA den Irakkrieg schon zu einer Zeit öffentlich kritisiert, als noch kaum ein Journalist oder Politiker den Mut zu so einer öffentlichen Kritik hatte. Was halten Sie von dieser Grundannahme, dass Anpassertum die Voraussetzung für Erfolg in der Unterhaltungsbranche ist?

Na ja, ich hatte auch Glück. Ich war damals eben bereit, die Konsequenzen für meine Handlungen in Kauf zu nehmen, und ich bin es immer noch. Übrigens glaube ich nicht, dass Politik und Kunst besonders gut zusammenpassen. Ich finde trotzdem, dass Künstler genau wie alle anderen ihre menschliche Lernfähigkeit verwenden sollten, um sich zu informieren, was um sie herum alles vorgeht. Wenn du heute aber eine Ungerechtigkeit siehst und etwas darüber sagst, ist es gut möglich, dass du dafür bezahlen musst, deinen Job verlierst und verbal oder physisch angegriffen wirst. Ich weiß nicht, ob das in Deutschland auch so ist, aber hier in den Vereinigten Staaten haben wir eine lange Tradition, Personen des öffentlichen Lebens, die nicht zur Regierung gehören, vor allem Entertainer, lächerlich zu machen, wenn sie einmal etwas Kritisches über ihr Land sagen. Das konntest du während des Vietnamkriegs beobachten und auch heute wieder. Wenn irgendjemand etwas sagen will – und das kann noch so durchdacht sein –, dann bekommst du oft zu hören, dass du ja nur ein Schauspieler bist oder nur ein Sänger und dass du gefälligst die Klappe halten sollst. Das kann sehr einschüchternd sein. Das Ideal der Vereinigten Staaten ist aber, dass sie eine Regierung aus dem Volk, durch das Volk und für das Volk haben. In anderen Worten: Wir vergessen manchmal, dass der Präsident der USA und alle Mitglieder von Repräsentantenhaus und Senat für uns arbeiten. Wir zahlen ihre Gehälter. Und so ist das auch in Deutschland. Es ist so wichtig, dass wir das nie vergessen. Wenn jemand für dich arbeitet, zum Beispiel dein Klempner oder Gärtner, und keine gute Arbeit leistet, dann hast du das Recht, etwas zu sagen. Und wenn sie dann weiterhin schlechte Arbeit leisten oder sogar noch arrogant werden und dir sagen, dass du die Klappe halten sollst, dann hast du das Recht, sie zu feuern.

Gibt es etwas Bestimmtes, das Sie sich von Deutschland in der Welt erhoffen?

Ich persönlich glaube, dass Deutschland keinerlei Pflicht hat, die Welt von irgendetwas zu befreien. Ich glaube, keine Nation oder Volk hat so eine Pflicht. Für mich beinhaltet das zugleich auch die Aussage, dass es so etwas wie ein »auserwähltes Volk Gottes« nicht gibt. Es ist mir egal, was diesbezüglich in irgendwelchen Büchern steht oder was du dazu in irgendeinem Tempel, einer Moschee oder Kirche zu hören bekommst. Deutschland war schon immer eine komplizierte Ansammlung von Völkern, Stämmen und Zivilisationen, die auf Wanderschaft waren und die sich durch Klimawandel und Kriege verändert haben. Was heute innerhalb der Grenzen Deutschlands lebt, ist nur eine andere Wiedergabe unserer Welt. Und je mehr du jedes Land in dieser Weise betrachtest, umso mehr siehst du, dass wir tatsächlich – und nicht nur rhetorisch oder abgehoben-idealistisch formuliert – alle Eins sind. Das macht einfach Sinn.

Und was dem am stärksten Ausdruck verleiht, ist die bereits gelebte, praktische Nachbarschaftlichkeit und das aufopferungsbereite Mitgefühl, das die Menschen schon unter Beweis gestellt haben. Das ist ein Mitgefühl in dem Sinne, wie Schopenhauer es einst beschrieben hat: Wo du ohne logischen Grund jemandem hilfst, den du nicht kennst, oder du einem verwundeten Tier hilfst, weil dieses Bedürfnis bereits in dir ist. Der Grund, weshalb du das tust, bewusst oder unbewusst, ist, dass du in diesem Moment verstehst, wie sehr du mit der Welt verbunden bist, dass du eins bist mit ihr, dass du unentflechtbar mit der übrigen Welt verwoben bist. Und egal, ob du deutsch oder chinesisch bist: Wir Menschen haben die Fähigkeit zu vernunftgeleitetem Denken. Wir können vernünftig miteinander reden, so schwierig das auch sein mag. Wir sind zu besseren Umgangsformen fähig, als nur das zu zerstören, was wir nicht verstehen und unangenehm oder unbequem finden. Ich hoffe deshalb auch, dass Deutschland immer fähig sein wird, aus seiner Geschichte zu lernen. Lernt immer aus dem Guten und aus dem Schlechten eurer Geschichte. Es wäre nicht weise, zu sagen: »Okay, jetzt habe ich genug über das Dritte Reich gelernt und bin fertig damit. Könnten wir jetzt bitte endlich wieder eine Großmacht sein und die Leute wie Scheiße behandeln?« Das wäre dann dasselbe wie das Vietnam-Syndrom in meinem eigenen Land, wo die Leute sagten: »Können wir nicht endlich mal diese Vietnam-Verlierergeschichte hinter uns lassen?« Es wird immer gut für uns sein, uns an Vietnam zu erinnern. Es wird uns davor beschützen, verrücktes Zeug daherzureden und zu sagen: »Alles klar, Jungs. Zeit, dass wir mal wieder einen Krieg gewinnen!«

Ist Stolz wichtig?

Am wichtigsten ist, dass wir unsere eigene lokale Begrenztheit überwinden. Ich weiß, dass wir hier über ein deutsches Projekt sprechen und darüber, was die Deutschen tun könnten, und da steht eine gute Absicht dahinter. Das Beste, was die Deutschen aber tun könnten, ist zu vergessen, dass sie deutsch sind. Das gilt für die Amerikaner umgekehrt genauso. Erinnert euch daran, dass ihr Menschen seid. Strengt euch an, eure lokale Begrenztheit zu überwinden und versucht, vom Lokalen ins Universale vorzustoßen. Stolz zu sein, ist völlig in Ordnung. Ich bin gewiss stolz, wenn ich nach Dänemark komme. Ich fühle mich dort mit meiner Familie und dem Land verbunden. Aber jetzt, während unseres Gesprächs, trage ich gerade dieses T-Shirt hier vom Team San Lorenzo, einer kleinen Fußballmannschaft aus Argentinien, die fast immer verliert und jetzt endlich mal gewinnt. Das gibt mir ein gutes Gefühl. Ich weiß, das ist verrückt. Aber es gibt diesen Mittelweg, dein Team oder auch dein Land zu mögen, ohne die anderen zu hassen. Ich hab mein Team echt gern. Ich wäre froh, wenn sie gewinnen. (lacht) Trotzdem will ich das andere Team deshalb nicht zerstören. Das ist eine Frage der Zurückhaltung und guter Manieren. Egal, ob wir nun also von Deutschland sprechen, der Europäischen Union oder den Vereinten Nationen: Eigeninteressen sind nichts Schlechtes, solange du nicht vergisst, dass auch die anderen Eigeninteressen haben und dass es einen Platz in der Mitte geben muss, wo wir uns alle treffen können.

Wahrscheinlich ist die Frage heutzutage ohnehin, wie du überhaupt noch herausfinden kannst, was es bedeutet, französisch, italienisch oder deutsch zu sein. Was ist deutsch?

Das stimmt. Das ist wirklich schwierig. Du fängst bei der Frage an, was Deutschland ist und wie Deutschland in die Welt hineinpasst. Wenn du dich selbst nicht kennst, ist es schwierig, die Welt zu kennen. Aber manchmal bleibst du dabei auch stecken und fängst dann an, die immer selben Phrasen zu wiederholen: »Ich bin, ich bin, ich bin dieses, ich bin jenes, ich bin dies, ich bin das.« Wenn diese Innenschau zu einer sinnlosen Übung wird und nirgends hinführt, dann hör auf damit. Lass es bleiben. Müh dich nicht ab. Sich selbst als Deutschen zu begreifen ist etwas, das sich natürlich und von selbst entwickeln sollte. Das kann nicht erzwungen werden. Wenn es nicht von selbst kommt, dann hör auf damit, es zu versuchen. Mach etwas anders. Geh und unterhalt dich mit einer Chinesin oder einem Chinesen. Und wenn das auch nichts bringt, geh nach draußen. Geh in den Garten, jäte Unkraut, geh spazieren!

Sie haben mehrere Bücher mit Ihren Fotografien, Gemälden und Gedichten veröffentlicht. Wenn Sie ein Gedicht für den Spirit Deutschlands schreiben würden oder für die Menschen, die heute zufällig in diesem Teil Mitteleuropas leben, wie könnte die erste Zeile dieses Gedichtes lauten?

Das ist eine gute Frage. Meine erste Zeile wäre: »Hört zu.«

Hört zu? – Das ist alles?

Ja. Hört zu.

Herr Mortensen, danke für Ihren Mut, ein wenig mit uns zu träumen.

Ich fühle mich sehr geehrt, dass Sie mit mir sprechen wollten.

AVI PRIMOR

»Wer nur an Realpolitik glaubt, ist verkrampft und begrenzt.«

Avi Primor war von 1993 bis 1999 Israels Botschafter in Deutschland. In diesen Jahren nahm er wie kein anderer ausländischer Diplomat zuvor am öffentlichen Leben Deutschlands teil. Er erschien regelmäßig in Talkshows und hielt viele Vorträge, in denen er auch heikle Fragen des deutsch-israelischen Verhältnisses offen ansprach. Primor wurde damit zu einer der bis heute wichtigsten Stimmen in den deutsch-israelischen Beziehungen. Avi Primor wurde bereits im Alter von 27 Jahren als Botschafter ins heutige Benin entsandt. Später war er unter anderem Israels Gesandter in Frankreich, Sprecher der israelischen Delegation bei der Genfer Friedenskonferenz 1973 und Israels Botschafter bei der EU in Brüssel. Avi Primor wurde 1935 in Tel Aviv geboren. Seine Mutter, Selma Goldstein, war 1932 aus Frankfurt am Main nach Palästina eingewandert. Die gesamte in Deutschland zurückgebliebene Familie der Mutter wurde von den Nazis ermordet. Avi Primor lebt heute in Tel Aviv. Er ist Leiter des Center for European Studies an der Privatuniversität IDC in Herzlija.

ISRAEL

Fläche:	20 330 km^2
Bevölkerung:	6 Millionen

Herr Primor, eines Ihrer Bücher trägt den vielsagenden Titel ›Mit Ausnahme Deutschlands‹. In diesem Buch beschreiben Sie eindrücklich, wie Sie als Kind der festen Überzeugung waren, dass Sie mit Deutschland nie etwas zu tun haben würden. Zu tief saßen der Schmerz und die Erschütterung in Ihrer Familie und Ihrem Land über die Verbrechen des Dritten Reiches. Was Sie damals aber als Kind noch nicht ahnen konnten, war, dass ausgerechnet Sie eines Tages als Israels Botschafter nach Deutschland entsandt werden und dort sechs Jahre lang leben würden. Wie hat sich Ihr Bild von Deutschland in diesen Jahren von 1993 bis 1999 verändert?

Also das Bild hat sich schon vorher verändert, schon bevor ich Deutschland persönlich kennen lernen konnte. Ich habe ja den deutschen Boden zum ersten Mal betreten, als ich als Botschafter nach Deutschland gekommen bin. Aber ich habe schon vorher zunehmend Kontakte zu Deutschen gehabt, zum Beispiel als ich Botschafter bei der EU war. Mit der EU kann man ja nicht verkehren, ohne dass man Kontakte mit Deutschen hat. Deutschland ist mir also zunehmend bekannt geworden, und als ich dann nach Deutschland kam, war ich psychologisch schon bereit, mit den Deutschen mehr als nur den Frieden zu schließen. Was mich von Deutschland jahrelang zurückgehalten hatte, war die Tatsache, dass die Deutschen ihre Vergangenheit jahrzehntelang verdrängt haben. Zumindest haben wir das so gehört und gelernt, dass die Deutschen ihre Vergangenheit nicht wirklich zur Kenntnis nehmen würden und ihre Vergangenheit leugnen wollen. Das war mein Problem. Das hat sich aber erheblich verändert in Deutschland. Ich glaube sogar, dass die Erinnerungskultur Deutschlands vorbildlich geworden ist. Kein anderes Land hat ein Verfahren von Gewissenserforschung akzeptiert wie die Deutschen. Und das hat mir natürlich den Kontakt ermöglicht und ihn mit der Zeit auch vertieft.

Wenn Sie sich wünschen könnten, dass sich die Deutschen für einen Zukunftstraum begeistern, welchen Traum würden Sie dann persönlich vorschlagen?

Ich habe zwei Träume: Zunächst einmal den europäischen Traum. Heute ist es so, dass die Deutschen nicht wirklich von Europa begeistert sind und nicht wirklich an Europa glauben. Schauen Sie nur einmal, wie viele Deutsche jedes Jahr nach Amerika auswandern. Sie wandern nicht nach Frankreich aus, nicht nach Italien, nicht nach Dänemark oder wohin auch immer innerhalb der europäischen Union. Der Trend ist einseitig: Nur nach Amerika. Alles schaut nach Amerika, alles nimmt Amerika als Beispiel, alles will in Amerika leben und wandert dorthin aus. Nicht nur die Deutschen übrigens. Die Deutschen sind nicht die Einzigen. Die Deutschen glauben nicht an ihre eigene Zukunft. Und das sehen Sie ja auch an der demographischen Entwicklung. Was soll das, wenn junge Deutsche sagen: »Quatsch, ich will doch keine Kinder haben!« Kinder sind die Zukunft! Kinder sind aber auch die Gegenwart. Kinder sind die Freude der Gegenwart; und wenn man das verliert, verliert man sich selbst. Also: Keine Kinder zu haben, nur an Amerika zu denken und nach Amerika zu blicken, das heißt Hoffnungslosigkeit oder eine falsche Hoffnung zu haben. Statt sich selber zu entwickeln, die eigene Demographie und die Zusammenarbeit mit den Nachbarn zu entwickeln, blickt man weit weg und man ergibt sich eigentlich einer anderen Kultur. Das ist ein Traum, den ich den Deutschen empfehlen und wünschen würde: an sich selber zu glauben im europäischen Rahmen.

Der zweite Traum ist die Dritte Welt: Von den rund sechs Milliarden Menschen, die es heute auf Erden gibt, leben zwei Drittel mit weniger als zwei Dollar pro Tag. Die Hälfte dieser etwa vier Milliarden Menschen lebt sogar von nur einem Dollar pro Tag. Innerhalb der nächsten 25 Jahre wird die Weltbevölkerung etwa siebeneinhalb Milliarden Menschen betragen, also mindestens weitere eineinhalb Milliarden Menschen, die nicht aus Europa oder Amerika kommen, sondern aus der Dritten Welt, aus der Armut, aus dem Elend. Wenn wir nicht verstehen, dass wir diese Bevölkerung fördern müssen, dass wir uns mit dieser Bevölkerung auch selbst entwickeln müssen, dann werden wir selber mit der Zeit untergehen. Das ist ein sehr wichtiger Traum, nicht nur für die Menschheit, nicht nur für die Welt, sondern für die Europäer, für uns selber.

Sie haben ja gerade Amerika und indirekt auch die nach wie vor große Anziehungskraft des American Dream angesprochen. Der amerikanische Traum ist ja relativ eindeutig zu beschreiben, als das Versprechen des sozialen Aufstieges für alle; auch wenn sich dieses Versprechen – und das gehört vielleicht auch zu einem Traum – natürlich längst nicht für alle erfüllt. Wie könnte ein deutscher Traum simpel formuliert werden, damit er greifbarer und konkreter wird?

Nun, wenn der Deutsche sich die Frage stellt, warum Amerika so erfolgreich ist, warum Amerika trotz seiner hohen Verschuldung und seiner Kriege in Afghanistan und im Irak immer noch eine Wirtschaftswachstumsrate hat, die zwei oder drei Mal so hoch ist wie die Europas, dann wird er zwei Erklärungen finden: Zum einen ist das die Einheit der Amerikaner, also dass sie eine große Wirtschaftseinheit sind. Zum zweiten liegt es daran, dass sie demographisch wachsen. Die demographische Entwicklung, die allgemeine Wirtschafts- und Wissenschaftsentwicklung in diesen Dimensionen, wie es die Vereinigten Staaten haben, garantieren die Entwicklung und die Zukunft. Und das fehlt den Europäern. Statt also auf ihre eigene Identität zu verzichten, zu verschwinden und Amerikaner werden zu wollen, sollte man diese Eigenschaften in Europa entwickeln. Das ist erreichbar! Das ist ein Ziel, das die Europäer erreichen können! Sie haben diese Kraft, sie haben diese Möglichkeiten. Sie haben genug Entwicklung, um so etwas voranzutreiben. Der europäische Traum ist einer der schönsten Träume der Menschheit in den neuen Zeiten, und zwar weil es ein Traum von Demokratie ist, von Offenheit und vor allem von Frieden. Was ihnen fehlt, ist die Hoffnung.

Deutschland ist ja bekannt für seinen Pragmatismus und seinen Sinn für das Machbare. Das Wort »Realpolitik« gilt in England und den USA beispielsweise als so typisch deutsch, dass es ähnlich wie die Worte »Zeitgeist«, »Weltschmerz«, »Angst« und »Kindergarten« gar nicht mehr übersetzt wird. Stattdessen ist im Englischen gleich von »The Realpolitik« die Rede. Halten Sie diese fast demonstrative Ablehnung von politischem Enthusiasmus und Begeisterung in Deutschland für gesund?

Nein! Ich glaube, dass zu realistisch zu sein, zu pragmatisch zu sein, den Arbeitsgeist und den Erfindungsgeist unterdrückt. Unser großer Ministerpräsident, der die Unabhängigkeit des Staates Israel ausgerufen hat und den wir bis heute als den größten Staatsmann unserer Geschichte betrachten, David Ben Gurion, sagte einmal: »Wer nicht an Wunder glaubt, ist kein Realist.« Anders gesagt: Wer nur an Realpolitik glaubt, ist verkrampft und begrenzt. Man muss ein bisschen Geist haben, man muss Hoffnung haben. Ich würde vielleicht das Wort »Wunder« nicht benutzen, aber wir müssen Fantasie haben und nicht nur mit Zahlen rechnen können. Ich fürchte sehr, dass genau dies den Deutschen heute fehlt.

Die Vermutung liegt natürlich nahe, dass dies auch sehr mit der Geschichte des Dritten Reiches zu tun hat. Die Nazis haben ja das Instrument der öffentlichen Begeisterung sehr perfide missbraucht und ständig eingesetzt. Wie, glauben Sie, könnten wir Deutschen unser Misstrauen gegenüber öffentlich gelebter Begeisterung verringern?

Vergessen Sie bitte nicht, dass diese zu geringe Begeisterung nicht nur deutsch ist. Ich würde sie europäisch nennen! Vielleicht ist sie in Deutschland eher spürbar als anderswo in Europa. Aber sie gilt heute für ganz Europa. Das ist ja das Problem, dass es nicht nur die Deutschen sind, sondern die Europäer. Weil sie nicht an die eigene Zukunft glauben. Und die eigene Zukunft ist eine europäische Zukunft und keine nationale Zukunft. Eine europäische Zukunft verlangt Zusammenarbeit. Wenn Sie nur mal die zwei Nationen betrachten, die im Rahmen der Europäischen Union am engsten zusammenarbeiten, Frankreich und Deutschland, dann werden Sie erstaunt feststellen, wie wenig Kontakte es zwischen Deutschen und Franzosen gibt! Es gibt sehr enge Kontakte zwischen den Spitzenpolitikern beider Seiten, vielleicht sogar zwischen den Spitzengeschäftsführern der großen Wirtschaft. Aber zwischen den beiden Nationen? Wie viele Franzosen besuchen die Deutschen? Wie viele Deutsche besuchen die Franzosen? Wie viele Deutsche lernen Französisch? Wie viele Franzosen lernen Deutsch? Unheimlich wenige!

Das ist wirklich nur eine Frage einer kleinen Schicht, die vielleicht viel unternehmen kann, die aber keine Mentalitätsänderung hervorbringen kann, wenn es keine Kontakte zwischen den beiden Nationen gibt. Und ich nehme Deutschland und Frankreich hier nur als Beispiel. In Wirklichkeit ist das für ganz Europa typisch. Das ist es, was fehlt.

Auf der Suche nach einem europäischen Traum haben wir im Jahr 2000 mehrere europäische Politiker, quer durch das politische Spektrum, nach ihren ganz persönlichen europäischen Zukunftsträumen befragt. Und nach diesen Gesprächen hatten wir zum ersten Mal den Eindruck, dass wir Deutschen, wenn wir wirklich einen europäischen Traum träumen wollen, zunächst einmal auch einen deutschen Traum haben müssen.

Das stimmt.

Sie würden dieser Einschätzung zustimmen?

Ich würde dem total zustimmen! Total. Ich glaube, dass wir unsere Identität, unsere Kultur, unsere Traditionen nicht verlieren dürfen, sonst verlieren wir den Inhalt unseres Lebens. Und insofern müssen die Deutschen auf ihre Kultur achten, auf ihre Sprache. Ich empfinde es nicht sehr schön, wenn man unnötig fremde Vokabeln benutzt, wenn es wirklich nicht nötig ist. Wenn man statt »Kinder« »Kids« sagt. Denn das zeigt, dass man die eigene Kultur verachtet, nicht auf sie achtet und sie mit der Zeit auch verlieren kann. Ich würde sagen, man sollte die Eigenständigkeit der verschiedenen Nationen aufrechterhalten und ihre Kultur weiter hegen und entwickeln; sich also nicht der Weltkultur ergeben, die heute die amerikanische ist, und damit quasi kulturellen Selbstmord begehen. Und nur so kann man wirklich den Lebenswunsch und den Ehrgeiz, sich weiterzuentwickeln, aufrechterhalten. Wir brauchen beides: Wir brauchen eine europäische Vereinigung, um jede Nation in Europa entwickeln zu können, und wir müssen weltoffen sein. Wir müssen mit den anderen Staaten und Ländern so tiefgreifend kooperieren wie möglich. Aber: Ohne auf die eigene Tradition, Kultur und Sprache zu verzichten. Man muss beides parallel entwickeln.

Was ist dann Ihr hoffnungsvollster und vielleicht sogar idealistischster Traum für Deutschlands Zukunft, und zwar nicht nur für die nächsten fünf oder zehn Jahre, sondern vielleicht sogar für die nächsten 50 Jahre?

Das Deutschland in 50 Jahren, wenn es so sein sollte, wie ich es haben möchte, sollte zunächst einmal vielfältig bleiben. Damit meine ich, es sollte dezentralisiert bleiben. Abgesehen von der Zeit des Dritten Reiches hat Deutschland im 20. Jahrhundert den großen Vorteil gehabt, dass es dezentralisiert war. Diese Dezentralisierung ist ein riesengroßer Vorteil für Deutschland! Im 18. Jahrhundert war es ein Vorteil für Frankreich oder England, zentralisiert zu sein. In den modernen Zeiten ist es umgekehrt. Dezentralisiert zu sein ist ein Vorteil für die Entwicklung des Landes. Ich hoffe sehr, dass diese Dezentralisierung nicht verschwinden wird. Das ist also die erste Sache: Dezentralisierung, Subsidiarität. Gleichzeitig hoffe ich auf eine noch tiefere Verbindung Deutschlands mit den anderen europäischen Ländern und zugleich eine größere Weltoffenheit und Zusammenarbeit mit der Dritten Welt. Ein Deutschland in so einem Kontext könnte eine sehr wichtige Rolle spielen, könnte sogar eine führende Rolle spielen, die kulturell nicht nur für Europa vorteilhaft wäre, sondern auch für den Rest der Welt. Also: Keine nationalistische Politik, sondern eine regionale, dezentralisierte Politik einerseits und andererseits eine enge Zusammenarbeit mit den Nachbarn, zunächst mit den Europäern, für mehr Weltoffenheit. Ich halte dies für machbar. Ich halte dies für wünschenswert für Deutschland. Die Deutschen müssen nur ein bisschen mehr Hoffnung bekommen!

Herr Primor, haben Sie herzlichen Dank für das Gespräch.

Hat mich auch gefreut und ich wünsche Ihnen viel Erfolg mit diesem Projekt.

CLOTAIRE RAPAILLE

»Deutschland braucht so etwas wie eine kulturelle Therapie.«

Der Franzose Clotaire Rapaille hat an der Pariser Sorbonne Psychologie, medizinische Anthropologie und Politik studiert. Nach einer Karriere als Kinderpsychologe und Psychoanalytiker wanderte er in die USA aus. Seine Methode, so genannte kulturelle Archetypen zu identifizieren, machte ihn zu einem der weltweit gefragtesten Marketingberater. Mehr als 50 der größten Unternehmen der Welt nehmen regelmäßig Rapailles Dienste in Anspruch, um ihre Produkte an die Kultur ihrer Zielmärkte anzupassen. Zu Rapailles Kunden zählen Unternehmen wie General Electric, Ford, General Motors, IBM, Kraft Foods, Pepsi, Shell und Unilever. Als Berater von Chrysler hatte er wesentlichen Anteil am Verkaufserfolg des »PT Cruiser«. Rapaille ist Autor zahlreicher Bücher, sein neuestes Buch ›Der Kultur-Code‹ ist auch auf Deutsch erschienen. Clotaire Rapaille wurde 1941 in Frankreich geboren. Er lebt heute mit seiner Familie in Tuxedo Park im US-Bundesstaat New York.

FRANKREICH

Fläche:	545 630 km^2
Bevölkerung:	61 Millionen

Herr Rapaille, Sie haben Beraterverträge mit 50 Großunternehmen aus dem Fortune-100-Index. Sie helfen diesen Unternehmen weltweit, kulturelle Archetypen zu identifizieren, die für den Erfolg dieser Unternehmen relevant werden könnten. Mit Ihrem beruflichen Hintergrund als Psychoanalytiker haben Sie eine Methode entwickelt, um die oft überraschend unterschiedlichen Bedeutungen zu entschlüsseln, die Begriffe wie Liebe, Gesundheit oder zum Beispiel auch das Wort Auto in verschiedenen Kulturen haben. Sie nennen das auch den »Kultur-Code« eines Landes. Sie wissen also eine Menge über die verschiedenen Kulturen der heutigen Welt. Was halten Sie da von der Idee eines German Dream?

Es gibt in der deutschen Kultur eine Kraft, die sehr wichtig ist, und diese Kraft heißt Ordnung. Die Deutschen haben keinen Traum, sie haben eine Angst. Eine unglaubliche Angst vor Chaos. Diese Angst reicht Jahrhunderte weit zurück. Deutschland hat in seiner gesamten Geschichte derart viele Probleme, Kriege und Zerstörungen erlebt. Jeder größere Krieg in der Geschichte Mitteleuropas hat immer auch in irgendeiner Form die Deutschen in Mitleidenschaft gezogen, einfach aufgrund ihrer geografisch zentralen Lage. Die deutsche Kultur lehrt dich deshalb heute, dass du alles in deiner Macht Stehende tun solltest, um Chaos zu vermeiden. Der Himmel ist in Deutschlands Kultur eine perfekte Bürokratie. Der Traum lautet dabei ungefähr so: »Wenn ich erst einmal alles perfekt organisiert habe, muss ich mir anschließend keinerlei Sorgen mehr machen und kann gehorchen.« Und mit gehorchen meine ich nichts Passives. Ich kann dann gehorchen, weil ich zuvor aktiv eine perfekte Ordnung hergestellt habe. Die sprichwörtliche »German Angst« ist tief verwurzelt in dem Wissen, wie schwierig oder wie unmöglich es in Wahrheit ist, eine solche Ordnung jemals zu verwirklichen.

Dann wäre unser derzeitiger deutscher Traum lediglich der Traum, dass die Dinge sich doch bitte nicht verschlechtern mögen?

Richtig. Und deshalb würde ich Ihnen auch den Rat geben, Ihr Konzept eines deutschen Traums in einer Weise zu vermitteln, die mit

Deutschlands kulturellen Codes harmoniert. Die deutsche Kultur ist eine verdammt ernste Kultur, eine extrem fordernde Kultur. Eine Kultur, die besagt, dass wir nicht zum Spaß hier sind. Als ich an der Universität Sorbonne studiert habe, wurde mir gesagt, dass ich erst einmal Deutsch lernen müsse, wenn ich Philosophie studieren wolle. Tiefgang ist der Schlüssel zur deutschen Kultur. Die deutschsprachige Kultur war schon immer fasziniert von Themen wie Schicksal, Glaube, Tod und Morbidität. Schauen Sie sich nur die deutsche Oper, die Philosophen oder die berühmten Psychiater wie Freud und Jung an. Und hier ist aber die Kernfrage: Was entdeckst du, wenn du etwas bis in seine Tiefen erforschst, wenn du einer Sache wirklich auf den Grund gehen willst? Du entdeckst, dass du, je mehr Dinge du weißt, auf umso mehr Dinge stoßen wirst, die du nicht weißt. Je tiefer du schürfst, desto mehr Angst und Beklemmung wirst du erzeugen. Das Ergebnis dieser unglaublichen Bedeutungssuche in der deutschen Kultur ist Angst. Ihr werdet auf diese Weise niemals Frieden finden.

Wie können wir Frieden finden?

Ihr werdet keinen finden. Die deutsche Kultur ist keine Kultur, in der du Seelenfrieden finden kannst. Niemals.

Sie sagen, wir sind dazu verdammt?

Das ist etwas, was ihr an eurer Kultur akzeptieren müsst. Es ist der Preis, den ihr dafür bezahlt, tiefe Denker und diese tiefe Suche nach Bedeutung hervorzubringen. Ihr seid auf einer endlosen Suche und werdet niemals ans Ziel gelangen.

Und was sind die Vorteile dieser Geisteshaltung?

Euer Vorteil ist, dass ihr wirklich sehr viel erwachsener und sehr viel reifer seid als viele andere Kulturen, die oberflächlich bleiben. Eure Tiefe ist eure Kraft.

Sigmund Freud beschrieb einst das individuelle Unbewusste, C. G. Jung war dann, zumindest in der westlichen Welt, der Entdecker des kollektiven Unbewussten. Sie haben inzwischen noch eine dritte Entität definiert, die Sie als das »kulturelle Unbewusste« bezeichnen. Was genau ist der Unterschied zwischen dem kollektiven und dem kulturellen Unbewussten?

Freuds Theorie war, dass jede Person ein individuelles Unbewusstes hat, das einzigartig und mit niemandem sonst vergleichbar ist. Jung sprach auch über kollektive Archetypen, die Ausdrucksformen verschiedener Instinkte sind; Archetypen, wie etwa »die Mutter« oder »der Vater«, die Sie in allen Kulturen finden und die ich deshalb als universelle Archetypen bezeichne. Ich habe viele Jahre lang als Psychoanalytiker gearbeitet und sah dabei, dass es hier noch eine zusätzliche Sphäre gibt, die über das individuelle Unbewusste hinausgeht und dennoch nicht universell ist. Diese Sphäre nenne ich das kulturelle Unbewusste.

Können Sie kurz die Methoden beschreiben, mit denen Sie verschiedene Elemente des kulturellen Unbewussten eines Landes identifizieren?

In meiner Forschung gehe ich zurück zu etwas, was ich als »die erste Prägung« bezeichne. Die erste Prägung findet statt, wenn du etwas zum ersten Mal im Leben entdeckst. In diesen Momenten erzeugst du in deinem Gehirn eine Verbindung, ein Referenzsystem, das später oft unbewusst wird. Wir wissen heute, dass diese Erst-Prägung nur stattfinden kann, wenn sie von Emotionen begleitet wird. Emotionen sind die Energie, die benötigt wird, um die Neurotransmitter im Gehirn zu produzieren. Ich bin mir zum Beispiel sicher, dass Sie sich genau erinnern können, wo Sie am 11. September 2001 waren?

Das stimmt.

Starke Emotion, starke Erstprägung. Das ist der Grund, weshalb Sie sich erinnern können, wo Sie am 11. September 2001 waren. Um jetzt also die unbewussten Bedeutungen von etwas herauszufinden, beispielsweise, was es in einer bestimmten Kultur bedeutet, »amerikanisch« oder »deutsch« zu sein, oder um herauszufinden, was die Worte »Gesundheit« oder »Auto« in dieser jeweiligen Kultur wirklich bedeuten, arbeite ich mit Gruppen von drei- bis vierhundert Personen aus dieser jeweiligen Kultur. Ich arbeite hier mit einzelnen Gruppen und bitte sie, sich bequem hinzulegen. Das ist eine ähnliche Arbeitsatmosphäre wie in der Psychoanalyse. Ich führe diese Personen dann durch eine langsame Regression zurück zu dem Zeitpunkt in ihrem Leben, an dem ihr Gehirn die erste Prägung des jeweiligen Begriffs erzeugt hat, den wir untersuchen. Der gesamte Prozess ist anonym, so dass sich die Mitglieder dieser Gruppen keine Gedanken darüber machen, wie sie ausschauen oder klingen. Später in diesem Prozess bitten wir die Probanden, drei Geschichten zu drei verschiedenen Fragen aufzuschreiben. Wenn wir beispielsweise die Frage untersuchen, was es bedeutet, eine Deutsche oder ein Deutscher zu sein, dann würden diese drei Fragen ungefähr so lauten: Wann in Ihrem Leben haben Sie die erste Prägung davon erzeugt, was es heißt, eine Deutsche zu sein? Was ist die eindrücklichste Erfahrung, die Sie in Ihrem bisherigen Leben mit dieser Prägung gemacht haben? Was ist Ihre neueste, aktuellste Erfahrung mit dieser Prägung? Mit diesen drei verschiedenen Herangehensweisen sind wir in der Lage, die gemeinsame Struktur zu betrachten, die hinter dem Inhalt der Antworten liegt. In diesem sehr langsamen Prozess aktivieren unsere Teilnehmer oft Erinnerungen und sehr frühe kulturelle Erstprägungen, von denen sie selbst bis dahin gar nichts wussten. Sie erinnern sich dabei oft an Gerüche, Farben und Texturen aus den frühen Tagen ihrer Kindheit.

Wir würden dabei vermuten, dass deutsche Frauen und deutsche Männer zu ein und demselben Begriff sehr verschiedene Erstprägungen haben. Ist das korrekt?

Absolut. Ich sehe Deutschlands Frauen in der Tat als den eigentlichen Baustein der deutschen Kultur. Das hat auch damit zu tun, welche Erst-Eindrücke die Sprache früh in unserem Leben erzeugt. Anders als im Französischen ist die Sonne im Deutschen ein weibliches Wort. Und das erzeugt die kulturelle Assoziation, dass die Zeit des hellen Tages, die Helligkeit, all die Dinge, die Wachstum ermöglichen, weiblich sind und dass Frauen Licht bringen. In Deutschland sind es die Frauen, die Realitätssinn haben; sie sind sehr stark und mächtig und sie haben in ihrem kulturellen Erbe viele Vorbilder für weibliche Kriegerinnen. Der Mond ist im Deutschen männlich. Die deutschen Männer sind die Träumer. Und wie der Mond neigen sie dazu, ständig zwischen Hochgefühl und Bedrückung zu schwanken; ihre Kultur gibt ihnen stärker vor, sich für die dunklen Tiefen der Philosophie zu interessieren. Deutschlands Frauen repräsentieren das Positive des Lebens. Sie konnten das sehr deutlich nach dem Zweiten Weltkrieg beobachten, als Deutschlands Frauen die Führung im Wiederaufbau des Landes übernahmen. Heute ist es nötig, diese feminine Dimension der deutschen Kultur zu reaktivieren. Vor der männlichen Krieger-Dimension in der deutschen Kultur mögen wir vielleicht Angst haben. Gegenüber der weiblichen Dimension starker Führung in der deutschen Kultur sind wir wohl offener.

Bei der Suche nach den Gründen für die niedrige Geburtenrate in Deutschland konzentrierte sich die Forschung jahrelang auf die Motive der Frauen, keine Kinder zu haben. Seit einiger Zeit gibt es nun aber Studien, die darauf hindeuten, dass es bei einem beträchtlichen Prozentsatz von Paaren gar nicht die Frauen sind, die keine Kinder haben wollen, sondern die Männer. Haben Sie dazu einen Kommentar?

Ihre Macht und ihre Kontrolle über die Kultur zu verlieren ist etwas, das Deutschlands Männern schwerfällt. Wenn du kein Krieger bist, kein Eroberer, wer bist du dann? Die »German Angst« dürfte eher ein männliches als ein weibliches Phänomen sein. Wenn du Angst hast, kannst du die Zukunft nicht sehen und willst dann auch keine Kinder haben. Kinder sind die Zukunft.

In Ihrem Buch ›Der Kultur-Code‹ schreiben Sie, die Verachtung der europäischen Sozialstaaten für Arbeit sei eine unbewusste Fortsetzung des feudalistischen Zeitalters, einer Ära, in der Arbeit die verhasste Pflicht der niederen Klassen und Nichtstun das Privileg der Aristokraten gewesen seien. Frankreich und Deutschland, so schreiben Sie in Ihrem Buch, praktizierten heute eine so genannte »Trickle-Down-Aristokratie für die Massen«, indem sie ihre Bürger mit historisch nie dagewesener Freizeit, Urlaubstagen und Sozialleistungen versorgen würden. Wenn es also stimmt, dass harte Arbeit und Eigeninitiative in elementarem Widerspruch zu Deutschlands kulturellem Unbewussten stehen, welche Erfolgsaussichten hat dann eine deutsche Regierung, die versucht, ihre Bürger zu mehr Unternehmertum und mehr Eigenverantwortung zu motivieren?

Eine Regierung, die gegen den Kultur-Code ihres Landes arbeitet, kann nie Erfolg haben. Erfolgreiche Regierungen orten immer zuerst einmal ein Element der vorhandenen Kultur, mit dem die Bevölkerung bereits mitschwingen kann, und heben dieses Element dann besonders hervor. Es macht zum Beispiel wenig Sinn, die Leute zu bitten, mehr zu arbeiten, stimmt's? Wenn du den Menschen aber glaubwürdig beschreiben kannst, weshalb ihre Arbeit einen Beitrag zu einer Mission, zu einem höheren Ziel leisten kann, dann hast du, als eine Regierung, eine Chance auf Erfolg. Ich spreche hier nicht über Nationalismus. Aber ich bin der Ansicht, dass es in Deutschlands Kultur etwas gibt, das sich danach sehnt, einen wirklichen Beitrag für unseren Planeten zu leisten.

Einer unserer Interviewpartner, ein weltbekannter Comedian mit einer privaten Leidenschaft für Militärgeschichte, sagte, Deutschlands Kerntugenden seien die typischen Tugenden, die Soldaten bräuchten, um zu überleben: Pflichtgefühl, Loyalität, Mut, Ausdauer und Selbstbeherrschung. Er überraschte uns, als er sagte, die Deutschen hätten heute nicht mehr genug Möglichkeiten, um diese Tugenden unter Beweis zu stellen. Er schlug uns vor, dass Deutschland eine Einheit hochmotivierter und aufopferungsbereiter Solda-

ten gründen solle, die speziell trainiert würden, um sich dann freiwillig zu den allerschwierigsten UN-Friedensmissionen und Rettungseinsätzen melden zu können. Damit meinte er Einsätze, die so heikel seien, dass kein anderes Land sich trauen würde, dafür Soldaten zu entsenden. Was halten Sie von so einem Gedankengang?

Ich glaube, dass das eine Idee ist, die es absolut wert wäre, weiterverfolgt zu werden. Die Kultur der Armeen befindet sich aber ebenfalls im Umbruch. Die traditionellen hierarchischen Armeesysteme funktionieren nicht mehr. Die neuen Militärdoktrinen ahmen Guerillakonzepte nach und setzen auf kleine Einheiten und dezentrale Befehlsstrukturen. Die Welt verändert sich. Wir kehren zurück zu kleinen Einheiten und den Größenordnungen von Familien. Und wer steht im Zentrum der Familie? Die Frau. Nicht der Vater. Die Mutter ist das Zentrum der Familie.

Welche zukünftigen Identitäten, welchen zukünftigen deutschen Traum sehen Sie für Deutschlands Männer?

Die Suche nach Sinn und Bedeutung ist ein uraltes deutsches Thema und könnte sehr wohl das höhere Ziel für Deutschlands Männer sein, wie auch für Deutschlands Frauen. Es ist offensichtlich, dass es kein Europa geben wird ohne Deutschland. Deutschland ist Europas bevölkerungsreichste Nation und größte Volkswirtschaft. Die Mission für Deutschlands Männer ist die: »Lasst uns die Dinge in der Gebärmutter Europas zusammenführen. Lasst uns Europa vereinigen.« Ich benutze absichtlich die Formulierung Gebärmutter. Wegen ihrer weiblichen Dimension. Es gibt da etwas in der tieferen Bedeutung Europas, das, so glaube ich, nur die Deutschen finden können. Die Franzosen wollen, dass alles französisch ist. Die Briten sind zu britisch, um europäisch zu sein. Und die Spanier, auch wenn sie sich gerade rapide verändern, sind immer noch zerrissen zwischen ihren Beziehungen mit Südamerika und ihren Beziehungen mit dem übrigen Europa. Es sind die Deutschen, im Zentrum Europas, die uns vermitteln können, was es bedeutet, europäisch zu sein. Ich glaube, der deutsche Traum, den Sie mit Ihrem Projekt suchen, dieser Traum hat etwas mit Tiefe zu tun und mit Sinn.

Welche praktischen Schritte in Richtung dieses Traums würden Sie vorschlagen?

Nun, das Problem mit den Deutschen ist heute, dass sie scheu sind. Sie fürchten sich davor, die Geister der Vergangenheit zu reaktivieren. Jedes Mal wenn auch nur irgendjemand den Holocaust leugnet, denken wieder alle über den Holocaust nach. Die meisten Menschen im heutigen Deutschland sind lange nach dem Holocaust zur Welt gekommen. Warum solltet ihr immer noch dafür verantwortlich gemacht werden? Ihr müsst euch davon befreien. Deutschland braucht so etwas wie eine kulturelle Therapie.

Und wie könnte so eine Therapie verwirklicht werden?

Ihr könntet das verwirklichen, indem ihr euch selbst neue Ziele und eine neue Aufgabe gebt. Deutschlands höhere Aufgabe ist, Europa um eine kollektive Identität herum zu vereinigen; in einer gemeinsam verankerten Deutung dessen, was Europas Auftrag ist. Das ist Deutschlands Mission. Und ich denke, keine andere Kultur in Europa kann dieses Bedürfnis erfüllen.

Wie würde sich ein solcher deutscher Traum auf unsere Beziehungen mit Frankreich auswirken?

Die französische Kultur misst Ideen einen höheren Wert bei als der eigentlichen Bedeutung. Die Menschen in Frankreich sind fasziniert von der Brillanz einer Idee, und zwar einfach nur um ihrer Brillanz willen. Das kann zu einer gewissen Oberflächlichkeit führen. Das Problem der französischen Kultur ist, dass sie nicht wirklich an Sinn und Bedeutung interessiert ist. Frankreichs Mission ist, der Welt Stil zu vermitteln. Nicht Bedeutung. Was in der heutigen Welt aber am meisten fehlt, sind Sinn und Bedeutung. Die Menschen sind schließlich eher bereit zu sterben, als den Sinn ihres Lebens zu verlieren. Bedeutung ist sehr, sehr wichtig! Warum arbeite ich so hart, um Geld zu verdienen? Warum habe ich Kinder? Warum lebe ich mein Leben in der Art, wie ich es tue? Niemand versucht, den Menschen irgendeine echte Hilfe dabei zu geben, der Bedeutung ihres eigenen Lebens näherzukommen. Die meisten finden keine echten Antworten auf diese Fragen und wenden sich deshalb in zunehmendem Maß wieder der Religion zu; einige werden dabei zu religiösen Fanatikern. Deutschland könnte der Welt hier einen Gefallen tun und sich auf seine kulturelle Neigung stützen, stets nach Sinn und Bedeutung zu suchen. Ihr könntet eure starke philosophische Tradition wiederbeleben und neue Schulen gründen, die nach anderen Bedeutungen suchen als nur nach den religiösen. Selbstverständlich geht es nicht darum, Religionen anzugreifen. Wir könnten aber sagen: »Schaut her, es gibt hier eine Alternative und Deutschland wird der Ort sein, wo die Menschen zusammenkommen, um gemeinsam nach Alternativen zu suchen.« Was ist der wahre Sinn der Wissenschaften? Was ist der Sinn der Politik? Was ist der Sinn des Geldes? Die Welt sehnt sich verzweifelt danach, die tiefere Bedeutung des Lebens zu verstehen. Ich glaube, es gibt keine andere Kultur als die Deutschlands, die für so eine Erkundung die nötige Tiefe aufbringt.

Wenn wir uns einmal Deutschlands kulturelles Image in der Welt anschauen, wird schnell deutlich, dass Deutschland vor allem mit seinen großen Schriftstellern, Philosophen und Komponisten der Vergangenheit assoziiert wird. Das kulturelle Image Frankreichs oder Japans neigt dazu, moderner zu sein. Diese beiden Länder sind große Exporteure moderner Kulturgüter, seien es Kinofilme, Cartoons, Comics, Mode, Computerspiele oder auch Kochkultur. Wie könnte Deutschland seine kulturellen Exporte ebenfalls modernisieren?

Schauen Sie nur nach Amerika. In Amerika kreieren wir jeden Tag eine neue Zukunft und unsere Zukünfte halten nie lange. Daran liegt es ja auch, dass unsere Sicht auf die Zukunft in Amerika geradezu oberflächlich ist. In Deutschland könnten wir aber einen Ausdruck für die wirkliche Zukunft finden, eine Zukunft, die im Einklang mit euren kulturellen Archetypen ist, mit euren kulturellen Codes.

Das klang jetzt zwar vernünftig, aber bestimmt nicht so sexy wie französische Mode.

Oh ja, da stimme ich Ihnen völlig zu. Französische Mode hält aber nicht besonders lange. Italienisches Industriedesign ist auch fantastisch. Ich würde mir aber trotzdem nie ein italienisches Auto kaufen, denn die bleiben zu oft liegen und ihr Mangel an Zuverlässigkeit ist äußerst unsexy. Ihr könnt nicht alles sein. Wir wissen, dass es Teil von Deutschlands Kultur ist, zuverlässig zu sein, verantwortliche Produktentwicklung zu betreiben und die effizientesten Organisationen hervorzubringen. Wenn ihr diese Stärken richtig positioniert und sie mit eurer Suche nach Bedeutung kombiniert, wird euch die Welt als sehr modern und als sehr attraktiv wahrnehmen.

Dr. Rapaille, danke, dass Sie uns von Ihren Träumen erzählt haben.

Danke auch. Deine Träume zu verwirklichen, ist deine wichtigste Pflicht im Leben.

JEREMY RIFKIN

»Lasst uns nicht im Stich!
Fasst euch ein Herz,
ihr habt einen Traum!«

Der Amerikaner Jeremy Rifkin ist Präsident der Foundation on Economic Trends in Washington, D. C. Er hat 17 Sachbücher geschrieben, darunter weltweite Bestseller wie ›Das Ende der Arbeit und ihre Zukunft‹ und ›Die H2-Revolution‹. Rifkins Fähigkeit, gesellschaftliche und technologische Trends in ihrem geschichtlichen Kontext zu beschreiben, hat ihm das Vertrauen vieler europäischer Politiker eingebracht. Er beriet beispielsweise den damaligen EU-Kommissionspräsidenten Romano Prodi wie auch die deutsche Bundeskanzlerin Angela Merkel. In seinem jüngsten Buch ›Der Europäische Traum‹ beschreibt Rifkin die Europäische Union als neuen Menschheitstraum, der die Nachfolge des »American Dream« antrete. Jeremy Rifkin wurde 1945 in Denver, im Bundesstaat Colorado, geboren. Er lebt mit seiner Frau im US-Bundesstaat Virginia.

USA

Fläche:	9 161 923 km^2
Bevölkerung:	ca. 301 Millionen

Herr Rifkin, Ihr neuestes Buch trägt den Titel ›Der Europäische Traum – Die Vision einer leisen Supermacht‹. Bevor wir also gleich zu einem möglichen deutschen Traum kommen, lassen Sie uns zuerst über Ihre Sicht des europäischen Traums sprechen. Wie würden Sie den europäischen Traum beschreiben?

Ich würde zunächst einmal sagen, dass es sich hier um das genaue Gegenteil des amerikanischen Traums handelt, was die Sache ja so faszinierend macht. Der amerikanische Traum ist im Wesentlichen das Versprechen, dass du in Amerika mit einer staatlichen Schulbildung und harter Arbeit aus deinem Leben eine Erfolgsgeschichte machen kannst, ganz egal, was deine soziale Herkunft ist. Bis in die Sechzigerjahre war dieser Traum sehr erfolgreich. Wir waren die mittelschichtfreundlichste, egalitärste Gesellschaft der Welt. Im Lauf der letzten 40 Jahre hat sich der amerikanische Traum nun aber leider aufgelöst. Wenn Sie die Einkommensunterschiede innerhalb verschiedener Nationen betrachten, rangieren die USA heute im internationalen Vergleich der Industrienationen auf Platz vierundzwanzig. Mit Einkommensunterschied meine ich die Kluft zwischen den Superreichen und der Mehrheit von armen Arbeitnehmern innerhalb eines Landes. Nur Mexiko und Russland haben noch größere Einkommensunterschiede zwischen denen, die etwas besitzen, und denjenigen, denen nichts gehört. Die FORD-Stiftung hat bei einer Umfrage herausgefunden, dass nur noch etwa 51 Prozent der Amerikaner an den »American Dream« glauben. Ein Drittel der Amerikaner gab sogar an, dass sie an diesen Traum überhaupt nicht mehr glauben. Das ist ziemlich niederschmetternd, denn das ist das soziale Bindemittel, das dieses Land zusammengehalten hat.

Inzwischen entsteht nun aber auf der anderen Seite des Atlantiks ein europäischer Traum, der sich von unserem Traum deutlich unterscheidet. Am besten lässt sich das vielleicht mit einem Vergleich erklären: Wenn amerikanische Eltern ihren Kindern beibringen, was Freiheit bedeutet – und Freiheit steht im Zentrum unseres Traums –, dann denken sie dabei an etwas ziemlich anderes als an das, woran kontinentaleuropäische Eltern denken, wenn sie nun ihren Kindern Freiheit erklären; und Freiheit ist dabei auch der Kern eures Traums. Unsere Eltern sagen hier, Freiheit sei Autonomie, Mobilität, Autarkie, Unabhängigkeit, und vor allem bedeutet Freiheit hier, dass du nicht vom Wohlwollen eines Fremden oder einer Regierung abhängst oder irgendjemandem gegenüber zu Dankbarkeit verpflichtet sein musst. Von frühem Kindesalter an wird uns beigebracht, dass jede Person für ihr eigenes Leben verantwortlich ist, dass wir uns nicht von der Gemeinschaft abhängig machen dürfen, dass die Welt da draußen hart ist und dass wir lernen müssen, selbstversorgend, autonom und mobil zu sein. Wir lernen, dass wir wie eine Insel sein sollten und das Leben im Alleingang meistern müssen.

Europäische Eltern bringen ihren Kindern so etwas nicht bei. Die Eltern in Kontinentaleuropa vermitteln ihren Kindern, dass Freiheit untrennbar davon abhängt, wie sehr eine Person in soziale Beziehungen eingebettet ist, welche Lebensqualität und welchen Zugang sie zu ihrer Gemeinschaft hat. Der Grund für diesen enormen Unterschied zwischen unseren Freiheitsbegriffen liegt in den geschichtlichen Umständen, die damals zur Entstehung des American Dream geführt haben. Als unsere Gründer einst nach Amerika kamen, war das Zeitalter der protestantischen Reformation gerade am Ausklingen und die europäische Aufklärung noch in ihren Anfängen. Unsere Gründer haben diese beiden europäischen Strömungen aufgegriffen und dann in Amerika 200 Jahre lang quasi eingefroren. Amerika ist heute das protestantischste, das christlichste, das calvinistischste Land der Welt. Gleichzeitig sind wir in Amerika auch die größten Verfechter von Adam Smiths Theorie des freien Marktes. Die Idee, Wissenschaft und Technologie zur Kontrolle der Natur einzusetzen, wird von niemandem so entschlossen verteidigt wie von uns. John Locke würde sich mit unseren Glaubenssätzen heute sehr wohl fühlen. Die Amerikaner haben die Ideen der Reformation und der Aufklärung viel stärker beherzigt als die Europäer. Um die Amerikaner also zu verstehen, müssen wir zuerst einmal verstehen, dass unser Traum älter ist als nur 200 Jahre. Dass sich die Amerikaner sowohl für die Reformation als auch für die Aufklärung begeisterten, und das, obwohl es sich hier um völlig verschiedene Ideen handelt, liegt daran, dass das Individuum im Zentrum dieser beiden europäischen Strömungen steht. Die Reformation sagte: »Leide mit Christus in dieser Welt, akzeptiere Christus, und du wirst in der nächsten Welt ewige Erlösung finden.« Die Aufklärung sagte: »Nein, nein! Suche dein Glück im Diesseits und wir werden dir materiellen Fortschritt geben.« Und während diese beiden Strömungen eigentlich denkbar unterschiedlich in ihrer Zielrichtung sind, haben sie eben doch eines gemeinsam: Das Individuum steht im Mittelpunkt.

Martin Luther hat einst gesagt: »Du stehst allein vor deinem Gott. Keine Kirche, kein Vatikan, kein Priester, keine Zwischeninstanz. Du stehst nackt und allein mit deinem Gott.« Adam Smith, der Philosoph der Aufklärung, sagte: »Du stehst allein im Marktgeschehen, um deine Eigeninteressen zu verfolgen.« Und John Locke, der große politische Philosoph der Aufklärung sagte: »Den Kräften der Natur stehst du allein gegenüber.« All das passte bestens zum Pioniergeist der amerikanischen Siedler. Wir waren allein. Es gab kaum soziale Unterstützung. Die Idee, dass das Individuum im Zentrum der Geschichte steht, war also einleuchtend. Deshalb war ja auch der Cowboy auf seinem Pferd so lange Zeit das Symbol Amerikas.

Die Europäer haben sich auf den Individualismus der Reformation und der Aufklärung nie wirklich ganz eingelassen. Schließlich hatten sie eine noch ältere Tradition, nämlich die Bevormundung durch die katholische Kirche, von Verteidigungsmauern umzingelte Städte in ganz Europa, sowie eine sehr alte Feudalgesellschaft mit Klassentrennung. Heute, im 21. Jahrhundert, seid ihr es nun, die eine Marktwirtschaft haben. Ihr unterstützt den Individualismus des Marktkapitalismus, aber gleichzeitig zügelt ihr ihn mit einem Solidarsystem. Damit meine ich euer soziales Netz und die Verantwortung, die jedes Mitglied der Gesellschaft für die anderen trägt.

Und wann, glauben Sie, ist dieser moderne europäische Traum entstanden?

Er hat sich seit dem Zweiten Weltkrieg herausgebildet und stammt aus den Trümmern der Niederlage von 1945. Nach 1000 Jahren des Blutvergießens auf dem europäischen Kontinent, nach zwei Weltkriegen und dem Holocaust betrachteten die Menschen damals die Ruinen und sagten sich: So können wir nicht mehr weitermachen. Die Art, wie wir unser politisches, soziales und kulturelles Leben auf diesem Planeten organisieren, funktioniert nicht. Wir müssen unsere Schwerter niederlegen und neue Wege der Zusammenarbeit finden und Vertrauen zueinander entwickeln.

Bis zu diesem Zeitpunkt waren alle Regierungen der Geschichte stets aus einem Sieg heraus entstanden, aus der Aneignung von Ressourcen, der Ausbeutung von Menschen, der Besetzung neuer Landstriche oder aus Revolutionen. Die Europäische Union ist dagegen das erste politische Experiment der Geschichte, das auf einer Niederlage aufbaut und auf den Geschlagenen, die zusammenkommen, um zu kooperieren. Und damit geht ein Traum einher: Wenn Sie eine Europäerin oder einen Europäer fragen, was der amerikanische Traum sei, ist das leicht zu beantworten. Wenn Sie die Europäer aber nach dem europäischen Traum fragen, reagieren sie zunächst verdutzt, denn sie haben noch nie darüber nachgedacht, einen Traum zu haben. (lacht) Nur Amerikaner können träumen, nicht wahr? Wenn ich dann aber beschreibe, was für ein Leben die Europäer gerne führen würden und welches Leben sie ihren Kindern in Zukunft wünschen, wird schnell deutlich, dass es hier eine ganze Reihe gemeinsamer Grundwerte gibt, die sich über alle Länder Europas erstrecken, von der irischen Küste bis zu den Toren Russlands. Und diese Grundwerte würde ich folgendermaßen beschreiben: Erstens, der Glaube an Inklusivität, also dass niemand so verarmen darf, dass er zurückbleibt, und dass die Gemeinschaft die Pflicht hat, solidarisch für die Ärmeren zu sorgen. Zweitens, der Glaube an multikulturelle Vielfalt, zumindest in der Theorie, und daran, dass jede Kultur einen wertvollen Beitrag leisten kann. »Einigkeit in Vielfalt« ist ja das Motto der Europäischen Union. Drittens, der Glaube an ein gesundes Gleichgewicht von Arbeit und Spiel; also das Verständnis, dass die Menschen nicht leben, um zu arbeiten, sondern arbeiten, um zu leben. Viertens, der Auftrag, soziale Rechte zu verteidigen und allgemeine Menschenrechte in der Welt zu verbreiten; also das Recht auf Krankenversicherung, das Recht auf eine Altersrente und das Recht auf Mutterschaftsurlaub, wenn du Kinder bekommst. Fünftens, die Unterstützung für nachhaltiges Wirtschaften im Interesse der Umwelt, der Erde und der anderen Lebewesen. Und sechstens, der Auftrag, Frieden zu stiften.

Wenn ich Europa durchquere, ganz egal, wo ich bin, reiches Land, armes Land, Osten oder Westen, dann sind das die Prinzipien und die Vision, die die Menschen haben. Werden die Europäer irgendeinem dieser Träume gerecht? Nein! Natürlich nicht! Ich könnte Stunden damit verbringen, über all die Scheinheiligkeiten und Probleme zu sprechen, die die Europäer kollektiv und individuell damit haben, diesem Traum auch nur im Entferntesten gerecht zu werden. Aber deshalb ist es ja auch ein Traum. Wir Amerikaner haben unseren Traum auch nie wirklich erfüllt. Träume beschreiben, was du gerne sein würdest. Und allein die Tatsache, dass die Europäer einen Traum haben, der so grundsätzlich anders ist als der unsrige, macht es so interessant. Vielleicht ist der europäische Traum zu ambitioniert, vielleicht wird er nicht gelingen, ich weiß es nicht, aber immerhin ist dies das erste Mal in der Geschichte, dass ein kollektiver Teil der Menschheit, etwa eine halbe Milliarde Menschen, den Mut hat, einen globalen Traum zu träumen.

Wir haben im Jahr 2000 verschiedene europäische Politiker nach ihren europäischen Träumen befragt, quer durch das politische Spektrum, vom erzkonservativen Otto von Habsburg bis hin zu Italiens linksradikaler ehemaliger EU-Kommissarin Emma Bonino. Was uns damals überrascht hat, war, dass diese sehr europäisch gesinnten Politiker davon überzeugt waren, dass es für alle Europäer wichtig sei, nicht nur einen europäischen Traum zu haben, sondern auch tief verwurzelt zu sein in ihren jeweiligen nationalen Visionen. Würden Sie der Analyse zustimmen, dass die Existenz eines deutschen Traums die Voraussetzung dafür ist, dass Deutschland auch einen erfolgreichen europäischen Traum träumen kann?

Wissen Sie, es wird ja oft gesagt, dass Deutschland der wirtschaftliche Motor Europas sei. Meiner Meinung nach hat Deutschland aber noch eine viel wichtigere Rolle gespielt. Deutschland war seit Ende des Zweiten Weltkriegs auch der moralische Motor Europas.

Ich weiß von keinem anderen Land in der Geschichte, das freiwillig seine wirtschaftliche und politische Macht mit seinen Nachbarn geteilt hat. Wissen Sie, 25 Prozent des Haushalts der EU werden von den Bürgern Deutschlands bezahlt. Mit Deutschland im Mittelpunkt der Europäischen Union ist Deutschland auch ein wesentliches Zentrum dieser neuen Weltsicht, die von mehr Einfühlungsvermögen geprägt ist. Ich gebe Ihnen ein paar Beispiele, okay? Deutschland war einer der wichtigsten Befürworter des Klimaschutzabkommens von Kyoto, also, dass wir gegenüber unserer Umwelt und der Welt, in der wir leben, sensibler sein sollten.

Und da gab es noch etwas, was mich damals wirklich überrascht hat: Ich weiß nicht, ob Sie sich daran erinnern, wie das deutsche Grundgesetz erweitert wurde, um auch dem Schutz der Tiere Verfassungsrang zu geben? Diese Entscheidung war ein Wendepunkt in der Weltgeschichte. Das war das erste Mal, dass eine Regierung ihr Mitgefühl für die Tierwelt zum Ausdruck gebracht hat! Abraham Lincoln, einer unserer größten Präsidenten, und Mahatma Gandhi waren sich in einer Sache einig, und zwar darin, dass der Entwicklungsstand einer Zivilisation daran abgelesen werden kann, wie sie diejenigen behandelt, die am wehrlosesten sind und ihren Einfluss am wenigsten geltend machen können. Und da kommt Deutschland, der drittmächtigste Staat der Erde, und nimmt sich tatsächlich die Zeit für einen Verfassungszusatz, der die Rechte der Tiere anerkennt; die Zeit, um zu sagen: »Wir respektieren auch die Rechte der Tiere, das sind nicht unsere Rechte, wir selbst haben andere Rechte, aber auch die Tiere sollten anerkannt werden, denn auch sie haben ein Recht, zu leben. Und der Grund, weshalb wir das anerkennen, ist, dass wir ein Mitempfinden für jegliches Leben haben, für den Lebenskampf aller Wesen.« Für mich war dieser Schritt ein menschheitsgeschichtlicher Durchbruch, der da von einer politischen Gruppierung kollektiv unternommen wurde.

Ich könnte Ihnen noch so viele andere Beispiele geben. Was ich aber immer wieder denke, ist, dass Deutschland ständig als der wirtschaftliche Motor Europas beschrieben wird. Das ist sicher richtig. Noch wichtiger ist aber, dass Deutschland bisher auch der moralische Motor Europas war und im Mittelpunkt des europäischen

Experiments steht. Dieser eigentlich ja globale Traum stammt tief aus dem Innersten eurer deutschen Erfahrung. Nach dem Zweiten Weltkrieg habt ihr euch gesagt: »Lasst uns ein neues Kapitel beginnen, einen neuen Weg für die Entwicklung des menschlichen Zusammenlebens auf diesem Planeten.« Da ist etwas sehr Tiefschürfendes, das sich zurzeit gerade in der deutschen Erfahrungswelt abspielt. Da entwickelt sich gerade eine deutsche Seele, ein seelenvolles Deutschland. Und alles an diesem Traum ist das Gegenteil der Nazizeit und der Ideologie des Dritten Reiches.

Wir glauben, dass gesellschaftliche Träume sich organisch und im Lauf größerer Zeiträume entwickeln. Gesellschaftliche Träume können ganz bestimmt nicht in irgendwelchen Expertengremien von oben herab für ein Volk beschlossen werden. Lassen Sie uns aber trotzdem ein Spiel mit Ihnen spielen: Angenommen, die Geschichte würde Ihnen die Gelegenheit geben, Deutschlands Traum für die Zukunft zu formulieren. Was wäre Ihr deutscher Traum, Herr Rifkin?

Ich glaube, ich muss das gar nicht formulieren. Dieser Traum existiert bereits. Wir sehen bereits den Kern eines Traums, der zu einem großen Anteil aus dem Deutschland der Nachkriegszeit stammt und der nun zum neuen Standard für die Welt wird. Genauso, wie der amerikanische Traum während der letzten 150 Jahre der Standard für die Welt gewesen ist. Aus dem entsetzlichen Leiden der deutschen Erfahrung ist ein neuer Traum hervorgekommen, der meiner Meinung nach die erste Bemühung in der Geschichte darstellt, so etwas wie ein globales Bewusstsein zu erschaffen. Dieser deutsche Traum wird gerade zu einem europäischen Traum und der europäische Traum wird ein globaler Traum. Es ist ein Traum von Inklusivität, von Vielfalt und nachhaltiger Entwicklung; ein Traum von guter Lebensqualität, einem Gleichgewicht von Arbeit und Spiel und dem Ziel, Frieden zu stiften. Denken Sie nur an den großen deutschen Wissenschaftler und Dichter Goethe. Er schrieb 1821 ein Essay, in dem er darüber sinnierte, dass Amerika das Glück habe, ein junges Land zu sein, dessen Geschichte frei und unbelastet sei von Hader und Streit und all den gescheiterten Abenteuern und Kriegszügen, die Europa seit so langer Zeit belasteten. In diesem Essay formulierte Goethe dann das berühmte Zitat »Amerika, du hast es besser!«. Heute könnten wir das nun umdrehen. Seit dem Zweiten Weltkrieg macht Deutschland den Neuanfang. Es hat die Chance auf eine Wiedergeburt.

Aber hier ist das Problem: Viele meiner deutschen Freunde neigen zu extremem Pessimismus. Da sind diese Niedergeschlagenheit, dieser Zynismus und diese Verzweiflung, die sich breitmachen. Das gilt vor allem für die Weltkriegsgeneration. Und Sie können sich vorstellen, nach zwei Weltkriegen und dem Holocaust wären Sie vermutlich auch eher zynisch, depressiv und pessimistisch. Im Kern der deutschen Psyche existiert aber dieser tief verwurzelte Pessimismus. Und eigentlich ist das interessant, denn Deutschland hat mit seiner Kultur auch so viel Helligkeit in die Welt gebracht. Was aber nicht funktionieren wird, ist, einen starken Traum zu haben, der auf Mitgefühl und einem globalen Bewusstsein aufbaut, wenn du gleichzeitig ein Defätist bist. Zeig mir eine zynische Person, zeig mir einen Euro-Skeptiker oder einen Pessimisten und ich zeig dir jemanden, der nicht träumen kann. Ein Traum erfordert Hoffnung, Optimismus und Risikobereitschaft. Du kannst keinen Traum haben, wenn du glaubst, jemand anderes sei für dein Leben zuständig. Die jüngere Generation der Deutschen muss deshalb jetzt dieses Gefühl von Niedergeschlagenheit, Zynismus und Verzweiflung abwerfen; denn wenn du keine Hoffnung hast, kannst du auch keinen Traum haben. Soll das heißen, Hoffnung ist gleichbedeutend mit Arroganz? Nein! In dem Maß aber, wie die junge Generation in Deutschland einen gesunden Optimismus hegt und bereit ist, Risiken einzugehen und Opfer zu bringen für diesen entstehenden Traum, in dem Maß wird der Traum Erfolg haben. Wenn sie dazu nicht in der Lage sind, wird der Traum scheitern. Ich bin mir noch nicht sicher, ob die junge Generation der Deutschen dieser Herausforderung gewachsen sein wird. Vermutlich handelt es sich hier aber um den beeindruckendsten Versuch in der Geschichte, eine bedeutungsvolle Vision für die Zukunft zu erschaffen, eine Vision, die anerkennt, dass wir alle auf ein und demselben Planeten leben.

Ich glaube, viele Leute rund um die Welt beginnen gerade erst, ihre Aufmerksamkeit auf Europa zu richten. Und wenn du deine Aufmerksamkeit auf Europa richtest, musst du sie auf Deutschland richten, denn Deutschland ist das wirtschaftliche Herz und der moralische Kompass Europas. Wenn uns die junge Generation der Deutschen jetzt aber im Stich lässt und dieser Traum scheitert, worauf kann die Welt dann noch hoffen? Wenn wir sagen, dass die globale Bewusstseinsbildung scheitert, stecken wir in Schwierigkeiten. Die Welt ist eng miteinander verwoben. Ohne ein globales Bewusstsein wird sich die Welt aber immer weiter aufsplittern und unsere Zukunft wäre hoffnungslos, vorausgesetzt, wir hätten überhaupt noch eine Zukunft. Auf Deutschland liegt jetzt eine große Verantwortung. Und was ich den jungen Deutschen von heute sagen würde, ist Folgendes: Lasst uns nicht im Stich! Lasst den Worten Taten folgen! Fasst euch ein Herz, ihr habt einen Traum! Werdet ihm gerecht! Nehmt die Verantwortung an und bleibt dabei bescheiden! Macht weiter und bekommt jetzt keine kalten Füße!

Es scheint so, als ob neue gesellschaftliche Träume entweder in Zeiten schwerer Krisen entstehen würden oder mit dem Beginn eines wirtschaftlichen Booms. Der letzte große Boom-Zyklus, die Software- und Internet-Revolution, ermöglichte zum Beispiel in Indien, Israel und Taiwan die Entstehung eines neuen Traums, in Deutschland jedoch nicht. Eines Ihrer anderen Fachgebiete, Herr Rifkin, ist die Energieindustrie und dort vor allem die Brennstoffzellentechnologie und die Wasserstoffbranche. Wie könnte Deutschland seine Führungsstellung bei vielen Umwelttechnologien in so etwas wie einen grünen deutschen Traum verwandeln?

Die großen wirtschaftlichen Weichenstellungen in der Geschichte treten immer dann ein, wenn zwei Dinge zusammenkommen: Erstens, wenn die Menschen die Energieerzeugung auf der Erde neu organisieren. Zweitens, wenn die Menschen grundlegend neue Kommunikationsmittel erfinden, um dieses neue Energiesystem zu verwalten. In den nächsten paar Jahren wird vollends sichtbar werden, dass die dezentralisierte Kommunikationsrevolution, die in den Neunzigerjahren stattfand, nun auch der Kommunikationsmechanismus für eine völlig neuartige Energiewirtschaft wird; eine Energiewirtschaft, die auf erneuerbaren Energien und Wasserstoff basiert. Wir werden uns das gesamte Energieversorgungsnetz Deutschlands, das Netz Europas und das Versorgungsnetz der Welt vornehmen, die derzeit ja alle noch zentralistisch sind, und wir werden dieselbe Technologie anwenden, die wir im Silicon Valley für die Kommunikationsrevolution erschaffen haben, um damit nun alle Energienetze in Deutschland und der Welt neu zu konfigurieren. Das Ziel ist ein smartes, dezentrales Energieversorgungsnetz. Wenn ich dann zum Beispiel in meiner Brennstoffzelle daheim Wasserstoffenergie erzeuge und einen Überschuss habe, kann ich diesen Überschuss ins Netz einspeisen und mit anderen teilen. Die Zusammenführung der dezentralen Kommunikationstechnologie des Internet mit der dezentralen Produktion und Verbreitung von Wasserstoffenergie ist die dritte industrielle Revolution. Es ist ein neuer Weg, unseren Planeten zu organisieren. Das Prinzip dahinter lautet »Alle Macht dem Volk«. Es ist ein horizontales Machtgefüge und passt damit auch zu diesem neuen Traum der Inklusivität, der kulturellen Vielfalt, dem Traum von nachhaltiger Entwicklung, Menschenrechten und Frieden.

Und welche Chance hat Deutschland, im Zentrum dieser entstehenden Wasserstoffwirtschaft zu stehen?

Ich denke, Deutschland ist in der idealen Position, diese dritte industrielle Revolution anzuführen, und zwar aufgrund von Deutschlands Kompetenz in der Chemiebranche, im Ingenieurswesen und im Automobilbau. Deutschland führt auch bei den erneuerbaren Energien, die für die Wasserstofferzeugung nötig sind. Deutschland führt bei der Windenergie und ist im internationalen Vergleich auf den vorderen Plätzen beim Umstieg auf erneuerbare Energien. Deutschland erfüllt schon heute die technologischen, wissenschaftlichen und kommerziellen Rahmenbedingungen, um tatsächlich Anführer dieser dritten industriellen Revolution zu werden. Bisher hat aber noch kein Land einen umfassenden Plan dafür erstellt.

Deutschland könnte jetzt eine Partnerschaft von Regierung, Industrie und Gesellschaft auf die Beine stellen und eine Langzeitstrategie entwickeln, um die erste wasserstoffgetriebene Volkswirtschaft Europas zu werden. Deutschland könnte alle seine vorhandenen Ressourcen einsetzen, um diese Technologien erst in Europa verfügbar zu machen und dann in der ganzen Welt. Für Deutschland wäre das ein großer wirtschaftlicher Bonus. Es würde innerhalb kurzer Zeit eine enorme Anzahl neuer Arbeitsplätze schaffen und es würde Deutschland als dem wirtschaftlichen und moralischen Motor Europas erlauben, eine neuartige Energiewirtschaft zu entwickeln. Eine solche Energiewirtschaft wäre nicht nur nachhaltig, sie wäre auch kompatibel mit dem Europäischen Traum: Alle Macht dem Volk!

Herr Rifkin, danke, dass Sie mit uns geträumt haben.

War mir ein großes Vergnügen.

MARY ROBINSON

»Wir Frauen können in diesem Jahrhundert die Akteure des Wandels sein.«

Mary Robinson war von 1990 bis 1997 die erste Staatspräsidentin Irlands. Von 1997 bis 2002 war sie Hochkommissarin der Vereinten Nationen für Menschenrechte. Nach Ende ihrer Amtszeit bei den Vereinten Nationen gründete sie die Organisation »Realizing Rights: The Ethical Globalization Initiative«. Mit dieser Organisation setzt Mary Robinson sich für die weltweite Verwirklichung der Menschenrechte ein. Mary Robinson ist auch Gründungsmitglied und Vorsitzende des »Council of Women World Leaders«, einer Vereinigung von 36 amtierenden und ehemaligen Staats- und Regierungschefinnen aus aller Welt. Mary Robinson wurde 1944 in Ballina, Irland, geboren. Sie hat drei Kinder. Heute lebt sie mit ihrem Mann in New York.

IRLAND

Fläche:	68 890 km^2
Bevölkerung:	ca. 6 Millionen

Frau Robinson, Sie scheinen in Ihrem Leben stets die Grenzen dessen auszutesten, was kulturell akzeptiert ist; zuerst als eine der weltweit führenden Menschenrechtsanwältinnen, dann als die erste Staatspräsidentin Irlands, gefolgt von Ihrer Ernennung zur Hochkommissarin der Vereinten Nationen für Menschenrechte. Wie wichtig sind Ihrer Ansicht nach Träume für den Lebenserfolg einer Person?

Ich glaube, Träumen ist wichtig, um eine größere Vision im Leben zu haben, um Werte zu haben, die bedeutender sind als nur unsere Alltagspläne. Ich habe das große Glück gehabt, dass meine Arbeit mich auch innerlich beschäftigt. Ich muss also nicht jeden Tag die Stunden zählen; das hat damit zu tun, so etwas wie ein höheres Ziel zu haben, eine breiter angelegte Vision, einen umfassenderen Traum.

Was würden Sie zu denen sagen, die glauben, Zukunftsträume seien bestenfalls etwas für Kinder?

Ich würde sagen, dass uns da die Dichter weiterhelfen können. Es gibt ein wunderbares Gedicht von Seamus Heaney, der Mitte der neunziger Jahre den Nobelpreis für Literatur gewonnen hat und ein guter Freund von mir ist. Er schrieb ein Gedicht für Amnesty International, es heißt ›Von der Republik des Gewissens‹. Das Gedicht erzählt die Geschichte von Leuten, die zu dieser Republik des Gewissens reisen. Nach der Ankunft verschwinden ihre Privilegien, ihr Gepäck müssen sie nun selbst schleppen und so weiter. Vor ihrer Heimreise schaut ihnen dann noch ein alter Mann ins Gesicht und sagt zu ihnen: »Von nun an seid ihr Doppelstaatsbürger.« Und das Gedicht endet ungefähr mit der Zeile: »Ihre Botschaften sind überall und kein Botschafter wird jemals wieder abberufen.« Was der Dichter damit ausdrücken will, ist, dass auch wir »Doppelstaatsbürger« sein sollten, Botschafter des Gewissens, damit wir den Frieden und den ganzen Schutz der Menschenrechte sichern, die das Geburtsrecht aller Menschen sind.

Als ich Präsidentin von Irland war, habe ich mich oft an den Poeten orientiert. Sie vermögen es, Träume in einer ganz besonderen Weise auszudrücken, und helfen sehr, den Menschen ein größeres Gefühl ihrer selbst zu verleihen, ein Gespür für die Verbundenheit von uns Menschen auf diesem Planeten.

Irlands Verwandlung von einem der ärmsten Länder Europas in eine der dynamischsten Wirtschaftsregionen mit einer sehr viel höheren Wachstumsrate als Deutschland ist eigentlich eine unglaubliche Erfolgsgeschichte. Weltweit gilt Irland heute als Musterbeispiel dafür, dass auch arme Länder es schaffen können, sich innerhalb weniger Jahrzehnte von Grund auf zu erneuern. Was könnte Deutschland von Irland lernen, wenn es darum geht, größere Träume zu träumen?

Es war gewiss eine große Ehre für mich, sieben entscheidende Jahre lang die Präsidentin Irlands zu sein. Irland hat sich während dieser Jahre von einem armen Auswandererland in ein Land verwandelt, das wohlhabender ist und nun selbst Einwanderer anlockt. Ich habe damals versucht, etwas von dem Zeitgeist jener Ära aufzugreifen. Mir ist damals aufgefallen, dass viele lokale Selbsthilfeprojekte am Entstehen waren. Die Leute waren davon getrieben, nicht mehr von der Regierung abhängig zu sein. Als ich noch Präsidentschaftskandidatin war, bin ich im Jahr 1990 durch ganz Irland gereist; ich habe viele ländliche Gegenden und Inseln besucht, ich ging in die Fischerdörfer und genauso auch in die Innenstädte. Und überall stieß ich auf diese riesengroße Bereitschaft, sich für die alten Menschen einzusetzen, für Kinder und für die Schaffung von Jugendarbeitsplätzen. Viele Leute sagten zu mir: »Wir haben es satt, die Regierung um etwas zu bitten. Die Regierung macht ja offensichtlich eh nichts. Wir helfen uns jetzt selbst. Wir haben hier eine großartige Gemeinschaft.« Es war also entscheidend, dass die Menschen von selbst erkannten, wie wichtig das war, was sie auf lokaler Ebene erreichen konnten; dass gerade ihre Eigeninitiative und ihr Engagement ganz Irland verändern konnten.

Als eine Person, die ja nicht nur Deutschland, sondern auch sehr viele andere Länder in der Welt beobachtet, was glauben Sie, woran es liegt, dass wir Deutsche uns immer noch so schwertun mit der Idee eines deutschen Traums?

Ich denke, Deutschland ist sich wahrscheinlich bewusst, dass einige Träume in seiner Geschichte grässliche Albträume waren. Deutschland denkt deshalb vielleicht, dass es besser ist, eher pragmatisch zu bleiben. Aber: Wir sollten uns auch an den enormen positiven Beitrag der deutschen Literatur erinnern, an die Werke der großen deutschen Philosophen, der großen deutschen Schriftstellerinnen und Schriftsteller und Poeten. Es sind ja so viele! Sie haben dieses innere Ohr der Menschen berührt. Sie haben Vorstellungswelten in Worte gebannt. Wenn ich also Deutschlands Beitrag zur Weltliteratur und zur Philosophie betrachte, dann scheint mir, dass in Deutschland eine große Fähigkeit zum Träumen vorhanden ist. Es mag sein, dass die Hemmung eher in der politischen Arena angesiedelt ist, vor allem wegen der jüngeren Geschichte, insbesondere wegen Hitler und wegen des Naziregimes. Lassen Sie uns aber auch nicht vergessen, dass Deutschland der Welt mit dem Fall der Berliner Mauer einen wunderbaren Traum gegeben hat.

Glauben Sie, es wäre vorteilhaft für Deutschland, die Idee gesellschaftlicher Träume mehr willkommen zu heißen?

Ja. In gewisser Weise bewundert die Welt die Art, in der Deutschland sich vereinigt hat, und wie es dem ärmeren Teil eines großen europäischen Landes die Hand gereicht hat. Das Projekt war eine größere Belastung, als ursprünglich angenommen, und das aus einer Vielfalt von Gründen, die Sie in Deutschland gut kennen. Aber das sollte die Idee eines visionäreren Deutschlands nicht entkräften. In Wahrheit ist die Wiedervereinigung nämlich ein riesiges Unterfangen und wird von der ganzen Welt in vielerlei Hinsicht bewundert.

Frau Robinson, für Journalisten ist es natürlich immer schwierig, amtierende oder ehemalige Staatsoberhäupter nach ihren persön-

lichen Empfindungen gegenüber bestimmten anderen Ländern zu befragen. Erlauben Sie uns dennoch die Frage: Angesichts all dessen, was Sie in Ihrem Leben über Deutschland erfahren und mit Deutschland erlebt haben, was ist da Ihr inspirierendster und erwartungsvollster Traum für Deutschlands Zukunft? Was ist Ihr deutscher Traum?

Nun, da muss ich zuerst einmal in aller Bescheidenheit sagen, dass ich keine Deutschland-Expertin bin. Meine Besuche in Deutschland waren aber sehr angenehm für mich. Sehr genossen habe ich auch einen Deutschland-Besuch, den ich als Staatspräsidentin Irlands unternahm. Der damalige Bundespräsident Richard von Weizsäcker begrüßte mich scherzhaft als ein »Mitglied in der Gewerkschaft Europäischer Staatsoberhäupter«. Diese Formulierung hat mich sehr amüsiert. Gewerkschaften sind in der Regel ja nicht das Erste, was Ihnen in den Sinn kommt, wenn Sie an Staatsoberhäupter denken. Ich hatte auch gute Diskussionen mit den nachfolgenden Präsidenten, mit Bundespräsident Herzog und Bundespräsident Rau. Ich kenne auch Horst Köhler, allerdings bin ich ihm nicht in seiner Funktion als Bundespräsident begegnet. Ich kannte ihn gut in seiner früheren Position beim Weltwährungsfonds. Und ich muss sagen, dass diese aufeinanderfolgenden Staatsoberhäupter alle eine wirkliche Fähigkeit zum Träumen hatten und verstanden, wie wichtig Aussöhnung ist.

Deutschland ist genau im Zentrum des erweiterten Europas. Und ich sehe Europa dabei nur als eine Region, und zwar als die vom Glück am meisten begünstigte Region der Welt, sowohl im Hinblick auf seine historische Kultur als auch auf seinen wirtschaftlichen Entwicklungsstand. Vielleicht ist es nicht die absolut reichste Region der Welt, aber Europa ist ein Ort, wo die Menschen ein gutes Einkommen haben; eine Region, die von guten sozialen Werten geprägt ist und weniger von diesem nackten Kapitalismus manch anderer Region. In Anbetracht all dieser Tatsachen wäre es deshalb gut für Deutschland und für Europa, wenn Deutschlands junge Führungspersönlichkeiten, Frauen wie Männer, heute selbstbewusst über die Rolle nachdenken würden, die sie spielen könnten. Und diese Rolle definiert sich dann hoffentlich darüber, das globale Ungleichgewicht tatkräftig anzugehen. Diese Ungleichgewichte sind so enorm, dass sie uns beschämen! Ich mag es ja eigentlich nicht, wenn jemand mit Statistiken um sich wirft, es gibt da aber eine Zahl, die es für mich auf den Punkt bringt: Jeden einzelnen Tag sterben über 30 000 kleine Kinder unter fünf Jahren entweder an Hunger, Durchfall oder an Malaria, weil ihre Familien nicht die nötigen fünf Dollar für ein Anti-Malaria-Netz aufbringen konnten. Oder sie sterben an Masern. Alles vermeidbare Todesursachen.

Ich würde also gerne ein Deutschland junger »Doppelstaatsbürgerinnen und -bürger« sehen, um es in den Worten von Seamus Heaney auszudrücken, »Botschafter des Gewissens«. Ich hoffe, sie werden die Bedeutung von Arbeitsplätzen und Wohlstand für Deutschland verstehen und dabei gleichzeitig spüren, dass diese Ziele grundlegend damit verknüpft sind, eine Kampagne gegen Armut zu führen, fairen Welthandel zu verwirklichen, einen Schuldenerlass für die ärmsten Länder zu erreichen und den ärmsten Ländern zu helfen, ihre Korruption zu bekämpfen, sich zu guter Regierungsarbeit durchzuringen und die Menschenrechte zu schützen. Wenn wir diese globalen Ungleichgewichte anpacken, die in unserer heutigen Welt wirklich nicht hinnehmbar sind, dann würden wir damit auch eine sehr viel größere, kollektive Sicherheit schaffen.

Wissen Sie, seit der großzügigen Reaktion auf die Tsunami-Katastrophe Anfang 2005 empfinde ich eine gewisse Hoffnung. Aber wir haben auch jede Woche stille Tsunamis. Die Tatsache, dass, wie gesagt, jeden Tag 30 000 kleine Kinder sterben, bedeutet, dass wir innerhalb von nur einer Woche einen stillen Tsunami unter Kleinkindern erleiden. Und all das, finde ich, sollte unter den jungen Deutschen ein Gefühl der Verbundenheit und des Angetriebenseins auslösen; das Gefühl, ein höheres Ziel zu haben.

Sie haben derzeit den Vorsitz im Council of Women World Leaders, einer Organisation amtierender und ehemaliger Regierungschefinnen und weiblicher Staatsoberhäupter aus aller Welt. Welchen Stellenwert geben Sie weiblichen Führungskräften in einem neuen deutschen Traum?

Ich setze vor allem auf die Frauen, ich glaube wirklich, wir Frauen können in diesem Jahrhundert die Akteure des Wandels sein. Wir werden schon jetzt immer mehr als Friedensstifterinnen anerkannt. Wir müssen noch viel weiter gehen und uns stärker ins Wirtschaftsleben einmischen, in die Gewerkschaftsbewegung, in die Parlamente und Regierungen, auf allen Ebenen, und uns in den Kommunen und der akademischen Welt stärker einbringen. Wir müssen sicherstellen, dass unsere Stimme wahrgenommen und gehört wird, und zwar in einem praktischen wie auch in einem visionären Sinn. Es ist sehr vorteilhaft, Frauen in Führungspositionen zu haben. Als ich im Herbst 2004 zur zweiten Amtseinführung meiner Nachfolgerin, Präsidentin Mary McAleese, nach Irland zurückgekehrt bin, haben wir beide zum Spaß die nicht ganz ernst gemeinte Geschichte erzählt, dass jetzt die kleinen Jungen in Irland weinend auf dem Schoß ihrer Mütter sitzen und sagen: »Mama, warum kann ich nicht Präsidentin werden, wenn ich mal erwachsen bin?« Ich will damit sagen, dass wir ein Gleichgewicht brauchen. Die Gesellschaft als Ganzes profitiert von der Hingabe, dem Sinn für Prioritäten und diesen lebenspraktischen Netzwerken, die Frauen in der Regel haben. Das hat mit dem Lebensstil von Frauen zu tun und ihren Beziehungen zu Kindern, Schulen, Krankenhäusern und anderen lokalen Bezugspunkten. Frauen ermöglichen andere Einsichten und neigen zu einem sehr modernen Networking, um Probleme zu lösen. In der Regel sind Frauen auch weniger hierarchisch. Es ist deshalb sehr gut für ein Land, diese Art von Führung zu haben. Das ist auch der Grund, weshalb wir uns im Council of Women World Leaders so bemühen, die aktive Zusammenarbeit von Ministerinnen aus aller Welt zu ermöglichen.

Der Traum vom Weltfrieden gilt heute oft schon als Synonym für naiven Optimismus und wird durchaus auch lächerlich gemacht. Sie hingegen sprechen über Ihren Traum vom Weltfrieden als etwas sehr Greifbares, das die Menschheit nicht nur erreichen könnte, sondern sogar erreichen muss. Was nährt Ihren Glauben an diesen Traum?

Es gab einmal eine sehr visionäre Initiative von ein paar wenigen Leuten, die sich genau diesen Traum zu Herzen genommen hatten. Das war nach den zwei Weltkriegen und dem fürchterlichen Holocaust, als Eleanor Roosevelt, die damals Vorsitzende der Kommission für Menschenrechte war, und eine kleine Schar von Juristen sich zusammentaten. Diese Gruppe hat uns die Allgemeine Erklärung der Menschenrechte hinterlassen, ein wunderbares Geschenk. Sie hatten damals verstanden, dass die Welt kulturelle Werte und einen sprachlichen Ausdruck dafür braucht, die universal gültig sind. Diese Werte sind das Fundament für eine Welt in Frieden und Sicherheit. Ich bin mir also sehr wohl bewusst, welche Macht die Vision einer relativ kleinen Gruppe von Leuten entfalten kann, die den Mut haben, sich dem Zynismus und der Verzweiflung ihrer Zeit entgegenzustellen. Ja, in der Tat, ich bin eine große Befürworterin von Träumen.

Sie haben einmal gesagt, dass nur etwa 500 internationale Unternehmen rund drei Viertel des Welthandels kontrollieren. Nach Ihrer Amtszeit als UN-Hochkommissarin für Menschenrechte gründeten Sie deshalb die Organisation »Realizing Rights: The Ethical Globalization Initiative«. Mit dieser Organisation versuchen Sie nun, diese Unternehmen auf ihre Verantwortung für die Menschenrechte aufmerksam zu machen. Welchen Platz nehmen Deutschlands Großunternehmen in diesem Traum ein?

Ich denke, mein Traum entspringt dem tieferen Beweggrund der Menschenrechte. Der erste Artikel der Menschenrechtserklärung besagt ja, dass alle Menschen frei und gleich an Würde und Rechten geboren werden. Im Anschluss daran heißt es, dass diejenigen, die an der Macht sind, diese Rechte schützen und fördern sollten. Die damalige Annahme war jedoch, dass die Staaten die Inhaber der Macht sind. Ganz offensichtlich hat sich diese Macht inzwischen aber verlagert. Deshalb müssen wir jetzt sicherstellen, dass auch die Unternehmen akzeptieren, dass sie in ihrem Einflussbereich eine Verantwortung tragen. Und die Erfahrung vieler Unternehmen in verschiedenen Branchen hat inzwischen gezeigt, dass Unternehmen davon profitieren, wenn sie die Vorschläge der UN für die Verantwortung transnationaler Unternehmen von der obersten Führungsebene an verinnerlichen, testen und anwenden. Für die Angestellten hat sich das als sehr motivierend erwiesen. Es macht sie stolz auf ihr Unternehmen, auch die allgemeine Gesundheit und Arbeitsplatzsicherheit erhöhen sich dann. Einige Unternehmen, die sich in dieser Art engagieren, haben damit ihre gesamte Motivation erhöht. Als Vorsitzende der »Business Leaders' Initiative on Human Rights« wäre ich deshalb sehr glücklich, wenn noch mehr deutsche Unternehmen bei uns mitmachen würden.

Sie sagten einmal, dass Sie seit der Geburt Ihres ersten Enkelkindes ein Gefühl der Eile und des Getriebenseins hätten.

Ja, das ist wahr! Das hat mich selbst erstaunt. Schließlich empfand ich mich schon immer als sehr engagiert, und meine Familie weiß bestens, dass ich mich da auch nicht ändern werde. Aber als ich gesehen habe, welches Glück wir in unserer Familie haben, diesen kleinen Jungen zu sehen – inzwischen hat er auch noch eine kleine Schwester –, das Glück, diese fröhlichen Kinder in einer sicheren Umgebung zu sehen, da hat mich das wieder an diese anderen furchtbaren Kinderstatistiken erinnert. Wissen Sie, ich habe die Gesichter gesehen, die Gesichter von Kindern, die in den Armen ihrer Eltern sterben, irgendwo vor einer Suppenküche oder in einem Flüchtlingslager; an Krankheiten, an denen heute kein Kind mehr sterben sollte. Ja, in der Tat, ich bin superaufgeladen! Auch in Deutschland könnten sich junge Leute für die weltweite Kampagne gegen Armut engagieren und damit ihre eigene Neugier entfachen. Ganz ehrlich, ich glaube voll und ganz, dass jede einzelne Person etwas bewirken kann. Und Sie haben Recht, ich lebe wirklich in Eile.

Von woher beziehen Sie persönlich Ihre größte Hoffnung?

Von jungen Leuten. Vom Idealismus junger Leute. Deutschland kann wirklich nach vorne schauen, zu einer inspirierenden Führung, die junge Leute motivieren kann. Die jungen Leute warten darauf. Ich denke, sie hungern danach. Für junge Leute ist es erfüllend, wenn sie herausgefordert werden, über sich selbst hinauszuwachsen. Wenn eine junge Person auf dich zukommt und sagt: »Ich möchte mich wirklich engagieren und das hat auch gar nichts mit Geld oder einem Job zu tun, obwohl das auch wichtig ist«, dann hat das damit zu tun, dass sie ein höheres Ziel im Leben haben wollen. Ich glaube, junge Leute sehnen sich danach, eine echte Aufgabe, ein Ziel im Leben zu haben, und das ist etwas, das sich jedes Land zu Nutze machen könnte. Hoffentlich wird Deutschland sich das zu Nutze machen. Es ist so ein wichtiges Land für Europa.

Frau Robinson, danke, dass Sie mit uns geträumt haben.

Ich danke Ihnen.

VANDANA SHIVA

»Euer Traum kann nicht nur Deutschlands Traum allein sein.«

Vandana Shiva ist Indiens international einflussreichste Umweltschützerin und Frauenrechtlerin. Nach dem Physikstudium in Kanada arbeitete sie zunächst für das Indian Institute of Science in Bangalore. Im Alter von 30 Jahren gründet sie dann 1982 ihr eigenes Umweltinstitut. Vandana Shiva hat bisher 20 Bücher geschrieben, darunter ›Biopiraterie: Kolonialismus des 21. Jahrhunderts‹ und ›Erd-Demokratie: Alternativen zur neoliberalen Globalisierung‹. Für ihre Arbeit erhielt sie zahlreiche Auszeichnungen, etwa den Alternativen Nobelpreis sowie den Global-500-Award der Vereinten Nationen.

Vandana Shiva wurde 1952 in Dehradun, am Fuß des Himalaja geboren. Dort betreibt sie heute eine ökologische Landwirtschafts-Kooperative, die sich dem Erhalt des regionalen indischen Saatguts widmet.

INDIEN

Fläche:	2 973 190 km^2
Bevölkerung:	ca. 1,13 Milliarden

Dr. Shiva, Sie sind zu einer Zeit in Indien geboren, als Ihr Land nur etwa 400 Millionen Einwohner hatte. Sie machten zunächst Karriere als Physikerin und sind heute eine weltweit anerkannte Aktivistin für eine demokratischere und nachhaltigere Form von Globalisierung. Wovon haben Sie als Kind und als junge Frau für Ihr zukünftiges Leben in Indien geträumt?

Da waren eigentlich zwei Träume, die meine Kindheit und die Entwicklung meiner Persönlichkeit geprägt haben. Mein erster Traum war, einmal wie Einstein zu werden. Als junges Mädchen wuchs ich in einer Gesellschaft auf, in der ich keine Wissenschaftler kannte. Ich wurde in einem christlichen Kloster von deutschen Nonnen unterrichtet, die nicht wollten, dass wir irgendetwas über Naturwissenschaften lernen. Aber seltsamerweise hatte ich trotzdem diesen Traum, Physikerin zu werden, und der inspirierendste Physiker, von dem ich damals gehört hatte, war Einstein. Nachdem ich später meinen Job als Universitätsdozentin gekündigt hatte, habe ich in meiner Heimatstadt, im ehemaligen Kuhstall meiner Mutter, mein Büro eingerichtet. Und hier habe ich auf meinem Schreibtisch bis heute eine Büste von Einstein stehen. Die habe ich damals eigenhändig angefertigt, um meinen Traum am Leben zu erhalten.

Aber wissen Sie, ich bin auch in den Bergwäldern des Himalaja groß geworden. Ich hatte das Riesenglück, dass mein Vater Förster war und meine Mutter Landwirtin. Obwohl beide auch Akademiker waren. Meine Eltern haben uns mit der Schönheit der großartigen Bergwälder und Flüsse des Himalaja vertraut gemacht. Und von da an war mein Traum in jeder Stunde, die ich in diesen Wäldern verbringen konnte, stets: »Mögen diese Wälder bitte nie verschwinden!« Wann immer ich als junges Mädchen in diesen schönen, klaren Flüssen schwamm, sagte ich mir: »Mögen diese Flüsse bitte für immer fließen.« Das war mein Traum. Und als dieser Traum dann angegriffen wurde und sich die Zerstörung breitmachte, bin ich in den siebziger Jahren der Chipko-Bewegung beigetreten. Das ist eine Bewegung von Frauen, die gemeinsam die Bäume umarmten und damit die Wälder des Himalaja erfolgreich vor den Holzfällern beschützten. Das war meine eigentliche Schule. Alles, was mir wichtig ist, habe ich von diesen unbelesenen Bauernfrauen des hohen Himalaja gelernt. Sie wussten um den Wert der Natur. Sie wussten, dass wir unseren Planeten beschützen müssen, wenn wir selbst leben wollen. Das sind die Träume, die mich geleitet haben; damals, heute und auch in Zukunft.

Wie Sie sicherlich wissen, ist Deutschland eine der größten Volkswirtschaften der Welt. Wenn es um Deutschlands Zukunft geht, neigt die öffentliche Stimmung in Deutschland aber zum Pessimismus. Welcher neue Traum könnte uns Deutschen mehr Hoffnung und Optimismus verleihen?

Der für mich wichtigste Traum ist ein Traum, den jede und jeder Deutsche gerne mit mir teilen könnte: Den Traum, uns darüber bewusst zu werden, dass das Essen auf unserem Tisch und die Nahrung, die wir in unseren Küchen zubereiten oder auf unseren Feldern anbauen, uns nicht aufgezwungen werden müssten; weder von irgendwelchen anonymen Konzernen noch von unfairen Handelsabkommen. Wir können unsere Welt mit unseren Taten und Handlungen selbst gestalten. Und das gilt nicht nur für unsere Nahrungsmittel, das gilt genauso auch für unser Gesundheitswesen, unser Bildungssystem, unsere Jobs und unsere Gehälter. Gesellschaftlicher Wandel ist immer von ganz normalen Leuten vorangetrieben worden, die sich mit anderen normalen Leuten zusammentaten, um mit vereinter Macht auf ihre Regierenden und Wirtschaftsführer einzuwirken. Mein Traum ist, dass jede Deutsche und jeder Deutsche weiß, dass wir das politische System, in dem wir leben, selbst formen und gestalten können. Wir können es gestalten, wenn wir an etwas teilhaben, was ich Erd-Demokratie nenne, eine Demokratie allen Lebens.

Was meinen Sie mit dem Begriff »Erd-Demokratie«?

Erd-Demokratie ist für mich so etwas wie eine Handvoll grundlegender Prinzipien, die uns im Leben leiten sollten. Das erste davon ist, dass Demokratie sehr viel mehr bedeutet, als nur alle vier oder fünf Jahre wählen zu gehen. Demokratie bedeutet, auch an tagtäglichen Entscheidungen teilzuhaben; nur so können auch normale Leute wieder Macht haben. Das zweite Prinzip einer Erd-Demokratie ist das eigentlich simple Verständnis, dass Demokratie die Demokratie allen Lebens ist. Wir sind nicht zuallererst Mitglieder bestimmter Rassen, Regionen oder Religionen. Wir sind zuallererst Mitglieder einer Erd-Gemeinschaft. Wir alle leben hier gemeinsam auf dieser Erde. Wir sind eine Erd-Familie. Und wenn wir erst einmal lernen, diese Realität anzuerkennen, dann können wir als Bürger beginnen, unsere Regierungen zu führen, statt von ihnen geführt oder betrogen zu werden. Wenn du dich persönlich als Bürgerin oder Bürger der Erde empfindest, dann ist die erste Bürgerpflicht, die dir in den Sinn kommt, der Schutz der Erde, der Schutz deiner Gemeinschaft, deiner Kinder und deiner sozialen Sicherheit. Das Konzept einer Erddemokratie macht für mich sichtbarer, wie sehr Demokratie, Frieden und ökologische Nachhaltigkeit eigentlich ineinander verwoben sind.

Wie auch die Bürger so vieler anderer westlicher Länder, fühlen sich viele Deutsche von der Globalisierung bedroht. Schließlich können wir sehen, wie viele Arbeitsplätze aus Deutschland nach Indien oder China verlagert werden. Gleichzeitig erleben aber viele Ihrer Landsleute in Indien die Globalisierung als etwas, das uns Europäern oder zumindest europäischen Unternehmen noch mehr Macht und Einfluss gibt, als sie bereits hatten. Wie erklären Sie sich also das Phänomen Globalisierung?

Offensichtlich gibt es sehr unterschiedliche Arten von Globalisierung. Da ist zunächst mal die Globalisierung gigantischer Unternehmensmacht und diese Art von Globalisierung maximiert ihren Profit ohne die Interessen der Menschen, der Gesellschaft oder des Planeten zu bedenken. Ungefähr 60 Prozent der indischen Bevölkerung arbeiten in der Landwirtschaft. Wenn da nun subventioniertes Saatgut oder Landwirtschaftsprodukte des Westens auf Länder wie Indien geworfen werden, dann hat das sehr, sehr ernstzunehmende Folgen. Wenn also die Inder die Globalisierung als weiteren Vorteil für die Macht nördlicher und westlicher Unternehmen empfinden, dann ist das wahr. Und wenn die Deutschen sich vor der Abwanderung ihrer Jobs in Niedriglohnländer fürchten, dann ist auch das real. Die deutschen Arbeiter haben jahrzehntelang und im Grunde jahrhundertelang für ihr Recht gekämpft, auch als Arbeiter ein gutes Leben haben zu können. Und wenn diese Errungenschaften jetzt abgewrackt werden, dann haben die Arbeiter natürlich allen Grund zu Ärger und Sorge. Aber: Das ist nicht die einzige Art und Weise, wie wir unsere internationalen Beziehungen in der Welt gestalten könnten.

Eine der technischen Grundvoraussetzungen der Globalisierung ist das Internet; und das Internet kann, hoffentlich, nie mehr abgeschaltet werden. Glauben Sie nicht, dass eine weiter voranschreitende Globalisierung schon allein deshalb unausweichlich ist?

Moment! Ich finde, wir müssen hier zwei Dinge sehr, sehr deutlich voneinander trennen. Kommunikationstechnologien, wie etwa das Internet, sind eine Sache. Eine andere Sache ist aber die ökonomische Unterwerfung. Wenn Globalisierung wirklich so unausweichlich ist, wäre es ja auch nicht nötig, sie den Menschen aufzuzwingen und mit Hilfe der Welthandelsorganisation WTO durchzusetzen. Wenn Globalisierung etwas so Unumgängliches wäre, dann könnte sie sich ganz von selbst ausbreiten. Der einzige Weg, über den sich die derzeitige Form von Globalisierung aber ausbreitet, ist über die Bedrohung und Korrumpierung von Regierungen und über die Ausübung brutaler und undemokratischer Macht.

Dann kommen wir zu Ihrem Traum von einer kooperativen und demokratischen Globalisierung: Was, denken Sie, ist die wertvollste Lektion, die Deutschland in diesem Zusammenhang von Indien lernen könnte?

Deutschlands und Indiens Zivilisationen haben so eine lange Geschichte des wechselseitigen Austauschs. Immerhin war der deutsche Linguist Max Müller einer der wichtigsten Übersetzer unserer antiken Sanskrit-Literatur. Dieser kulturelle Austausch reicht weit zurück. Und erst kürzlich hatten wir hier in unserem ökologischen Landwirtschaftsbetrieb in Dehradun eine Gruppe von Deutschen zu Besuch, um ein uraltes Feuer-Ritual durchzuführen, mit dem die Erde in unseren Gärten in homöopathischer Dosierung gedüngt wird. Diese alten Kenntnisse sind jetzt nach Indien zurückgekommen, weil moderne Deutsche die vedischen Wissenschaften erlernt haben. Auch wenn es um biologische Artenvielfalt geht, lernt Deutschland heute so vieles von Indien. Wir lernen umgekehrt aber auch von Deutschland; zum Beispiel, dass es auch in der heutigen Welt, wo Geld und Märkte über die Menschen und den Planeten regieren, immer noch möglich ist, diese Kräfte zu kontrollieren und zu regulieren.

In der Institutionalisierung von Nachhaltigkeit und einer Regierungsarbeit, die die Artenvielfalt schützt, hat Deutschland mehr erreicht als irgendein Land sonst auf der Welt. Ich glaube, Deutschland und Indien träumen einen gemeinsamen Traum: den Traum, dass wir in Frieden mit unserem Planeten leben können und in Frieden mit anderen Kulturen.

Sie sind auch weltweit eine der profiliertesten Stimmen gegen die Manipulation und Patentierung von Pflanzengenen. Welche Rolle spielen Deutschlands Landwirte in Ihrem deutschen Traum?

Deutschlands Landwirte und Verbraucher haben schon gemeinsam den falschen Traum der Gentechnik abgewehrt. Gentechnik ist nicht die Wunderantwort auf sämtliche Umweltprobleme, von der Versteppung bis hin zum Klimawandel, als die sie einst angekündigt wurde. Gentechnik hat als Technologie versagt. Sie versagt auf unseren Bauernhöfen in Indien. Und dass die deutschen und europäischen Landwirte und Verbraucher genetisch verändertes Saatgut gesetzlich gebannt haben, hat, glaube ich, auch uns in Indien geholfen. Eine Welt, die frei ist von genetisch verändertem Saatgut, ist eine Welt mit besseren Nahrungsmitteln, mit mehr Bauern auf dem Land und mit friedlicheren Gemeinschaften. Denn Frieden kann es nur geben, wenn die Leute ein Gefühl von Zugehörigkeit und Sicherheit haben. Gentechnik ist aber per Definition eine Technologie, die vorgibt, dass die Bauern nichts mehr wissen müssen und dass das landwirtschaftliche Erfahrungswissen nicht mehr den Bauern gehört, sondern nun das Eigentum einer kleinen Schar von insgesamt fünf Gentech-Riesen sein wird. Diese Gentech-Riesen betreiben keine Innovation. Sie sind nur Piraten. Sie stehlen entweder von der Natur oder dem Wissen uralter Kulturen. Das Leben, egal ob eine Pflanze, eine Zelle oder ein Tier, ist keine Erfindung.

Deutschland hat eine sehr niedrige Geburtenrate. Wie erklären Sie sich dieses Phänomen und welche Rolle könnte hier ein neuer deutscher Traum spielen?

Ich glaube, das enorme Bevölkerungswachstum in den südlichen Ländern und die schrumpfenden Bevölkerungen der nördlichen Länder wie Deutschland sind Teil ein und desselben Phänomens: Sie sind Symptome deformierter Volkswirtschaften; Volkswirtschaften, die sich von den Bedürfnissen der Menschen und der Gesellschaft haben scheiden lassen. In der Dritten Welt reagieren die Menschen auf diese ökonomische Unsicherheit, indem sie mehr Kinder kriegen, die ihnen dann in Phasen tiefer wirtschaftlicher Ungewissheit helfen können. Gleichzeitig können sich im reichen Norden immer mehr Menschen keine Kinder mehr leisten. Ich glaube, ein Weg, um Kinder wieder in den deutschen Traum zu integrieren, wäre, die soziale Sicherheit zum wesentlichen Organisationsprinzip unserer Gesellschaften zu machen. Jede Volkswirtschaft, die eine solche Unsicherheit wie heutzutage erzeugt, taugt zu nichts.

Indiens alte Kultur und die Kultur der Indianer Nordamerikas verfügten beide über eine sehr schöne Art und Weise, ihren Zukunftstraum lebendig zu erhalten: Sie haben jedes wichtige Gesetz und jede größere Entscheidung daran gemessen, welche Auswirkungen sie auf die nächsten sieben Generationen haben werden, die nach ihnen kommen. Ich finde, auch der deutsche Traum sollte weiter in die Zukunft hinausreichen, indem Deutschland bei seinen tagtäglichen Entscheidungen stets auch an die nächsten sieben Generationen denkt.

So viele unserer Gesprächspartner in Asien, Nord- und Südamerika und Afrika, mit denen wir für dieses Projekt gesprochen haben, sagten sehr optimistische und hoffnungsvolle Dinge über Deutschland. Viele von ihnen sind sogar regelrecht stolz auf Deutschlands Errungenschaften, obwohl sie selbst gar keine Deutschen sind. Wenn wir jedoch mit Menschen in Deutschland sprechen, treffen wir diesen Stolz auf Deutschlands positive Bemühungen der letzten Jahrzehnte und humane Errungenschaften für die Welt nur sehr selten an. Was könnte uns helfen, mehr Stolz und auch mehr Heiterkeit aus den Dingen zu beziehen, die Deutschland in den letzten Jahren für die Welt getan hat?

Die Deutschen könnten ihren Stolz auf Deutschlands Beiträge der letzten Jahrzehnte finden, wenn sie erkennen würden, dass deutsche Initiativen schon längst Teil einer globalen Bewegung sind, die sich für eine bessere Welt und für einen anderen Traum einsetzt. Dass die normalen Deutschen ihrer Möglichkeit zum Träumen beraubt worden sind, ist ja gerade der Grund, weshalb sie sich so entfremdet fühlen. Ich finde auch, dass das deutsche Wählerverhalten die wachsende Enttäuschung so vieler ihrer Landsleute zeigt. Ich glaube, alle deutschen Arbeiter sollten das Recht auf einen sicheren Arbeitsplatz haben. Und ich glaube auch heute noch, dass jeder deutsche Bauer und jede Bäuerin in der Lage sein sollte, ihren Traum von einer Landwirtschaft zu leben und auch weiterhin die Möglichkeit haben sollte, ihre kleinen Höfe einmal ihrer Tochter oder ihrem Sohn weiterzugeben.

Um Stolz nach Deutschland zu bringen, müssen Sie stets zuerst wieder das Wachstum und die Sicherheit Ihrer Gesellschaft messen statt immer nur das Wachstum Ihrer Wirtschaft zu messen, die sich längst von der Gesellschaft hat scheiden lassen. Anschließend sollten Sie sich um einen positiven Traum herum organisieren; und dieser positive Traum kann heute nicht mehr Deutschlands Traum allein sein. Das kann kein exklusiver Traum mehr sein. Es muss ein Traum des Teilens sein. Es muss ein Traum von Fürsorglichkeit sein und dem Wissen, dass wir unserer Zukunft gemeinsam gegenübertreten, auf einem Planeten, wo uns das Klima miteinander verbindet, wo uns die Klimaverschiebung verbindet, wo uns die Artenvielfalt verbindet, genauso wie uns auch die Ozeane miteinander verbinden und der schöne Morgenhimmel.

Erzählen Sie uns auch Ihren mutigsten Traum für Indien?

Ja. In Indien galt Reichtum nie als besonders wichtig oder als etwas, das nur über Geld definiert wird. Die Fähigkeit, etwas zu geben, haben wir immer als viel wichtiger empfunden. Etwas geben zu können, hat in unserer Gesellschaft stets die höchste Bürgerehre bedeutet. Diese Tugend verändert sich nun gerade unter dem Einfluss der Globalisierung, die Geld, Machtanhäufung und Habsucht zelebriert. Mein Traum ist, dass Indien diese Phase der Gier zugunsten weniger überstehen wird und sich in eine Zukunft des Miteinander-Teilens begibt.

Wir sind ein Land von gigantischer Vielfalt. Wir sind ein Land, in dem 2000 verschiedene Sprachen gesprochen werden. Alle 200 Meilen ist das Essen anders. Alle 500 Meilen tragen die Menschen wieder andere Kleidung. Das ist das schöne Indien, in dem ich mit Freude aufgewachsen bin. Das ist die Schönheit eines Landes, das Arbeit für Hand und Verstand schafft. Und das ist das Indien, von dem ich träume. Das Indien, für das ich kämpfe. Das Indien, dem ich diene.

Dr. Shiva, danke, das Sie uns von Ihren Träumen erzählt haben.

Ich danke Ihnen.

GERFRIED STOCKER

»Deutschland fehlt es nicht an Geld. Es fehlt an Visionskraft.«

Gerfried Stocker ist einer der beiden künstlerischen Leiter der Ars Electronica in Linz, des europaweit wichtigsten Festivals und Wettbewerbs für digitale Kunst und Kultur, an dem sich jährlich über 4000 Künstlerinnen und Künstler aus über 70 Ländern beteiligen. Stocker wurde 1964 in der Steiermark geboren. Er studierte zunächst Nachrichtentechnik, machte aber schon als Zwanzigjähriger mit ersten Medienkunstprojekten auf sich aufmerksam. Seine interaktiven Klangskulpturen waren Österreichs offizieller Beitrag zur Expo 92 in Sevilla. Seit 1995 ist er auch Geschäftsführer des Ars Electronica Centers in Linz, ein interaktives Museum für digitale Zukunftsszenarien.

ÖSTERREICH

Fläche:	82 444 km^2
Bevölkerung:	ca. 8 Millionen

Herr Stocker, Sie sind künstlerischer Leiter der Ars Electronica in Linz, des europaweit wichtigsten Festivals für digitale Kunst und Kultur, zu dem jedes Jahr tausende von Künstlerinnen und Künstlern aus aller Welt anreisen. Konstruktive Zukunftsträume sind für Sie ein ganz vertrautes Terrain, deshalb für Sie auch gleich zu Anfang die schwierigste Frage: Wenn Sie an Ihren Nachbarn Deutschland denken, was ist da Ihr kühnster Traum für Deutschlands Zukunft?

Ich denke, ein Traum, den Deutschland exemplarisch für ganz Europa verwirklichen könnte, ist eine Lösung des größten Problems, das wir in Europa haben: die Integration von Nord und Süd. Wie können wir die unbedingt notwendige und ja längst stattfindende Durchmischung unserer Kulturen in einer Weise lösen, die nicht Assimilation, sondern Integration bedeutet? Es geht darum, enorme ideologische Mauern, die in unserer Gesellschaft und in unseren Köpfen verankert sind, niederzubrechen. Und Deutschland hat so etwas schon einmal geschafft. Die Stadt Berlin wurde nach der Überwindung der Mauer und der inneren Trennung ja fast exemplarisch zu einem Mythos des 21. Jahrhunderts. Diese Stadt ist geprägt von den Möglichkeiten, aber auch Gefahren, die aus diesem multikulturellen Mix erwachsen. Es hier zu schaffen – mit diesem extrem stark ausgeprägten moralischen Bewusstsein, das Deutschland aus seiner Vergangenheit mitgenommen und über die letzten 50 Jahre weiterentwickelt hat –, hier diese Integration zu schaffen, das könnte eine Führungsrolle Deutschlands begründen; für Europa und auch international.

Viele Ihrer Festivalbesucher träumen ja noch einen anderen Traum, der sich schon um die ganze Welt ausgebreitet hat: den Traum der »Open Source«-Bewegung, den Traum von gemeinsam entwickelter und oft kostenlos erhältlicher Software, wie etwa Linux, oder den Traum von kollektiv betreuten und kostenlosen Wissensdatenbanken wie Wikipedia. Warum übt speziell dieser Zukunftstraum, der Open-Source-Traum, auf immer mehr Menschen in der Welt eine so starke Anziehungskraft aus?

Es ist auffällig, dass jedes Mal mit dem Aufkommen neuer Technologien auch starke Visionen rund um eine gesellschaftliche Befreiung in Erscheinung treten. Das Gleiche haben der Buchdruck, der Telegraph, das Radio, der Film, das Fernsehen und ganz besonders dann natürlich der Computer und das Internet hervorgerufen. Viele dieser Visionen und Träume sind dann später, nachdem sich die Industrie dieser jeweiligen Technologie bemächtigt hat, verunglimpft worden. Es war ja jetzt auch eine Zeit lang durchaus schick zu sagen: »Na ja, das ist ja dann doch nichts geworden mit der Demokratie im Internet.« Wenn man sich inzwischen aber anschaut, wie sich bestimmte Phänomene entwickeln, ob das nun Blogs sind oder unheimlich innovative und selbstbestimmte Projekte in Entwicklungsländern, im Süden Indiens oder in Südostasien, die mit dem Internet und neuen Medien umgesetzt werden, dann merkt man eigentlich erst jetzt, 20 Jahre, nachdem dieses globale Dorf zum ersten Mal geträumt wurde, dass an dieser traumhaften Dimension des Internet eben doch einiges wahr ist! Hinter dem enormen öffentlichen Interesse an der »Open Source«-Bewegung steht auch der Traum, dass es einen wirklich gleichberechtigten, demokratischen Zugang zu dieser wichtigen Ressource namens Information geben könnte.

Ein zweiter Grund für die öffentliche Unterstützung der »Open-Source«-Bewegung liegt auch darin, dass an den symbolischen Erfolg des Linus Torvalds mit seinem alternativen Linux-Betriebssystem auch eine andere entscheidende Hoffnung geknüpft wird, nämlich die, dass es uns noch gelingen möge, gegen den enormen Andrang dieser Kontrolltechnologien standzuhalten. Wir hören tagtäglich neue Horrormeldungen aus dem Bereich neuer Copyright-Gesetze, aus dem Bereich neuartiger Patentierungen, Überwachungstechnologien und digitaler Kontrolle. Da ist natürlich die Vorstellung sehr hoffnungsvoll, dass es Leute gibt, die sich dieser Entwicklung entgegenstellen. Die Open-Source-Gegenbewegung zeichnet sich ja dadurch aus, dass Dinge frei zugänglich gemacht werden, dass man selbst eine Rolle spielen kann. All das ist jetzt so etwas wie der Leuchtturm, die letzte Festung, hinter deren Mauern man sich die Entstehung dieser dringend notwendigen, globalen

Protest- und Bürgerbewegung erhofft, die sich dann gegen die Übermacht der Kontrollsysteme zur Wehr setzen wird.

Viele Software-Entwickler in aller Welt hoffen, dass Deutschland – Sie haben ja gerade schon den »Leuchtturm« erwähnt –, dass nun ausgerechnet Deutschland eine Führungsrolle zugunsten der weltweiten »Open Source«-Bewegung einnimmt und dass Deutschland damit zugleich so etwas wie eine europäische Software-Renaissance lostritt. Welche Chance geben Sie dieser »Open Source«-Variante eines deutschen Traums?

Das ist einer der wichtigsten Träume, die wir im Moment unterstützen müssen, und wo auch eine reelle Chance besteht, dass gerade Deutschland eine entscheidende Rolle einnehmen könnte. Die Diskussion, die wir jetzt über Open-Source-Software führen oder über bestimmte Formen von Softwarepatenten, ist letztlich nur die Fortsetzung der jahrhundertealten Diskussion um Meinungsfreiheit. Worauf die Amerikaner so lange Zeit mit Recht Stolz waren, das First Amendment ihrer Verfassung, wo die Freiheit der Rede und die Meinungsfreiheit festgelegt sind, dieser Passus ist stark unter Druck. In der aktuellen Entwicklung, die von Amerika ausgeht, wird dieses Bekenntnis zum First Amendment eigentlich immer mehr zur Farce. Umso wichtiger wird es jetzt, dass eine kulturell und gesellschaftlich so fortgeschrittene und aufgeklärte Nation wie Deutschland hier die Verantwortung übernimmt; nicht nur für sich selbst, sondern auch in einem internationalen oder zumindest europaweiten Rahmen.

Eines Ihrer großen Themen sind Computerspiele, eine Branche, die in vielen Ländern der Welt inzwischen höhere Umsätze erwirtschaftet als die Kino-Industrie. Die meisten Computerspiele kommen bisher noch aus den USA und aus Asien. Was es hingegen noch kaum gibt, sind Spiele mit einer europäischen Ästhetik und mit Storys, die aus dem europäischen Kulturkreis stammen. Wie könnte Deutschland diese kulturelle Nische erfolgreich besetzen?

Die Computerspiele-Industrie ist mit der Filmindustrie vergleichbar. Und in ähnlicher Weise, in der Hollywood in der Nachkriegszeit ein wichtiges Instrument des amerikanischen Kulturimperialismus wurde und dann eine europäische Gegenbewegung entstanden ist, brauchen wir so etwas auch in der Game-Industrie. Im Kinobereich hat das ganz gut funktioniert. Die europäischen Alternativen haben zwar nie diese globale Reichweite und kommerzielle Dimension Hollywoods erreicht, sie haben aber einen wesentlichen Beitrag zur Identitätsstiftung und zur Pflege einer europäisch-kulturellen Identität geliefert. Eine ähnliche Bewegung muss auch im Bereich der Computerspiele passieren.

Und was könnte Deutschland für diesen Traum tun?

Deutschland braucht vor allem einmal eine Szene von jungen, kreativen Leuten, die ihre Chance darin sehen, so etwas hier in Europa, in Deutschland zu machen. Der Traum, den die meisten guten Computergrafiker, Animateure und Interaktionsdesigner haben, ist noch immer, einmal nach Amerika zu gehen; zu Firmen wie Pixar, Digital Domain, Electronic Arts oder anderen großen US-Konzernen. Man glaubt eben immer noch, dass man nur dort wirklich kreativ sein kann. Da sind wir wieder bei diesem Ursprungsthema: Wenn es uns gelingt, in Europa, hier in Deutschland, den jungen Leuten auch eine Chance zu geben, dass sie mit kreativen Produkten arbeiten können und damit – zumindest in einem bescheidenen Maß – auch ein Business starten können, dann ist schon sehr viel gewonnen. Das braucht Kapital.

Aber gerade das wirtschaftliche Potenzial der Medienindustrie in Deutschland ist enorm hoch. Man denke an eine Stadt wie München mit ihrer milliardenschweren Medienkonzentration. Eine Stadt wie München oder auch Köln könnte sich dieses Zukunftsimage aneignen und sagen: »Wir bauen hier ganz bewusst eine neue Industrie der Computerspiele auf.« Das könnte nach einer gewissen Anlaufzeit durchaus ein Exportschlager werden und sehr wohl dazu führen, dass hier in Europa und vor allem in Deutschland eine Szene entsteht, die das leisten kann, was Asien bereits leistet. Schauen Sie nur nach Japan: Dort ist eine ganz eigenständige Kultur der Computerspiele entstanden, die mittlerweile auch von den USA übernommen wird. Japanische Computerspiele sind damit nicht nur ein kommerzieller, sondern vor allem auch ein kultureller Exportschlager geworden. Deutschland fehlt es nicht an Geld. Es fehlt an der Visionskraft. Es fehlt am Mut jener Wirtschaftskapitäne, die zurzeit die Medienindustrie leiten und die sich einst in der so genannten New Economy mit schwachsinnigen Deals die Finger verbrannt haben. Derzeit ist eben wieder eine Garde am Werk, die sehr konservativ vorgeht und die es jetzt schwer macht, die notwendige Energie und Begeisterung für solche neuen Zukunftsprojekte aufzubringen. Wichtig ist jetzt, zu erkennen, dass Computerspiele nicht nur eine Unterhaltungsplattform sind, sondern längst ein wichtiges kulturelles »Transportmittel«, eine enorm einflussreiche, kulturelle Lernplattform.

Ich will aber auch klarstellen, dass ich nicht den Traum eines Gegen-Kulturimperialismus träume, an dessen Ende dann alle amerikanischen Kinder deutsche Computerspiele haben. Es geht nicht um Dominanz oder darum, Barrieren aufzubauen. Es geht nur darum, die ohnehin starke und widerstandsfähige kulturelle Identität Deutschlands oder auch Österreichs stärker ins globale Gespräch zu bringen. Die Natur der Informationsgesellschaft ist ihre Offenheit und Durchlässigkeit. Das ist etwas, woran wir uns erst noch gewöhnen müssen. Und dass Kultur sich nicht hinter Barrieren schützen lässt, zeigen die nutzlosen Anstrengungen Frankreichs, seine Sprache juristisch abzuschotten oder gar das englischsprachige Internet zu zügeln.

Der Einfluss, den Computerspiele auf die deutsche Sprache ausüben, und das Ausmaß, in dem über diese kulturelle Plattform täglich neue Anglizismen importiert werden, wird immer sichtbarer. Wie wichtig ist für Sie vor diesem Hintergrund die Hoffnung, unsere heutige deutsche Sprache auch noch in der digital vernetzten Welt zu erhalten?

Der Erhalt der deutschen Sprache hat für mich eine sehr, sehr hohe Bedeutung. Aber man muss auch in Erinnerung behalten, dass Sprache immer eine Materie im Prozess ist, die sich über Jahrhunderte fortwährend verändert hat. Die deutsche Sprache, auf die wir jetzt so stolz sind, ist das Ergebnis – um es überspitzt auszudrücken – eines sprachlichen Genozids, der in allen deutschsprachigen Gegenden stattgefunden hat. Es gibt ja weltweit das riesige Problem, dass täglich irgendwelche Sprachen aussterben. Die deutsche Sprache ist aus dem gleichen Prozess hervorgekommen. Das heißt, die Normierung, die wir jetzt als verteidigungswürdigen Standard sehen, ist selbst das Ergebnis einer Assimilierung gewesen. Um aber die wirklich großen Probleme dieser Welt, wie etwa den Klimawandel, lösen zu können, müssen wir auch zu einer Kultur der Gemeinsamkeit finden. Bei allem Respekt vor kultureller Diversität und Identität, wir müssen eine Kultur der globalen Gemeinsamkeit aufbauen; und das wird zwangsläufig dazu führen, dass Sprachen assimiliert und verändert werden.

Am stärksten merkt man das ohnedies am Englischen. Das Englisch, das wir als Weltsprache kennen, ist von dem Englisch, das in den Schulen gelehrt wird, meilenweit entfernt. Die Menschen, die »richtiges« Englisch sprechen, sind global längst in der Minderheit. Ich halte es nicht für nötig, alles ausschließlich auf Englisch oder auf eine Sprache zu reduzieren. Aber wir werden letztlich dabei landen, dass es vielleicht zwei, drei oder vier Sprachen geben wird, die man sprechen muss, um irgendwann einmal mit der ganzen Welt kommunizieren zu können. Es würde mich freuen, wenn Deutsch darunter ist; es wird aber nur darunter sein, wenn es der deutschsprachigen Kultur gelingt, hier offener und flexibler zu werden, und wenn wir es halt auch zulassen, dass sich die Sprache verändert.

Herr Stocker, haben Sie herzlichen Dank für Ihre Bereitschaft, uns einige Ihrer Träume zu erzählen.

Gerne. Hat mich sehr gefreut.

GALSAN TSCHINAG

»Die Deutschen gefallen mir einfach.«

Galsan Tschinag ist Stammeshäuptling der Tuwa, eines kleinen Bergvolks im Westen der Mongolei. Tschinag wurde seit frühester Kindheit zum Schamanen ausgebildet. Im Alter von 19 Jahren kam er 1962 zum Germanistikstudium nach Leipzig, wo er sechs Jahre lang lebte. Nach seiner Rückkehr in die Mongolei arbeitete er als Deutschlehrer, verlor dann aber 1976 wegen »politischer Unzuverlässigkeit« seine Lehrerlaubnis. 1981 veröffentlichte er in der damaligen DDR sein auf Deutsch verfasstes Erstlingswerk ›Eine tuwinische Geschichte‹. Seither hat Tschinag zahlreiche deutschsprachige Erzählungen und Gedichte verfasst, für die er mehrere Literaturpreise erhielt, darunter den Adelbert-von-Chamisso-Preis. Seinen größten Traum erfüllte sich Galsan Tschinag 1995, als er sein Volk der Tuwa in das 2 000 Kilometer entfernte Stammland im Altai-Gebirge zurückführte, wo er 1943 als jüngster Sohn einer Schamanin zur Welt gekommen war. Heute bemüht er sich darum, das Überleben seines Nomadenvolkes zu sichern.

MONGOLEI

Fläche:	1 564 116 km^2
Bevölkerung:	ca. 3 Millionen

Herr Tschinag, Sie sind in der Mongolei aufgewachsen und leben dort auch. Sie sprechen viele Sprachen, schreiben aber die meisten Ihrer Bücher auf Deutsch. Was ist es, was Ihnen an Deutschland und der deutschen Sprache so besonders gefällt?

Ich habe ja in Deutschland etwas gefunden, was ich brauchte. Wir leben um etwa 1 000 Jahre zurück. Wir sind ein kleiner Stamm im äußersten Westen der Mongolei und leben noch in der Urgesellschaft, das ist das kleine Tuwa-Volk. Und wenn man unser Heute mit der Geschichte vergleicht, dann komme ich auf die alten Germanen. Ich habe bei den Deutschen die germanischen Wurzeln entdeckt. Und wenn man so einem Deutschen heute sagt »Ihr habt schamanische Wurzeln«, der würde einen nur ratlos anschauen. Wenn man sich aber ein wenig mit ihm unterhält, wird er es schnell einsehen. Ich sehe ja in Goethe auch nicht sosehr den großen Dichter; er ist für mich mit seinem ›Faust‹ und mit der ›Walpurgisnacht‹ ein ganz großer Schamane. Deutschland ist ein Land mit großen Spuren des Heidentums. Und die Deutschen gefallen mir einfach. Ich habe ein mongolisches Gesicht, eine schamanische Tuwa-Seele und dann habe ich einen europäisch-deutschen, deutsch-germanischen Geist. (lacht)

Sie sagten einmal, Sie seien zuallererst ein Schamane und dann ein Poet. Was ist ein Schamane?

Ein Schamane ist ein Mensch mit wachen Antennen. Jedes Lebewesen hat in sich Antennen, ganz gleich ob das nun eine Ameise ist, eine Katze oder ein Mensch. Und unter den Menschen gibt es welche, die ziemlich dumpfe Antennen haben, die ihre Antennen nicht pflegen. Aber dann gibt es auch welche, die über ihre Antennen nachdenken und diese regelmäßig pflegen. Für das technische Wort Antenne können Sie auch ruhig das Wort Fühler nehmen.

An Ihren Gedichten und Erzählungen fällt auf, dass Sie Ihre Identität als Mongole zuallererst über die Landschaft der Mongolei definieren: über die Berge des Altai-Gebirges, die Wolken, die Wild-

pferde, das besondere Licht und die Farben des Steppengrases. In Deutschland ist so etwas eher unüblich. Wer sein Deutschsein etwa über seine Liebe für die Donau definiert oder über seine Sehnsucht nach der Ostsee, wird ja schnell als kitschig oder gar als Nationalromantiker belächelt. Wenn Ihnen also ein Kind in Deutschland heute die Frage stellen würde, »Herr Tschinag, was ist eigentlich deutsch?«, was würden Sie diesem Kind antworten?

Ich würde sagen, der Deutsche ist eigentlich ein ganz lieber und toller Mensch. Er hat geschickte Hände, zwei wunderbare Hände. Damit kann er richtige Wunder erschaffen. Und er hat einen hellen Kopf. Aber, ich würde sagen, er ist in der Seele verwundet und wir müssen ihn vorsichtig behandeln; nicht immer daran erinnern, dass er Deutscher ist. Wir sollten in jedem Deutschen zunächst den Menschen sehen. Vielleicht gibt es den Mongolen, den Amerikaner, den Deutschen, den Nigerianer gar nicht, aber jedes Mal gibt es den Menschen. Wenn man ständig den Menschen anpackt, dann kommt man auf den Grund. Einer, der in Deutschland aufgewachsen ist, auch wenn er zum Beispiel eine schwarze Haut hat, ist ein Deutscher. Ich sage: Die Steppe, deren Gras ich bin, die ist meine Heimat. Der Berg, dessen Stein ich bin, das ist meine Wurzel. Die Landschaft prägt den Menschen.

Und welchen Einfluss haben dann die deutsche Landschaft und Deutschlands Natur auf das Wesen der Menschen, die in Deutschland leben?

Wissen Sie, ich sage immer zu den Deutschen, die in die Mongolei reisen möchten und die Altai-Steppe erleben möchten und sich dann an mich wenden: Also, wenn du so viel Geld hast und unterwegs so viel Lebenszeit vergeuden willst, dann mach das. Aber überlege dir vorher, dass es Deutschland auch gibt. Deutschland ist zwar klein, aber es ist ein großes Land. Deutschland hat so eine wunderbare Landschaft! Schauen Sie mal, in Deutschland gibt es eigentlich alles: die Schneeberge, die Mittelgebirge, Meere gibt es und sogar Steppen, die Wiesenheide, es gibt dort alles. Und diese Landschaft prägt natürlich ganz stark den Menschen. Deutschland liegt den Deutschen nah und deshalb können sie das nicht so schnell sehen. Also muss man den Leuten sagen: »Schau hin, vor dir liegt was Tolles, was Wunderbares«, und dann erkennen die Menschen das auch.

Wenn Sie – als ein Poet und Schamane aus der Mongolei –, wenn Sie heute an Deutschland denken, was ist dann Ihr hoffnungsvollster Traum für Deutschlands Zukunft?

Also ich fange das so an: Deutschland als Macht des Friedens. Das hätte sich vor fünf oder zehn Jahren noch unglaublich angehört. Aber als der Krieg im Irak beginnen wollte, als alles in Vorbereitung war, da haben Deutschland und die Deutschen sich stur dagegen gestellt, da gab es die großen Friedensdemonstrationen, Millionen Menschen gingen auf die Straßen. Deutschland war beispielgebend für ganz Europa. Deutschland war erstmalig eine Macht des Friedens, eine unerschütterliche Mauer des Friedens. Von hier könnten andere Träume ausgehen. Frieden, Deutschland braucht Frieden. Deutschland hat ja sonst alles.

Es gibt ja einige Länder in der Welt, die sehr motivierende Träume für die Zukunft haben. Da gibt es zum einen natürlich den viel diskutierten und oft kritisierten American Dream, es gibt aber auch den immer stärkeren Traum Indiens und den Traum eines neuen China, die sich beide der Welt gegenüber nicht mehr nur als Wirtschaftsstandorte präsentieren wollen, sondern auch als Kultur- und Wissenschaftsnationen. Und auch Ihr kleines Volk der Tuwa hat den Traum, seine Kultur in die Zukunft zu tragen. Was glauben Sie, wie könnte Deutschland einen Traum für sich formulieren, der ähnlich weit hinaus in die Zukunft reicht?

Eine Nation von rechtschaffenen Mitgliedern zu sein, so sehe ich die Deutschen. Obwohl ich natürlich auch in deutschen Städten und auf deutschen Dörfern hin und wieder unzuverlässige Menschen treffe. Aber alles in allem – und wissen Sie, ich bin ja Außenstehender, eine Minderheit, immer ein Gast, der hin und wieder nach

Deutschland kommt –, wenn ich mit einem deutschen Menschen etwas ausmache, dann mache ich mir darüber überhaupt keine Sorgen mehr. Und das ist rechtschaffen, Korrektheit, eine saubere Nation. Mit »sauber« meine ich jetzt nicht sosehr die Tat, sondern die Gedanken: zu seinen Fehlern, zu seinen Mängeln, Schwächen, aber auch zu seinen Stärken zu stehen, zu seinen Möglichkeiten, zu allem. Ich glaube, die deutsche Seele hat die Kraft, auch zu den eigenen Taten zu stehen.

Sie haben mit Ihrem Volk der Tuwa vor gut zehn Jahren einen großen Traum verwirklicht und sind gemeinsam in das knapp 2000 Kilometer entfernte Stammland ihres Volkes am Altai-Gebirge zurückgekehrt. Eine Stammeswanderung, die Sie auch in Ihrem Buch ›Die Karawane‹ beschrieben haben. Wie wichtig sind solche Zukunftsträume für das Wohlbefinden eines Volkes?

Das ist sehr wichtig. Ich habe damit das Aussterben meines kleinen, klitzekleinen Volkes um mindestens 50 Jahre hinausgezögert. Und da haben die Menschen eine neue Zeitrechnung begonnen. Es ist heute wirklich so, dass man bei uns sagt, »das war zwei Jahre vor der großen Karawane«, oder, »das war im Jahre der Karawane«. Das war der Beginn einer Zeitrechnung. Jedes Volk, jeder Mensch braucht einen großen, kühnen Traum. Auch wenn das zunächst sehr fantastisch ausschauen mag.

Und Ihr kühner Traum für Deutschland wäre also, dass Deutschland die Friedensmacht wird in der Welt?

Eine einige Friedensmacht! Aber ohne sich irgendwie durchzuschmuggeln. Nein. Ganz feststehend. Wie eine große Felswand.

Sie sagten einmal, nicht nur Ihr Nomadenvolk der Tuwa sei ein aussterbendes Volk, sondern alle alten Völker und auch die Deutschen.

Ja.

Wie könnten die Deutschen ihr kulturelles oder demnach sogar ihr demografisches Aussterben verhindern?

Wissen Sie, Aussterben ist vielleicht gar nicht ein so glückliches Wort. Es wird ja in der Welt, wie auch in der Geschichte und wie bei jedem Organismus gestorben und geboren. Die alten Zellen werden rausgestoßen, abgestoßen und neue Zellen bilden sich heraus und formen sich. Und so sehe ich auch ein Volk. Wenn also mein kleines Volk ausstirbt, dann werden die blau befleckten Tuwa-Menschen in der Geschichte immer noch da sein. Aber dann werde ich sagen, wir haben uns gewandelt. Ein Volk muss sich so oder so immer wandeln. Fortbestehen ist ja ein ständiges Wandeln, die Fähigkeit zu einem schmerzfreien Wandel. Und so gesehen, wird das edle, gute Deutschland fortbestehen. Wer das begriffen hat, wer ohne Schmerzen, ohne Überheblichkeit daran teilhat und dazu seinen kleinen Beitrag leistet, der ist ein guter Deutscher.

Das Deutschland, in dem Sie einst als junger Gaststudent Deutsch gelernt haben, war die DDR der Sechzigerjahre. Welche Eigenheiten dieser damaligen ostdeutschen Kultur vermissen Sie vielleicht im heutigen Deutschland?

Das ist eine gute Frage, weil Sie damit dieses Teiles Deutschlands gedenken. Ich bekenne mich gern zu den Hinterlassenschaften dieses deutschen Arbeiter- und Bauernstaates, dieses Stückes der deutschen Geschichte. Heute stehen wir so auf einem Nebelfeld der Geschichte, da wird viel Unsinn erzählt. Und diese Menschen haben ja auch ihre Träume gehabt, die haben gelebt und geliebt auf ihre Art und Weise. Viele sind glücklich gewesen, viele unglücklich und unzufrieden. Aber wenn man heute nachträglich die Geschichte liest, diese gemachte Geschichte liest, dann entsteht der Eindruck, siebzehn Millionen Menschen hätten 40 Jahre lang nur im Schatten einer steinernen Mauer dagesessen und nur geheult und sich unglücklich gefühlt und danach geschmachtet, befreit zu werden. So war es eben nicht. Man muss der Wahrheit, auch wenn sie manchmal unangenehm ist, ins Auge schauen.

Was glauben Sie, wie könnte dieses Erbe, diese besondere Lebenserfahrung der Ostdeutschen, Teil eines neuen deutschen Zukunftstraums werden?

Es hat da viele gute Sachen gegeben, zum Beispiel die Altersbetreuung. Das ist besser gewesen als jetzt in dem größer gewordenen, vereinten Deutschland. Die Menschen hatten damals erstmalig aufgehört gehabt, sich vor dem Alter zu fürchten. Bei den Nomaden ist ja ein alter Mensch ein wertvoller Mensch. Der Mensch ist geboren als ein Stein. Jedes Kind ist ein Stein und wächst zu einem Hügel, und das Ziel ist, dass man zu einem Berg wird, also zu einem menschlichen Berg. Ein sechzig-, siebzigjähriger Mensch ist ein Gletscherberg mit weißem Gipfel. Ein Volk kann nur zusammen gehen, alle zusammen, Hand in Hand, Kinder, Jugendliche, erwachsene Menschen von mittleren Jahrgängen und dann ältere Bürger und dann die ganz alten, also die Schneeberge. Das alles zusammen ergibt eine Landschaft und ergibt auch die Gesellschaft.

Herr Tschinag, haben Sie herzlichen Dank für das Gespräch.

Ich danke Ihnen auch für das Vertrauen.

BUKET UZUNER

»Es muss Wege geben, um die Vorstellungskraft der Kinder zu stärken.«

Buket Uzuner ist eine der meistgelesenen Schriftstellerinnen der Türkei. In ihren Erzählungen und Kurzgeschichten geht es oft um die kulturelle Vermittlerrolle, die die Türkei zwischen Westeuropa und dem Nahen Osten spielt. Uzuner gilt auch als wichtige Stimme für die weitere Demokratisierung der Türkei und eine türkische EU-Mitgliedschaft. Ihre Werke sind in fünf Sprachen übersetzt worden, bisher ist aber noch keines ihrer Bücher auf Deutsch erschienen. Buket Uzuner wurde 1955 in Ankara geboren, sie studierte Biologie und Umweltwissenschaften. Während ihrer akademischen Laufbahn arbeitete sie an Universitäten in Norwegen, den USA und Finnland. Heute lebt sie in Istanbul.

TÜRKEI

Fläche:	770 760 km^2
Bevölkerung:	71 Millionen

Frau Uzuner, Ihr Staatsgründer Kemal Atatürk gab der Türkei in den Zwanzigerjahren des letzten Jahrhunderts einen neuen Traum, den Traum eines weltlicheren und stärker nach Westeuropa orientierten Landes. Sie sind heute eine der erfolgreichsten Schriftstellerinnen der Türkei. Ist Atatürks Traum noch am Leben?

Wenn Sie diese Frage meiner Mutter und ihrer Generation stellen würden, wäre die Antwort ein überzeugtes Ja. Sie sind stolz darauf, die »Töchter Atatürks« genannt zu werden. Atatürk war ein großer Träumer und ein tapferer Realist. In Atatürks Zeit arbeiteten viele Dichter und Schriftsteller für ihn, darunter auch viele weibliche Pioniere. Sie arbeiteten für seine Regierung und für diesen türkischen Traum. Nach Atatürks Tod 1938 hielt dieser Traum von der allerersten und bis heute ja immer noch einzigen modernen, säkularen islamischen Nation noch weitere zehn bis fünfzehn Jahre an. Dann war der Traum vorbei. Er scheiterte an den elitären Fehlentscheidungen kurzsichtiger und inkompetenter Politiker und Strategen. In den späten Sechzigerjahren hatten wir in der Türkei dann einen neuen Traum. Wie ja auch in vielen anderen westlichen Ländern und in Lateinamerika war dieser neue Traum sozialistisch und forderte gleiches Recht für alle. Dieser Traum endete in zahllosen Boykottaktionen, Streiks, blutigen Straßenkämpfen und dann 1980 in einem Militärputsch. Seither haben wir unsere Fähigkeit, zu träumen, weitgehend verloren. Die Möglichkeit einer türkischen EU-Mitgliedschaft war in den letzten zehn Jahren vielleicht der einzige Traum, der uns noch übrig geblieben ist. Aber eigentlich ist das kein Traum, der aus der Türkei stammte. Um es ganz offen zu sagen: Das ist ein importierter Traum.

In den letzten 20 Jahren hat sich vieles verändert, nicht nur in der Türkei und in Deutschland, sondern in der ganzen Welt. Ich glaube, selbst unser Begriff davon, was Träume sind, hat sich verändert. Der Traum im Sinne einer Vision muss für unsere heutigen Lebensbedingungen erneuert und neu geboren werden. Die Natur solcher Träume ist aber universal. Sie sind die Hoffnung auf eine bessere Zukunft für Individuen, Nationen und die Welt. Deshalb sind Träume auch ein lebenswichtiges Bedürfnis unserer menschlichen Natur. Kemal Atatürks revolutionärer Traum war wirklich großartig für seine Zeit, das erkenne ich an. Eine seiner vielen guten Hinterlassenschaften ist, dass ich hier und heute als Frau und Schriftstellerin frei über meine Ideen sprechen kann. Aber: Wir brauchen neue, frische, eigene Träume! Leben wir eigentlich gerade im Zeitalter schwacher Vorstellungskraft und denkfauler Geister? Oder sind wir einfach nur erschöpft von den vielen Enttäuschungen, die sich hier in der Türkei und auch in vielen anderen Ländern der Welt über Jahrhunderte hinweg die Klinke in die Hand gegeben haben? Ich weiß es nicht.

Seit den sechziger Jahren sind viele Türkinnen und Türken nach Deutschland gezogen. Das eigene Land zu verlassen ist eine emotional sehr schwierige Herausforderung, ganz egal, wie groß die wirtschaftlichen Anreize und Hoffnungen auch sein mögen. Wie würden Sie diesen besonderen deutschen Traum beschreiben, den Millionen Ihrer türkischen Landsleute im Lauf der letzten Jahrzehnte geträumt haben?

Unsere Ahnen waren ein nomadisches Schamanenvolk. Und obwohl wir schon seit Jahrhunderten keine Nomaden mehr sind und uns im Wesentlichen in Anatolien niedergelassen haben, reißen wir bis heute Witze darüber, dass dies unsere einzigen Gene seien, die noch nicht mutiert sind. Ich werde Ihnen eine Kindheitserinnerung von mir erzählen, die Ihnen einen Eindruck davon geben könnte, was die Türken in den Sechzigerjahren über Deutschland gedacht haben: Mein Vater arbeitete damals für kurze Zeit in einer kleinen deutschen Firma in Ankara. Später hat er dann bis zur Rente für eine große türkische Bank gearbeitet. Als ich etwa drei Jahre alt war, arbeitete er für kurze Zeit in dieser deutschen Firma, und von da an wuchs ich auf mit all diesen Geschichten über Herrn Helmut und seine Frau Ingrid, die ja so diszipliniert, so höflich und wunderbar gewesen seien. Diese Art der Verehrung war typisch für die türkische Gesellschaft der sechziger Jahre, die die Disziplin, die Organisationsfähigkeit und Ausdauer der Deutschen bewundert hat. In der Türkei der Sechzigerjahre wurden diese Tugenden geradezu angehimmelt. Wer nach Deutschland zog, wurde dafür hoch angesehen.

Was ist Ihr Traum für die Zukunft der Türkei?

Ich bin in einer städtischen Mittelschichtfamilie aufgewachsen, wo die Kultur der Welt als etwas Universales betrachtet wurde. Niemand hat jemals zu mir gesagt, dass Goethe etwa den ›Faust‹ nur für die Deutschen oder nur für die Westeuropäer geschrieben hätte oder dass das Genie Shakespeare und der Poet Rumi etwas grundlegend Verschiedenes wären. Wenn ich heute mit Jugendlichen spreche, die deprimiert oder hoffnungslos sind, sage ich ihnen auch immer: Ihr dürft nicht nur nach Westen oder Norden schauen, Ihr müsst die Welt global betrachten, als einen Planeten. Ich war immer stolz auf die Türkei als die einzige säkulare islamische Kultur der Welt, wo Frauen seit 1923 Bürgerrechte haben, die von der Verfassung geschützt sind; vom Scheidungsrecht zum Recht auf Abtreibung, vom Wahlrecht bis hin zu der Möglichkeit, Präsidentin des höchsten Gerichts zu werden. Aber die Dinge sind nicht immer so großartig und rosig, wie sie in den Gesetzestexten beschrieben werden. Ich finde, es ist an der Zeit, dass wir uns jetzt der Frage stellen, warum es in diesem Land immer noch so entsetzliche Gewalttaten gegen Frauen gibt, die dann auch noch als »Ehrenmorde« bezeichnet werden. Wir kämpfen immer noch damit, dass die Redefreiheit entweder als ein Luxus oder als ein Monster präsentiert wird und nicht als etwas, von dem unser Land durch alle Zeiten hinweg profitiert hat.

Wenn ich aber zurückblicke und sehe, wie sehr die Gedankenfreiheit einst unter der Zensur zu leiden hatte; wie unerwünscht es war, wenn jemand etwas über die Gleichberechtigung von Frauen und Männern geschrieben hat, und wenn ich dann noch sehe, wie viel freier wir uns heute fühlen im Vergleich zu den älteren Generationen von Schriftstellerinnen, Künstlern und Künstlerinnen, dann glaube ich, dass jede Revolution und jeder Traum mindestens 100 Jahre oder vier Generationen braucht, um verwirklicht zu werden. Wenn meine Berechnungen also stimmen, würde ich sagen, dass wir noch weitere 15 Jahre brauchen, um die Demokratie in der Türkei zu integrieren; kurioserweise ist das ja auch das, was die EU von der Türkei für eine Vollmitgliedschaft verlangt.

Auch wenn es manchmal hoffnungslos zu sein scheint, ist eine meiner Hoffnungen und Träume für die Türkei, dass wir Türken eines Tages über jegliche Tabuthemen schreiben und sprechen können, seien es politische, kulturelle, militärische oder religiöse Themen. Ich hoffe, dass die türkische Demokratie ein wundervolles Beispiel für alle islamischen und nicht-islamischen Diktaturen in der Welt werden kann. Das wäre zugleich auch eine große Niederlage für alle, die denken, dass Islam und Demokratie nicht zueinander passen.

Und wenn Sie mich nach meinem kollektiven Traum fragen, nicht nur für die Türkei, sondern genauso auch für Deutschland, für Pakistan oder Norwegen, dann ist das der Traum, dass diese vergleichsweise kleinen Kulturen Wertschätzung erfahren, statt von den größeren Kulturen, wie etwa der amerikanischen Kultur, dominiert zu werden. Ich glaube, dass Vielfalt und Pluralismus die Gutherzigkeit zum Vorschein bringen.

Sie haben Deutschland bereist; eine große deutsche Zeitung hat Sie bereits mit der bedeutenden deutschen Schriftstellerin Christa Wolf verglichen, Sie haben Fans in Deutschland und die türkischen Ausgaben Ihrer Bücher werden in Deutschland seit Jahren erfolgreich verkauft. Wenn Sie an Deutschland denken, was ist Ihr größter Traum für Deutschlands Zukunft?

Vielleicht gehe ich damit ja zu weit oder bin zu träumerisch, aber eines Tages würde ich es wirklich gerne sehen, dass ein jüdischer Deutscher oder eine jüdische Deutsche Bundeskanzler wird. Und ich träume davon, dass es in zehn Jahren in Deutschland viele internationale Projekte speziell für Träumerinnen und Träumer geben wird, wo Deutschland Wissenschaftler und Schriftsteller aus aller Welt zum Träumen einlädt; nicht mit dem vorgesteckten Ziel verwertbarer Resultate, sondern nur der Kreativität wegen, so wie das auch viele amerikanische Think-Tanks bereits tun. Und eines Tages könnte Türkisch oder auch eine andere Sprache die zweite Amtssprache Deutschlands werden, so wie Arabisch eine der Amtssprachen Frankreichs sein könnte.

Ein anderer deutscher Traum von mir besteht aus dieser Frage: Wann und warum hat die deutsche Kultur vergessen, ihre Gegenwart und ihre Zukunft zu erträumen? Ich habe Vertrauen in die großen deutschen Romantiker wie Schiller, Goethe und auch meinen Lieblingsschriftsteller, Herman Hesse. Ich habe Hesses ›Steppenwolf‹ immer bei mir, egal wohin ich reise. Auf Türkisch heißt er ›Bozkir Kurdu‹. Auch Thomas Mann, Brecht und all die anderen sind wichtige kulturelle Figuren in meinem Leben. Ich empfinde Wertschätzung für sie. Diese Schriftsteller sind Teil von Deutschlands Kultur. Und wenn die deutsche Kultur solche Menschen hervorbringen konnte, warum sollte ich dann nicht davon träumen können, dass Deutschland auch jüdisch-deutsche Kanzler, Pluralismus und eine türkische Mitgliedschaft in der EU tolerieren könnte? Wir sollten solche Dinge von Deutschland erwarten!

Und was ist Ihr hoffnungsvollster Traum für die Türken, beziehungsweise die Türkisch-Deutschen oder Deutsch-Türken, die heute in Deutschland leben?

Da fällt mir zuerst diese Wunschvorstellung ein, die ich mal hatte, als ich über Ihren ehemaligen Bundeskanzler Helmut Kohl nachdachte. Helmut Kohl hat ja bekanntlich eine türkische Schwiegertochter. Wenn eines seiner Enkelkinder einmal einen türkischen Vornamen bekäme, wäre das so eine gute Geste, vor allem einem Land gegenüber, das immer noch so starke Traditionen hat.

Für die Türken in Deutschland träume ich davon, dass sie ein Teil der deutschen Kultur sind. Sie leben dort, sie verdienen ihr Geld dort und zahlen ihre Steuern in Deutschland. Sie sind unleugbar Teil der deutschen Kultur. Aber es gibt ein großes Integrationsproblem, dessen Ursprünge auf beiden Seiten liegen. Wenn du das Gefühl hast, zu »den anderen« zu gehören oder in die Position »des anderen« abgedrängt zu werden, dann bewirkt das eine Identitätskrise und führt zu reaktionären Reflexen. Ethnischer Nationalismus und fanatische Religiosität gedeihen in den Gruppen, die als »die anderen« betrachtet und behandelt werden. Und das geschieht nicht nur unter Deutsch-Türken, sondern auch unter den Minderheiten in der Türkei. Ich stehe auch meiner eigenen Kultur kritisch gegenüber. Generell finde ich es jedoch sehr gefährlich und sehr unfair, Behauptungen aufzustellen, wie sie nach dem 11. September 2001 gemacht wurden, nämlich zu sagen, dass Demokratie und Islam nicht zusammengehen können. Unseren kommenden Generationen bietet das keine frohe Zukunft, sondern führt uns auf einen politisch sehr gefährlichen Weg, hin zu einer Welt von »anderen«. Eine solche Denkweise und Rhetorik ist in sich selbst fanatisch! Und wissen Sie, Fanatismus, wie auch jeder andere »-ismus«, ist eine Krankheit. Er eliminiert unsere Vernunft und erzeugt eine Geisteshaltung, in der keine Träume mehr möglich sind. Wenn du das Gefühl hast, zu der Kultur zu gehören, in der du lebst, dann kannst du dort auch träumen. Integration ist das Zusammenfügen verschiedener Teile zu einem Ganzen, während du gleichzeitig deine eigene Identität bewahrst. Und ich sage es noch einmal: Das gilt für die Türkisch-Deutschen in Deutschland genauso wie für die Minderheiten in der Türkei. Mein Traum für Deutschland, für die Türkei und die Welt ist deshalb, dass ein säkularer Humanismus und Pluralismus die Leitprinzipien unserer zukünftigen Gesellschaften sein werden. Dieser Ansatz würde nahelegen, dass die Türkisch-Deutschen sich bemühen, Teil der deutschen Kultur zu werden, und dass die Deutschen sie auch daran teilhaben lassen. Wenn die Türkisch-Deutschen erst einmal das Gefühl hätten, dass sie als vollwertige Bürger Deutschlands zählen, dann hätten sie vielleicht weniger Angst davor, zwischen zwei Kulturen stecken zu bleiben. In dieser Hinsicht kritisiere ich auch die türkische Kultur, die die Frauen, Homosexuelle oder Menschen mit ethnischen oder kulturellen Eigenheiten in die Position des »anderen« abdrängt, statt von dieser Vielfalt zu profitieren. Lasst uns diese Regeln, diese Stereotypen und Klischees mithilfe unserer Träume aufbrechen; mit unserer Kreativität, mit den Wissenschaften, mit unserer Literatur und Poesie! Ich hoffe, es wird gelingen.

Was ist der Unterschied zwischen einem gesellschaftlichen Traum und Nationalismus?

Nationalismus im Sinne einer ethnisch begründeten Voreingenommenheit ist so gefährlich! Das wissen wir aus der Geschichte. Ein kollektiver Traum kann leicht in einen nationalistischen Traum verdreht werden. Ich kenne Deutschland nicht so gut, aber ich vermute, dass unsere Mentalitäten in der Hinsicht ähnlich sind, dass es immer nur schwarz oder weiß gibt. In Wirklichkeit gibt es aber so viele verschiedene Farben dazwischen. Den Jugendlichen in der Türkei sage ich die ganze Zeit, dass es da viele verschiedene Farben gibt. Wir müssen lernen, einander zu tolerieren, als Schwestern und Brüder zusammenzuleben und gleichzeitig auch die gleichen vom Gesetz garantierten Rechte haben. Wenn individuelle Träume koexistieren können und wenn wir tolerant genug sind, gegensätzliche Ideen als einen Ausdruck von Vielfalt zu akzeptieren, dann könnten sich die Dinge zum Besseren wenden. Toleranz im Sinne eines säkularen Humanismus ist einer meiner Träume. Aber das wird nicht genügen. Wir brauchen auch Einfühlungsvermögen.

Was könnte getan werden, um die Träume der Türkisch-Deutschen und der Deutschen einander näher zu bringen?

Ich glaube, die Türken in Deutschland fühlen sich sehr minderwertig. Sie gehören nicht zur Türkei und sie gehören nicht zu Deutschland. Mein Vorschlag sind kleine Kooperationen, mehr praktische Projekte, wo Türken und Deutsche sich kennen lernen könnten. Aber ich sehe in letzter Zeit auch schon Anzeichen für eine Veränderung, zum Beispiel als ein türkisch-deutsches Mädchen, oder ein Junge, Deutschland bei einem internationalen Wettkampf repräsentiert hat. Das sind wirklich wichtige Schritte. Das muss fortgesetzt werden.

Sie haben selbst Kinder. Wie könnte ein deutscher Traum aussehen, in dem auch Kinder wieder willkommener sind?

Oje! Ich habe in meinem Leben vieles gemacht und meinen Lebensunterhalt in verschiedenen Berufen verdient, aber ich muss gestehen: Der allerschwierigste Bereich meines Lebens, der Bereich, wo ich mich selbst am unreifsten finde, ist meine Rolle als Mutter. Sie berühren mit dieser Frage meinen wunden Punkt. (lacht) Ich kann Ihnen das nicht wirklich beantworten, aber was ich weiß, ist, dass alle Kinder dieser Welt wirklich wundervolle und zerbrechliche Kreaturen sind. Ich muss Ihnen da etwas erzählen: Ich habe vor ein paar Jahren in der Schulklasse meines Sohnes ein Projekt gestartet. Ein ganzes Jahr lang bin ich jede Woche für zwei Stunden zu ihm ins Klassenzimmer gekommen und habe die Schüler gebeten, Briefe an sich selbst zu schreiben, für ihre Zukunft. Das Projekt hieß sogar »Briefe für die Zukunft«. Ich habe diese Briefe alle noch; und in zehn Jahren werden wir uns, wenn irgend möglich, alle wieder treffen und wir werden diese Briefe dann öffnen und lesen. Ich habe den Kindern damals folgende Frage gestellt: Wie wirst du sein in zehn Jahren? Du selbst, deine Familie, dein Land und die Welt? Als wir mit dem Projekt anfingen, waren die Kinder acht Jahre alt.

Das ging ein Jahr lang. Aber innerhalb nur eines Jahres hat sich ihre Einstellung so unglaublich verändert. Anfangs waren sie voll frischer Ideen und Kreativität, sie waren wundervoll. Am Ende des Jahres aber, als sie knapp neun waren, hatten die Kinder fast ihre gesamte Vorstellungskraft verloren. Das war so traurig. Was war passiert? Nun, wir hatten in diesem Jahr mal wieder eine unserer berühmten Wirtschaftskrisen und alle sprachen nur über Geld. Selbst diese kleinen Jungs und Mädchen sprachen jetzt nur noch über Geld. Alle Jungs träumten jetzt nur noch davon, reiche Geschäftsmänner zu werden. Darüber hinaus träumten die Mädchen jetzt nur noch davon, möglichst langbeinige Blondinen zu werden, schließlich wurde ihnen von den Medien und vom Fernsehen erzählt, dass sie sich gefälligst anstrengen sollten, sexy und schön zu sein. Die türkische Gesellschaft killt die Träume und die Vorstellungskraft der Kinder im Alter von neun Jahren. Ich kann Ihnen also nur empfehlen, die Vorstellungskraft der Kinder zu fördern. Es muss Wege geben, die Vorstellungskraft von Kindern zu stärken. Wir müssen an ihrem Einfallsreichtum arbeiten. Wir sind auf die Vorstellungskraft der Kinder angewiesen. Meine eigenen Lehrer beschwerten sich früher bei meiner Mutter, dass ich eine Tagträumerin sei, und heute, 20, 30 Jahre später, sind es die Lehrer meines Kindes, türkische Erzieher, die es immer noch für eine Sünde oder Unsinn halten, ein Träumer zu sein!

Wenn Deutschland es also schaffen könnte, ein Land zu sein, in dem die Kinder träumen können, ohne dafür herabgewürdigt oder bestraft zu werden, dann würde ich, glaube ich, auch nach Deutschland kommen und dort selbst noch einmal zur Schule gehen wollen. (lacht)

Frau Uzuner, danke, dass Sie mit uns geträumt haben.

Das habe ich gern getan.

CRAIG VENTER

»Naive Fragen zu stellen, ist eine der erfolgreichsten Methoden, um wirklich voranzukommen.«

Der amerikanische Biochemiker Craig Venter machte Ende der Neunzigerjahre weltweit Schlagzeilen, als er mit seiner damaligen Firma Celera Genomics das Rennen um die Entschlüsselung des menschlichen Genoms gewann. Die Entscheidung, Wissenschaftler zu werden, fällte Venter während seines Einsatzes im Vietnam-Krieg. Nach einer Laufbahn im Nationalen Gesundheitsinstitut der US-Regierung machte er sich aber erst im Alter von 52 Jahren selbstständig und gründete Celera Genomics. Seit dem Jahr 2003 umsegelte Venter nun mit seinem Forschungsschiff »Sorcerer II« die Welt, um das Erbgut möglichst vieler Meeresorganismen zu entschlüsseln. Die dabei gewonnenen Daten veröffentlichte er lizenzfrei im Internet. Sein neues Unternehmen, Synthetic Genomics, versucht mit Hilfe genetisch modifizierter Mikroben Treibstoff zu produzieren. Sein nicht-kommerzielles Venter Institute ist mit 500 Angestellten eine der größten unabhängigen Forschungseinrichtungen der USA. Craig Venter wurde 1946 in den USA geboren. Er lebt in Rockville im Bundesstaat Maryland.

USA

Fläche: 9 161 923 km^2
Bevölkerung: ca. 301 Millionen

Herr Dr. Venter, Sie haben als junger Mann zuerst in einem Kaufhaus gejobbt, dann haben Sie sich zur Marine gemeldet und sind nach Vietnam geschickt worden. Nach Ihrer Rückkehr aus Vietnam haben Sie dann innerhalb von nur sechs Jahren ein Studium der Biologie, Physiologie und Pharmakologie abgeschlossen, samt Doktortitel. Was hat Sie damals zu den Wissenschaften und dann zur Genforschung gelockt?

Ich war ein sehr schlechter Schüler. Mir war in der Schule immer langweilig. Für mich war so ziemlich alles interessanter als die Schule. Ich habe ein paar Boote gebaut, ich war Sportschwimmer und habe viel Zeit am Strand verbracht, beim Surfen, obwohl das Wasser selten wärmer war als acht bis zehn Grad Celsius. Einen Neoprenanzug konnte ich mir damals nicht leisten. Ich habe nur mit Müh und Not den Highschool-Abschluss geschafft. Mit siebzehn bin ich dann nach Süd-Kalifornien gezogen, wo das Meer wärmer ist. Ich wollte dort so eine Art Surferlaufbahn einschlagen. Ich bin dann aber buchstäblich vom Surfbrett weg zur Armee eingezogen worden, weil der Krieg in Vietnam damals eskaliert ist. Das war 1965 und ich hatte keine Wahl. Ich habe mich dann für die Navy gemeldet, weil die mir in Aussicht stellten, dass ich vielleicht in ihr Sportschwimmerteam kommen würde. Ich war ja ein lokaler kalifornischer Schwimmchampion und dachte mir, dass ich jetzt eben die nächsten zwei, drei Jahre lang an pan-amerikanischen Schwimmwettkämpfen teilnehmen müsste und vielleicht auch noch für die Olympischen Spiele trainieren würde.

Aber da gab es ein bitteres Erwachen. Der Krieg in Vietnam spitzte sich weiter zu und alle militärischen Sportteams wurden aufgelöst. Ich hab mich dann zum Sanitätsdienst gemeldet und war ausgerechnet während der Tet-Offensive in Vietnam. Ich war ein Jahr lang dort und meine Weltsicht hat sich in dieser Zeit komplett verändert. Traurigerweise galt das auch für viele meiner Altersgenossen, deren Leben dort aber nicht nur verändert, sondern beendet wurde oder die schrecklich verstümmelt wurden. Jeden Tag mit diesen Patienten zu arbeiten, hat mich verändert. Nach meiner Zeit in Vietnam konnte ich dann nicht mehr in ein leichtfüßiges Surferleben zurückkehren. Ich hatte es jetzt eilig, all die Zeit aufzuholen, die ich im Militär verloren hatte. Ich war motiviert, etwas mit meinem Leben anzufangen. Und so kam es, dass ich mein gesamtes Studium inklusive Doktortitel in nur sechs Jahren abgeschlossen habe. Ich glaube, ich halte in der Geschichte der University of California bis heute den Rekord für den schnellsten Doktortitel in Biologie.

Seit dem Jahr 2003 segeln Sie und Ihr Team von Wissenschaftlern rund um die Welt, um aus möglichst vielen verschiedenen Regionen der Weltmeere Genproben zu entnehmen. Während dieser Weltumsegelung haben Sie nicht nur ein paar Hundert, sondern tausende neuer Spezies entdeckt und Millionen unbekannter Gene katalogisiert. Welches Ziel verfolgen Sie mit dieser weltweiten Suche nach noch unbekannter DNA?

Wir haben viele Ziele. Ich habe mir auf der Grundlage der zwei gegenläufigen Sequenzen des menschlichen Genoms nur eine simple Frage gestellt. Ich habe mich gefragt, was gibt es wohl im Ozean zu finden? Ich wollte einfach wissen, ob diese Werkzeuge, die ich mit meinem Team entwickelt hatte, auch brauchbar sind, um unsere Umwelt zu verstehen. Die Antwort darauf hat uns selbst verblüfft! Ein Kind könnte heute mit modernen biologischen Instrumenten in einer einzigen Tasse Meereswasser mehr neue Arten und Gene entdecken, als der Rest der Welt im Lauf der letzten paar Jahrzehnte entdeckt hat! Das ist ein ziemlich schockierender Gedanke. Und gleichzeitig macht das auch deutlich, wie wenig wir bisher über das Leben auf diesem Planeten wissen. Meine Motive für diese Reise hatten aber sicher auch mit Vietnam zu tun und einer Idee, die mich damals am Leben hielt. Ich habe damals immer davon geträumt, die Welt zu umsegeln. Während ich mitten in diesem Kriegsgebiet in einem Hospital festsaß, habe ich davon geträumt, frei zu sein. Intellektuelle Entdeckungen machen aber auch einfach Spaß. Es macht Spaß, etwas zu entdecken, was noch niemand vor dir entdeckt hat.

Wir vermuten, dass es auch Spaß gemacht hat, das menschliche Genom schneller zu entschlüsseln als Ihre Konkurrenten, die mit Regierungsgeldern in Milliardenhöhe ausgestattet waren?

Aber das war auch frustrierend. Wirklich Spaß gemacht hätte es, wenn diese Regierungen meine Ideen schneller übernommen hätten. Und das war ja nicht nur die US-Regierung, das waren auch die Regierungen Großbritanniens, Deutschlands und Japans. Das war ein riesiges Konsortium, eine gigantische Bürokratie, deren Mitglieder nicht bereit waren, neue Ideen oder Methoden auszuprobieren. Was damals passiert ist, zeigt auch, wie problematisch es ist, den Leuten Anstellungen auf Lebenszeit zu geben.

Wie so viele europäische Länder verfügt auch Deutschland nicht über genügend Spitzen-Wissenschaftler und Ingenieure. Deutschland hat auch nur mäßigen Erfolg beim Versuch, ausländische Spitzenwissenschaftlerinnen und -wissenschaftler nach Deutschland zu locken. Was könnten wir tun, damit Deutschlands Jugendliche eine Karriere in den Naturwissenschaften wieder als etwas sehen, das cool, aufregend und prestigeträchtig ist?

In meinem Leben gibt es nichts Aufregenderes oder Belohnenderes als die Fähigkeit, eine Entdeckung zu machen und zu wissen, dass du damit der Erste bist und dass du der Menschheit neue Erkenntnisse verschaffst und damit vielleicht sogar das Leben eines großen Teils der Menschheit beeinflusst. Das ist etwas, das eigentlich nicht gelehrt werden kann. Und trotzdem ist es etwas vom Aufregendsten, was ein Mensch überhaupt nur tun kann. Und dass wir hier in den USA so viel Erfolg und Innovation haben, liegt, glaube ich, auch daran, dass es hier so viele verschiedene Wege gibt, ans Ziel zu kommen. Ich halte es für sehr unwahrscheinlich, dass ich auch als Europäer ein erfolgreicher Wissenschaftler geworden wäre. Mein Lebensweg war sehr ungewöhnlich. Ich war akademisch nicht sehr begabt, oder zumindest wollte ich nicht allzu viel Zeit investieren. Aus mir ist erst sehr spät im Leben ein Wissenschaftler geworden, nachdem ich eine neue Motivation gefunden hatte. Meine Karriere zeigt, dass es nie zu spät ist, etwas Neues zu probieren und sich dieser Sache dann hundertprozentig zu widmen. Aber: Die Gesellschaft, in der du lebst, muss das auch erlauben. Andernfalls suchen die Leute ihr Glück eben woanders.

Wo, glauben Sie, liegt heute Deutschlands größtes wissenschaftliches Potenzial?

Deutschland bringt ständig intelligente Leute voller Energie hervor. Die Herausforderung besteht darin, diesen Leuten auch entsprechende Chancen zu geben, damit sie einen Beitrag für den gesellschaftlichen Fortschritt leisten können.

In den späten neunziger Jahren gewannen Sie und Ihr Team bei Celera Genomics das Rennen um die Entschlüsselung des menschlichen Genoms. Sie hatten ein verhältnismäßig winziges Budget von 300 Millionen Dollar, während die US-Regierung etwa drei Milliarden Dollar investiert hatte. Sie wurden damals als Rebell verunglimpft, als unorthodoxer Außenseiter, als manischer Wissenschaftler oder auch einfach nur als mieser Kerl. Welche Bedeutung haben risikobereite Außenseiter für die Wissenschaft?

Werfen Sie nur einen Blick in die Geschichte der Wissenschaft, und Sie werden sehen, dass so gut wie jeder große wissenschaftliche Durchbruch Außenseitern zu verdanken war. Und alle wurden mit ähnlichen oder noch schlimmeren Schimpfwörtern bedacht. Es gibt da für mich zwei Dinge, die wichtig sind. Erstens hat mich die Tatsache, dass ich den Vietnam-Krieg überlebt habe, gelehrt, keine Angst mehr vor Risiken zu haben. Ich habe gelernt, dass es Sinn macht, hundert Prozent meiner Energie in das zu investieren, was mir wichtig ist. Unsere Gesellschaft bringt uns das nicht bei. Das musst du dir selbst beibringen. Und oft lernst du das erst durch sehr unerfreuliche Erfahrungen, etwa einen Krieg, in dem dein Leben ständig bedroht wird. Zu lernen, Risiken einzugehen und mich hundertprozentig für die Dinge einzusetzen, an die ich glaube, war der Schlüssel meines Erfolges. Und zweitens sind Fortschritte jeglicher

Art sehr oft Außenseitern zu verdanken. Das liegt daran, dass Außenseiter häufig neue Sichtweisen mitbringen und unbelastet sind von dieser langen Liste an Gründen, weshalb bestimmte Dinge angeblich unmöglich sein sollen. Naive Fragen zu stellen, ist eine der erfolgreichsten Methoden, um wirklich voranzukommen. Es ist ja zum Beispiel erstaunlich, dass niemand im gesamten Bereich der Meeresbiologie bisher die Experimente gemacht hat, die wir jetzt unternehmen; also zu schauen, was da wirklich alles in den Ozeanen lebt.

Für junge Leute, die eine Karriere in den Wissenschaften erwägen, sollten diese Erfahrungen, die ich da beschreibe, ein echter Ansporn sein. Sie sind das Gegenteil dessen, was mir einst beigebracht worden ist. Als ich mit meiner Doktorarbeit anfing, wurde mir damals von sehr angesehenen Wissenschaftlern erklärt, dass es äußerst schwierig sei, jetzt noch irgendwelche wissenschaftlichen Durchbrüche zu schaffen, schließlich sei in der Biologie ja schon »fast alles erforscht«. Das haben die wirklich zu mir gesagt! Wenn du aber simple Fragen stellst, wird schnell klar, dass wir bis jetzt erst einen geringen Teil unserer eigenen Biologie verstehen, ganz zu schweigen von der Biologie des Planeten, auf dem wir leben. Wenn die Leute diese Einstellung auf ihr eigenes Fachgebiet anwenden, haben sie hoffentlich weniger Angst davor, Risiken einzugehen, und werden jetzt all die neuen Dinge wagen, von denen sie träumen, statt es sich von anderen wieder ausreden zu lassen.

Und was ist Ihr optimistischster Traum für Deutschlands Zukunft?

Wir müssen unsere Gesellschaften von Grund auf erneuern. Es kann nicht sein, dass wir immer mehr Kohlenstoff aus dem Boden holen, sei es in Form von Kohle oder Erdöl, die beide im Lauf von Milliarden Jahren entstanden sind, und diese jetzt innerhalb weniger Jahrzehnte verbrennen und damit unsere Erdatmosphäre aufheizen. Allein der radikale Preisanstieg von kohlenstoffbasierten Brennstoffen, den wir gerade erleben, verursacht enorme soziale und wirtschaftliche Umbrüche. Ganz zu schweigen von dem, was passieren könnte, wenn die Ozeane noch ein paar Grad wärmer werden. Wir könnten damit unter Umständen den Golfstrom umkehren oder sogar zum Stillstand bringen. Der Golfstrom schützt England und einen Großteil Europas vor einer Eiszeit.

Wir müssen Lösungen für diese Probleme finden! Ich setze meine Hoffnung auf die jungen Unternehmerinnen und Unternehmer aus Deutschland, auf Deutschlands Intellektuelle, Ingenieure, Wissenschaftler und Philosophen, auf dieses Land mit seiner langen Geschichte großer Leistungen. Die demokratisch gewählten Regierungen denken immer nur bis zu den nächsten Wahlen voraus, was ja durchaus sein Gutes hat. Auch die großen börsennotierten Unternehmen denken aber immer nur bis zu ihrem nächsten Quartalsreport voraus. Was wir heute aber brauchen, sind dramatische Veränderungen und Antworten auf Probleme, die andernfalls alle Gesellschaften auf dieser Erde verkrüppeln könnten. Ich hoffe wirklich, dass Deutschland in diesen Veränderungen eine Führungsrolle spielen wird.

Ich wurde in Österreich mal gefragt, was wohl geschehen würde, wenn die Evolution zum Stillstand käme. Ich habe geantwortet, dass jegliches Leben innerhalb relativ kurzer Zeit von diesem Planeten verschwinden würde. Evolution ist ein fortwährender Prozess. Selbst die tagtägliche Biologie kann ohne Evolution nicht stattfinden. Dasselbe gilt für unser eigenes Leben. Wir müssen uns ständig weiterentwickeln, verändern und anpassen. Es ist wichtig, dass Privatpersonen, Regierungen und Nationen diese Gesetzmäßigkeit verstehen. Deutschland und auch die USA müssen sich ständig verändern und anpassen, andernfalls werden sie unbedeutend und sterben aus.

Was haben Sie den Menschen zu sagen, die sich beim Thema Gentechnik Sorgen machen oder sogar Angst vor jeglicher Form von Genmanipulation haben?

Ich würde sagen, alle vernünftigen Wissenschaftler wollen umsichtig, intelligent und ethisch vorgehen. Viele Leute haben aber einfach grundsätzlich Angst vor dem Unbekannten. Und die Bildungssysteme in der westlichen Welt unternehmen nicht genug, um die Wissenschaften auch einer breiten Öffentlichkeit zu vermitteln. Das Ergebnis ist, dass eine Menge Leute ihre wissenschaftlichen Kenntnisse aus Hollywood-Filmen beziehen, die zwecks guter Unterhaltung auch noch jede Menge wissenschaftlichen Unfugs vermitteln.

Rund um die Welt und auch in Europa betreiben die Menschen schon seit Jahrhunderten Gentechnik; schließlich hat sich so die Landwirtschaft entwickelt, die Tier- und die Pflanzenzucht. Angsterregend wäre für mich nun, wenn jemand zwei überhaupt nicht verwandte Arten hernehmen und ihr Genom wahllos vermischen würde. Wenn jemand so etwas vorschlagen würde, wären die Menschen zu Recht entsetzt, denn wir haben keine Ahnung, was dabei herauskommen würde. Die Angst der Europäer vor Genmanipulation hat meinem Eindruck nach aber auch viel mit den Eugenik-Experimenten während des Zweiten Weltkriegs zu tun. Vieles davon basierte übrigens auf den damaligen Eugenik-Experimenten der Amerikaner in Cold Spring Harbor. Das war aber keine Wissenschaft. Das war eine politische Aktion, wo versucht wurde, die Wissenschaft zu missbrauchen, um ganze Bevölkerungen zu verändern. Es gibt da also noch eine historisch bedingte Empfindlichkeit. Es ist aber nicht die Wissenschaft, die gefährlich ist. Die Vergangenheit hat gezeigt, dass es einzelne Personen sind, von denen eine Gefahr ausgeht. Jeder vernünftige Wissenschaftler, den ich kenne, betreibt seine Forschung für das Wohl und das Überleben der Menschheit, nicht für das Gegenteil.

Sollten wir die DNA-Sprache des Lebens aber nicht zuerst einmal wirklich verstehen, bevor wir schon anfangen, sie zu manipulieren, und dabei Risiken schaffen, die wir gar nicht abschätzen können?

Dieser Philosophie stimme ich zu, wenn es um den genetischen Code von Menschen geht. Ich bin für ein Moratorium, einen Stopp aller Versuche, den menschlichen genetischen Code zu verändern, solange wir diesen Code nicht vollkommen verstehen. Und das kann durchaus noch ein paar Jahrhunderte dauern. Mein Team und ich arbeiten mit einem winzigen Genom, das gerade mal ein paar hundert Gene enthält, und versuchen, kleinstmögliche Bakterienzellen zu verstehen. Und das allein ist schon ein überwältigender Prozess und lässt uns nur erahnen, wie kompliziert es ist, unsere Humanbiologie zu verstehen, wo wir es mit etwa 26 000 Genen und 100 Billionen verschiedener Zellen zu tun haben. Wir sind noch weit davon entfernt, unsere eigene Biologie zu verstehen, und sollten bis dahin auch keine Änderungen daran vornehmen.

Wie erklären Sie sich eigentlich, dass viele der drängendsten wissenschaftlichen Fragen unserer Zeit, von der globalen Erwärmung zur Gentechnologie und Stammzellenforschung bis hin zur Geburtenkontrolle, zunehmend als Fragen von Ideologie und Religion diskutiert werden, während die wissenschaftlichen Aspekte der Debatte oft in den Hintergrund rücken?

Das ist eine wichtige Frage. Dadurch, dass wir Information heute immer schneller um die Welt schicken können, verringert sich auch die Isolation, in der die meisten Menschen bisher ihr Leben verbrachten. Der unerfreuliche Anstieg von religiösem und politischem Fundamentalismus ist nun ein Mittel, um die Menschen von der Vielzahl an Themen fernzuhalten, mit denen wir es heute zu tun haben. In Diskussionen mit einigen religiösen Führern geben die meisten von ihnen zu, dass unsere Biologie sich durch Evolution auf diesem Planeten etablieren konnte. Sie werden diese Tatsache aber nicht in Bezug auf ihre eigenen Religionen anerkennen, weil sie davon ausgehen, dass das den Glauben in ihre Religion erschüttern würde.

Ist die Wissenskluft zwischen Politikern und Wissenschaftlern heute größer als noch vor hundert Jahren?

Ich glaube, diese Wissenskluft war in der Vergangenheit noch sehr viel größer. Die Menge an Themen und Dingen, die wir im Lauf eines Lebens lernen, scheint heute viel umfangreicher zu werden. Es ist ja nur etwa zehn Jahre her, dass mein Team erstmals in der Geschichte ein Genom entschlüsselt hat. Die ganze Genomik ist erst wenig mehr als ein Jahrzehnt alt! Das menschliche Genom selbst haben wir erst vor etwa fünf Jahren vollends entschlüsselt. An der Entschlüsselung des Hefe-Genoms haben damals 1 000 Wissenschaftler zehn Jahre lang gearbeitet. Heute können wir das mit einem kleinen Team in nur wenigen Tagen erledigen! Das ist eine rasante Entwicklung. Politiker, Wissenschaftler und die Öffentlichkeit müssen sich heute mit viel mehr Themen auseinandersetzen als je zuvor in der Geschichte. Die Bevölkerung kann es sich deshalb auch nicht mehr leisten, die Wissenschaften nicht zu verstehen. Wenn du kein wissenschaftliches Verständnis hast, während unsere Zukunft gleichzeitig komplett auf wissenschaftlichen Erfolgen aufbaut, dann überlässt du anderen die Gestaltung deiner eigenen, individuellen Zukunft. Das sind beängstigende Aussichten. Deshalb drängen wir ja auch so auf ein besseres öffentliches Verständnis der Wissenschaften. Wir können nicht einfach sagen, »alle Macht den Wissenschaftlern!«. Jede Gruppierung braucht ihre demokratische Kontrolle.

Sie haben mit Ihren wissenschaftlichen Durchbrüchen viele öffentliche Kontroversen ausgelöst und mussten bei Verwirklichung Ihres Traums eine Menge persönlicher Angriffe einstecken. Wie wichtig sind öffentliche Kontroversen für die Weiterentwicklung eines nationalen Traums?

Persönliche Kontroversen sind nichts, was mir Spaß macht. Es wäre wunderbar gewesen, wenn meine Ideen von Anfang an akzeptiert worden wären und wir damit alle hätten schneller vorankommen können. Aber auch wenn diese Kontroversen um meine Fortschritte bei der Entschlüsselung des menschlichen Genoms für mich persönlich eine harte Erfahrung waren, so haben sie im Rückblick doch geholfen, die Menschen rund um die Welt darauf aufmerksam zu machen, welches Potenzial diese Entdeckung für die gesamte Menschheit haben könnte. In dieser Hinsicht können Kontroversen eine wichtige gesellschaftliche Rolle spielen. Allerdings nur, solange die Debatte mit guten Absichten geführt wird. Aber wissen Sie, wir werden es immer mit Leuten zu tun haben, die ein verkrustetes Establishment gegen jegliche Neuerung verteidigen und die sich neuen Ideen und jüngeren Menschen entgegenstellen, die eine positive Veränderung anstreben. Das ist überall so, egal ob in den Wissenschaften, der Musik, der Literatur oder der Philosophie. Meiner Meinung nach ist das auch eines der Probleme in Deutschlands akademischem System, mit seinen Anstellungen auf Lebenszeit. Wenn sich die Leute erst einmal als Professoren auf Lebenszeit etabliert haben, lässt das den Jüngeren wenig Raum, dort selbst noch eine Karriere zu machen. In meinen Institutionen geben wir deshalb überhaupt gar niemandem eine unbefristete Anstellung. Wir haben dort alle unseren Job nur so lange, wie wir auch einen wichtigen Beitrag leisten.

Wir leben in einer Zeit, in der gesagt, wird, Geld regiere die Welt, und in der sich viele Unternehmen ein Wettrennen liefern, alles zu patentieren, was ihnen nur unter die Finger kommt, inklusive unserer eigenen, menschlichen DNA. Sie haben indessen angekündigt, Ihren gigantischen DNA-Katalog kostenlos ins Internet zu stellen. Welcher Traum treibt Sie zu diesem Schritt?

Nun, die Patentierung von menschlichen Genen wurde ja vielfach versucht und es gab jede Menge Diskussionen darüber. Meine eigene Arbeit hat diese Entwicklung mehr vorangetrieben als irgendjemand sonst, denn ich habe mehr menschliche Gene entdeckt als irgendjemand sonst. Die Kontroverse ging ja damals los, als die US-Regierung anfing, Patente auf menschliche Gene anzumelden, die ich entdeckt hatte. Ich glaube heute aber, dass die eigentliche Wertschöpfung von den Medikamenten kommen wird, die wir jetzt mit Kenntnis der menschlichen Gene entwickeln können, und nicht von den Genpatenten selbst. Ich selbst will jetzt sicherstellen, dass die Abermillionen von Genen, die mein Team in den Ozeanen und Regionen der Welt entdeckt, dass diese Entdeckungen von Anfang an einen Beitrag für die Wissenschaft leisten können und allen Menschen mit Internetzugang frei zugänglich sind. Die Ironie an dieser Geschichte ist aber, während ich versuche, jedem in der Welt öffentlichen Zugang zu diesen genetischen Daten zu ermöglichen, versuchen die Regierungen vieler Länder mich genau daran zu hindern. Wenn ich irgendwo in der Welt 200 Seemeilen von der Küste entfernt ein paar Liter Meereswasser entnehme, versuchen viele Länder sofort, unseren Zugang zu der genetischen Information in dieser Wasserprobe zu limitieren. So ziemlich jedes Land, dessen Gewässer wir durchquert haben, versuchte erst einmal jegliche genetische Information, die wir in ihrem jeweiligen Teil des Ozeans finden würden, selbst zu besitzen, um dann aber anschließend den öffentlichen Zugang zu dieser Information zu blockieren.

Sie sind zu einem Abenteuer aufgebrochen, um mehr über die DNA unseres Planeten zu erfahren, und erfüllen sich damit auch gleich noch Ihren Jugendtraum von einer Weltumsegelung. Was ist Ihr Lieblingsort auf dieser Erde?

Die Galapagos-Inseln sind schon einer der außergewöhnlichsten Orte, die ich je besucht habe. Es gibt dort so eine unglaubliche Vielfalt ungewöhnlicher Tiere. Es ist verständlich, dass diese Inseln einst Darwin inspiriert haben, dorthin zurückzukehren und sein Verständnis der Evolution zu entwickeln. Aber es gibt so viele Orte, die einfach phänomenal und so wunderschön sind. Ich sehe mich gern als ein Bürger der Welt und nicht nur als ein Bürger der USA.

Danke, dass Sie uns ein wenig von Ihren Hoffnungen und Träumen erzählt haben.

Ja, ich wünsche Ihnen und Ihren Lesern, dass Sie einen Anreiz finden, etwas für die Welt zu tun.

MUHAMMAD YUNUS

»Es sind die individuellen Träume, die zum kollektiven Traum führen. Und nicht umgekehrt.«

Muhammad Yunus ist Gründer der »Grameen Bank für Arme« in Bangladesh. Seit 1976 hat die Bank mit Mini-Darlehen in Höhe von zwei bis 150 Dollar mehreren Millionen Menschen geholfen, sich dauerhaft aus der Armut zu befreien. Für die Entwicklung des Mikrokreditsystems erhielten Muhammad Yunus und die Grameen-Bank im Jahr 2006 gemeinsam den Friedensnobelpreis. Bis heute hat die Bank Darlehen in einer Gesamthöhe von über sechs Milliarden Dollar vergeben, davon 96 Prozent an Frauen. Die Quote nicht zurückgezahlter Kredite liegt bei unter zwei Prozent und ist damit niedriger als in jeder konventionellen Bank. Inzwischen vergibt die Grameen-Bank sogar Kredite an Obdachlose. Muhammad Yunus ist 1940 in Bangladesch geboren. Fünf seiner dreizehn Geschwister starben noch als Kinder. Er lebt heute mit seiner Familie in Bangladeschs Hauptstadt Dhaka.

BANGLADESCH

Fläche:	133 910 km²
Bevölkerung:	ca. 150 Millionen

Herr Professor Yunus, Sie sind eine der wenigen Persönlichkeiten in der Welt, die nicht nur von einem großen Traum angetrieben ist, sondern auch Millionen von anderen Menschen dazu verholfen hat, ihre eigenen Träume zu verwirklichen. In den Siebzigerjahren haben Sie in Bangladesch eine Bank für Arme gegründet und das Konzept der Mikrokredite entwickelt, das sich inzwischen in über hundert Länder der Welt ausgebreitet hat. Wo kam dieser Traum her?

Wenn du in einem Land wie Bangladesch lebst, bist du von Frustrationen umgeben. Statt also gleich die ganze Welt zu verbessern, dachte ich mir, dass ich mich lieber auf Einzelpersonen konzentrieren sollte. Ich wollte sehen, inwieweit Einzelpersonen ihr eigenes Leben verbessern können. Ich habe mein Experiment damit begonnen, dass ich anfing, winzige Darlehen zu vergeben. Und ich vergab diese Minikredite, ohne von meinen Schuldnern irgendwelche Sicherheiten zu verlangen. Dieses Konzept war erfolgreich und wurde im Lauf der Zeit zu einer Bank, der Grameen-Bank, die bis heute etwa sechs Milliarden Dollar vergeben hat. Pro Jahr verleihen wir etwa eine halbe Milliarde Dollar, wir haben rund viereinhalb Millionen Kreditnehmer, 96 Prozent davon sind Frauen. Unser durchschnittliches Darlehen beträgt 150 Dollar, die kleineren Kredite betragen etwa drei, fünf oder auch zehn Dollar. Und die Leute befreien sich damit aus der Armut! Das ist das Aufregende daran. 50 Prozent unserer Kreditnehmerinnen haben sich inzwischen aus der Armut befreit!

Als Sie sich einst daranmachten, eine Bank zu gründen, die Kredite an Personen ohne jeglichen Einkommensnachweis vergibt, an Personen, die keinerlei konventionelle Kreditwürdigkeit und zum Teil nicht einmal einen Wohnsitz nachweisen können, dachten die meisten Ihrer Freunde und Kollegen, Sie seien schlichtweg übergeschnappt. Wo nahmen Sie den Mut her, es trotzdem zu versuchen?

Wie ich schon sagte, wenn du verzweifelt bist, lässt du nichts unversucht. Ich dachte mir auch, dass die Geldmenge, um die es da ging, ohnehin so klein war, dass eigentlich nichts schiefgehen konnte.

Am Anfang, bevor ich die Bank gegründet habe, wollte ich erst einmal herausfinden, welche Beträge sich die Leute eigentlich von den Kredithaien ausleihen. Ich hatte nämlich gesehen, wie diese Leihbüros mit ihren unsäglichen Konditionen den Menschen das Leben ruinierten. Und dann legte ich eine Liste der Leute an, die ich in meiner Studie beobachtet hatte, und hatte am Ende 42 Namen auf dieser Liste. Die Gesamtsumme, die diese 42 Leute ausgeliehen hatten, betrug nur 27 Dollar. Ich war schockiert! Für weniger als einen Dollar pro Kopf hatten die Kredithaie diese Menschen in eine Art Sklaven verwandelt. Meine erste Reaktion war natürlich, dass ich diese 27 Dollar aus meiner eigenen Tasche zahlte, um die 42 Leute zu befreien. Als ich das tat, waren diese 42 Leute so gerührt und auch so begeistert, dass ich weitermachen wollte. Und da dachte ich mir, dass es am besten wäre, diese Leute mit einer Bank in Verbindung zu bringen. Als ich diese Idee dann aber dem Bankdirektor präsentiert habe, fiel er aus allen Wolken. Er konnte einfach nicht fassen, dass ich ihn allen Ernstes bitten würde, den Armen im Dorf Geld zu leihen. Von da an war das für mich meine persönliche Schlacht. Ich begann jetzt, mit allen Bankangestellten zu diskutieren, und arbeitete mich dabei zu den höheren Hierarchien der Bank vor. Alle gaben sie mir dieselbe Antwort: Nein.

Schließlich habe ich mich dann selbst als Bürge angeboten. Ich habe zu denen gesagt, wenn die Sache schiefgeht, dann geht sie eben schief. Aber lasst es mich wenigstens versuchen, den Armen Geld auszuleihen und das Geld dann zurückzubezahlen. Und so hat das 1976 angefangen. Es war mein Glück, dass es funktioniert hat, von da an war ich richtig aufgeregt. Wir haben dann immer weiter expandiert, bis wir schließlich zu unserer eigenen Bank wurden.

Trotz vieler Bemühungen in Europa, fortschrittlich zu sein, ist es vor allem für die Frauen Europas schwierig, Kredite für eine Unternehmensgründung zu bekommen. Sie sagten ja bereits, dass Sie 96 Prozent Ihrer Kredite an Frauen vergeben. Was könnte Deutschland von Ihrer Erfahrung lernen, wonach Kredite an Frauen ein ganzes Land erneuern können?

Als ich Mitte der siebziger Jahre anfing, hatte ich zwei Hauptargumente gegen das herrschende Bankensystem oder, besser gesagt, zwei Beschwerden. Meine erste Beschwerde war, dass das Bankensystem absichtlich darauf ausgelegt ist, die Armen fernzuhalten. Meine zweite Beschwerde war, dass die Banken nicht nur die Armen zurückweisen, sondern auch die Frauen, und zwar Frauen aus allen Schichten. Nicht einmal ein Prozent der Kreditempfänger waren Frauen. Als ich damals anfing, wollte ich deshalb sicherstellen, dass die Hälfte meiner Kreditnehmer Frauen sind. Und es war sehr schwierig, Frauen dazu zu bewegen, von meiner Grameen-Bank Geld zu leihen. Sie dachten, sie wären unfähig, mit Geld umzugehen, viele sagten sogar, sie hätten noch nie in ihrem Leben Geld angefasst. Frauen sind im Lauf der Geschichte fast immer so behandelt worden und haben diese Einstellung auch verinnerlicht. Sie mussten das erst einmal wieder verlernen und neues Selbstvertrauen entwickeln. Und trotz aller Schwierigkeiten habe ich nicht aufgegeben! Ich habe sechs Jahre gebraucht, um diesen Anteil von jeweils 50 Prozent Frauen und Männern zu erreichen. Im Lauf der Zeit stellte ich aber fest, dass Kredite, die an Frauen gehen, viel mehr für ihre Familien bewirken als Kredite, die an Männer vergeben werden. Sie müssen kein besonders begabter Wissenschaftler sein, um zu diesem Ergebnis zu kommen. Es ist völlig offensichtlich. In den Haushalten, wo die Mutter die Kreditnehmerin ist, treten kurz darauf bestimmte Veränderungen ein. Die Kinder profitieren zum Beispiel mehr vom Einkommen ihrer Mutter. Wenn aber der Vater der Kreditnehmer ist, geschieht das nicht. Wir haben dann unsere Richtlinien geändert und uns gesagt, dass wir von nun an Frauen bevorzugen. Das Ergebnis ist, dass heute 96 Prozent der Kreditnehmer Frauen sind und dass die Bank ihnen gehört. Die Grameen-Bank gehört ihren Kreditnehmern. Ich kann Ihnen versichern, wenn die Banken sich wirklich für Frauen öffnen, profitiert die gesamte Gesellschaft davon enorm. Was ich Ihnen hier über Frauen gesagt habe, gilt nicht nur für die Frauen von Bangladesch, das ist eine Qualität von Frauen auf der ganzen Welt.

Ihre Philosophie scheint zu sein, dass wir jede einzelne Person als potenzielle Unternehmerin oder Unternehmer betrachten sollten, ganz egal wie gebildet, wie reich oder arm diese Person ist. Wie ließe sich diese Philosophie auf Deutschland anwenden, wo Millionen unserer Mitbürger keine Arbeit haben?

Welche Arbeitslosenquote Deutschland auch immer hat: Als ein reiches Land, ein kreatives Land, sollte Deutschland überhaupt keine Arbeitslosen haben. Es sollte den Leuten helfen, sich selbst zu entdecken. Die Kreativität und Erfinderkraft, mit der die Armen und Vernachlässigten geboren wurden, bleibt für immer unentdeckt. Das ist fast so, wie wenn du mit einem Geschenk zur Welt kommst, dem wertvollsten aller Geschenke, dann aber nie die Chance bekommst, dieses Geschenk auszupacken und zu sehen, was drin ist. Die Gesellschaft hat die Verantwortung, jeder Person die Möglichkeit zu geben und sie dazu zu ermutigen, sich selbst zu entdecken. Denn wenn die Leute ihre eigene Kreativität und ihr eigenes Potenzial entdecken können, leisten sie auch einen Beitrag für die Gesellschaft. Alle Menschen sind von Natur aus und von Geburt aus Unternehmer. Herausforderungen bringen die Menschen zum Aufblühen! Das Beste, was eine Gesellschaft tun kann, ist, ihren Mitgliedern zu erlauben, Herausforderungen anzunehmen und sie dazu auch zu ermutigen.

Stellen wir uns einmal vor, Sie würden zufällig Deutschlands Kanzlerin oder Kanzler begegnen, nachts in einem Langstreckenflieger, irgendwo über dem Indischen Ozean. Die Kanzlerin oder der Kanzler erkennt Sie, kommt auf Sie zu und sagt: »Herr Professor Yunus, wir haben mehrere Millionen Arbeitslose in Deutschland, und ich bin allmählich ratlos, was wir noch tun könnten.« Was wäre da die erste Frage, die Sie stellen würden?

Ich würde fragen, ob die Arbeitslosen in Deutschland die Möglichkeit haben, zu einer Bank zu gehen und einen Kredit zu bekommen, ohne dabei nach ihrer Identität oder ihrem Wohnsitz gefragt zu werden. Allein die Tatsache, dass diese Arbeitslosen Menschen sind, sollte für die Bank bereits eine gute Geschäftsgrundlage sein. Ich würde fragen, ob die Türen der Finanzinstitute den Arbeitslosen offen stehen, und ich würde fragen, ob den Arbeitslosen die Türen zu den Informationstechnologien offen stehen. Denn das sind die zwei grundlegenden Dinge, die den Menschen ermöglichen, ihre eigenen Ideen hervorzubringen und diese Ideen in der Welt anzuwenden. Wenn diese zwei Dinge verfügbar sind, sollte es meiner Meinung nach niemanden geben, der herumsitzt und nichts tut oder nicht weiß, was er tun soll. Ich würde Ihrer Kanzlerin oder Ihrem Kanzler erklären, dass diese Türen offen stehen sollten, wenn sie das nicht bereits tun. Junge Menschen, alte Menschen, wer auch immer nach einer Chance Ausschau hält, sollten von uns allen Hinweise bekommen, was sie oder er tun könnten, und sollten ermutigt werden, andere zu beobachten, die bereits etwas tun. Sie sollten nicht schüchtern sein und sollten keine Angst haben. Wenn die Menschen um sich herum Chancen erkennen, entwickeln sie immer brillante Ideen, um ihre Lebensumstände zu verbessern.

Wie gehen Sie dabei mit Abhängigkeit und Faulheit um?

Abhängigkeit ist etwas, was von der Gesellschaft erzeugt wird, nicht von der einzelnen Person. Die einzelne Person wird abhängig, weil die Gesellschaft sie abhängig gemacht hat. Das Einzige, was der Gesellschaft beim Umgang mit Armen bisher in den Sinn gekommen ist, sind Almosen, sei es in Form von Sozialhilfe oder Arbeitslosengeld. Wann immer du aber Geld ohne Gegenleistung bekommen kannst, verlierst du als Erstes deine eigene Initiativkraft und als zweites deine Würde. Du erscheinst dann als faule Person, denn die Gesellschaft hat dich nie herausgefordert oder du hattest nie eine Chance, dich selbst herauszufordern. Faulheit ist kein eingebauter Wesenszug der Menschen. Niemand sitzt gern untätig herum und schaut selbstmitleidig zu, wie die Welt vorbeizieht.

Nun fehlt es uns Deutschen ja nicht gerade am Allernotwendigsten, um unser tagtägliches, blankes Überleben zu sichern. Was, glauben Sie, bräuchten wir Deutschen, um unseren individuellen Unternehmergeist anzufachen und um risikobereiter zu werden?

Ich würde sagen, als Erstes brauchen Sie so etwas wie eine soziale Vision, die sagt: »Ich werde mich nicht nur um mich selbst kümmern«, und das ist in Deutschland ja sehr viel leichter zu bewerkstelligen. Diese Vision würde weit darüber hinausgehen. Es gibt zum Beispiel so viele Menschen in der Welt, die nie eine Chance bekommen haben; lasst uns diesen Menschen auch eine Chance geben und ihnen helfen, ihre eigene Würde zu erlangen. Vielleicht könnte Deutschland, als Nation, zum Beispiel das so genannte Jahrtausendziel der Vereinten Nationen ernst nehmen, die Armut in der Welt bis zum Jahr 2015 zu halbieren. Deutschland allein kann das natürlich nicht für die ganze Welt bewerkstelligen. Was Deutschland aber tun könnte, ist ein paar Länder auszuwählen und zu sagen: »In diesen Ländern werden wir jetzt alle unsere Fähigkeiten, all unsere Kreativität einsetzen, um die Armut in diesen ausgewählten Ländern auf null zu reduzieren. Und damit werden wir etwas in Gang setzen, für das uns die ganze Welt bewundern wird.« Und das ist keine Regierungsangelegenheit, über die ich da spreche, das ist Sache der ganzen Nation. Es wäre ein Weg, gemeinsam zu sagen: »Wir, als Menschen, stehen vor dieser Herausforderung und entscheiden uns, die anderen nicht zu ignorieren.« Deutschland könnte auch das erste Land sein, das diesen zwei, drei ausgewählten Ländern hilft, ein Museum der Arbeit zu bauen. In der Zukunft, wenn es in diesen Ländern keine Armut mehr geben wird, können die Kinder dann das Museum der Armut besuchen, um dort etwas über die Geschichte ihres Landes zu erfahren und darüber, was Deutschland für sie getan hat. Das wäre ein Beitrag, auf den jede einzelne Bürgerin und jeder Bürger Deutschlands stolz sein könnte.

Und ich rede hier nicht davon, noch mehr Spenden zu machen oder Geld zu überweisen. Geld spenden, das kann jeder. Nein, darum geht es nicht. Geld kann weder Armut erschaffen noch Armut beseitigen. Es geht um das System. Wovon ich hier spreche, ist ein institutionelles Arrangement, das den Menschen hilft, sich selbst aus der Armut zu befreien. Wenn Deutschland so etwas zu Wege bringen könnte, wird das bald jeder nachmachen wollen und die Bürger anderer Nationen werden sagen: »Hey, wir möchten das noch besser machen als Deutschland!« Aber dann werden sie

Deutschland folgen müssen, denn Deutschland hat dann bereits den Weg vorgegeben.

Und Sie glauben, Deutschland könnte mit der Übernahme einer solchen größeren internationalen Verantwortung auch neue Arbeitsplätze in Deutschland schaffen?

Oh ja! Wenn eine Nation oder eine Person von einer begeisternden Vision, einem Traum angetrieben ist, erhöht sich ihre Kreativität um ein Vielfaches. Wenn du von einer Vision getrieben bist und das Gefühl hast, eine Richtung zu haben, dann beflügelt das auch deine Vorstellungskraft und bringt in deiner Welt neue Dinge hervor. Wenn ihr versucht, einem anderen Land aus der Armut zu helfen, dann werdet ihr selbst, als Nation, als Gesellschaft, sehr hart arbeiten, um neue Methoden der Innovation hervorzubringen und um kreativ zu sein. Diese Innovationskraft und dieser Erfindungsreichtum werden sich dann in alle Bereiche der Gesellschaft ausbreiten. Das ist ähnlich wie damals, als die Amerikaner sich daranmachten, zum Mond zu fliegen. Nachdem sie es erst einmal zum Mond geschafft hatten, kamen viele der dafür entwickelten Technologien in anderen Gebieten zum Einsatz und hatten Einfluss auf den Alltag jeder einzelnen Familie.

Wie würden Sie diesen deutschen Traum dann formulieren? Was genau könnte so ein neuer Traum sein, der das Zeug hätte, Deutschland und vielleicht auch die Welt zu inspirieren?

Wenn wir keinen Traum haben, wenn wir keine Vision haben, werden wir immer nur in irgendeine furchtbare, schreckliche Richtung manövriert, die wir dann später bedauern. Die Welt bewegt sich sehr schnell und verändert sich gerade sehr schnell. Darin liegt eine Chance für Deutschland, euch jetzt zu fragen, was eure Vision für Deutschland ist und welche Vision ihr für die ganze Welt seht. Fragt euch: Wie sollte die Welt in 30 oder in 50 Jahren aussehen? Was wäre das Ideal? Definiert dieses Ideal und dann die Technologie und all die anderen Dinge, die nötig sind, um dorthin zu gelangen.

Deutschland kann diese Vision hervorbringen. Ich hoffe, dass dieser Traum auch den Traum von einer Welt beinhaltet, die frei von Armut ist; dass kein Kind mehr ohne Ausbildung bleibt und dass jedes Kind Zugang zu Informationstechnologie haben wird. Ich träume von einer demokratischen Welt, in der die Menschen ihre Repräsentanten demokratisch wählen. Und wahrscheinlich hat diese Welt auch keine politischen Grenzen mehr, keine Pässe und keine Visa, weil Nationalstaaten bald bedeutungslos werden. Die modernen Technologien lassen die Idee nationaler Grenzen schon heute antiquiert erscheinen. Das sind meine Visionen. Ich hoffe, dass sie auch in Deutschlands Vision enthalten sein werden.

In welcher Beziehung stehen die individuellen Träume der Bürger zu dem kollektiven Traum ihres jeweiligen Landes?

Es sind die individuellen Träume, die zum kollektiven Traum führen. Und nicht umgekehrt. Es funktioniert nicht, einen kollektiven Traum zu fabrizieren und ihn dann den Individuen aufzuzwingen. Die Individuen entwickeln ein bestimmtes Grundgefühl und bringen es zum Ausdruck. Und wenn sie das zum Ausdruck bringen, entsteht allmählich ein sozialer Traum. Natürlich gibt es auch Wege, um einzelne Personen für etwas zu begeistern. Eine führende Persönlichkeit, eine Schriftstellerin oder eine visionäre Person können diesen Traum anregen, und innerhalb kürzester Zeit sagen dann plötzlich alle, »Ja genau, das ist es, was wir wollen!«, und fühlen sich als Teil dieses Traums. Die Themen dieser gesellschaftlichen Träume müssen auch in den Schulen und unserem Alltagsleben kultiviert werden, dieses Bewusstsein, wofür wir stehen. Ich glaube, das ist es, worum es im Leben geht. Oder um was geht es sonst im Leben? Geht es nur darum, hart zu arbeiten, Geld zu verdienen, zu sterben und ins Grab zu steigen? Ist es das wirklich? Nein, das glaub ich einfach nicht. Das würde überhaupt keinen Spaß machen!

Herr Yunus, wovon träumen Sie nun für Ihre eigene, Ihre persönliche Zukunft?

Nun, mein Traum ist es, das Ende der Armut in der Welt zu erleben, wenn Armut nicht mehr existiert. Wir werden dann sogar einen Preis ausloben können für jeden, dem es noch gelingt, irgendwo in der Welt eine Person aufzuspüren, die in Armut lebt. Der- oder diejenige, dem das gelingt, erhält dann eine Million Dollar. Und wir werden dann, wie gesagt, Museen der Armut haben, die darüber informieren, welches Land sich in welchem Jahr von der Armut befreit hat. Die Menschen in diesen Ländern werden ihr eigenes Armutsmuseum errichten und die letzte Person, die sich in diesem Land von der Armut befreit hat, wird eingeladen, das Museum einzuweihen. Und sie wird sagen: »Ich bin die letzte Person dieses Landes, die endlich den Ausstieg aus der Armut geschafft hat!« Und das wird dann ein Riesenfest im ganzen Land geben. Das ganze Land wird sagen: »Wir lassen das nie wieder geschehen, diese Würdelosigkeit, dieses Unglück, für niemanden mehr!« Ich freue mich auf den Tag, an dem das erste Land feierlich erklärt: »Wir sind das erste Land der Welt, das komplett frei von Armut ist.« Und die Leute in den anderen Ländern werden dann fragen: »Warum bleiben wir zurück?« Sie werden die Führung ihres Landes damit unter enormen Druck setzen, denn die Leute werden sie fragen: »Was unternehmt ihr denn jetzt? Wir wollen unser Land auch frei von Armut haben! Wir haben nur noch 200 Familien, die arm sind, und es würde nur wenige Wochen brauchen, um auch sie vollends aus der Armut zu befreien. Lasst uns das endlich bewerkstelligen und das Thema hinter uns bringen!« In meinem Traum sehe ich auch die nächste Generation all dieser Familien, die sich aus der Armut befreit haben und jetzt in der Lage sind, nicht mehr nur für sich selbst zu sorgen, sondern auch etwas für die ganze Welt zu tun. Unsere Verantwortung geht über die Menschen hinaus. Es ist unsere Verantwortung, für die Umwelt zu sorgen, für unseren Planeten zu sorgen und für jedes Wesen, das auf diesem Planeten lebt.

Herr Professor Yunus, danke, dass Sie mit uns geträumt haben!

Ich danke Ihnen. Es war mir ein großes Vergnügen.

HANS ZIMMER

»Einfach ein bisschen mehr Rock'n' Roll.«

Hans Zimmer schrieb die Musik für über 100 Kinofilme, darunter Welterfolge wie ›Gladiator‹, ›Last Samurai‹, ›Black Hawk Down‹, ›Der schmale Grat‹ und ›The Da Vinci Code‹. Seine Musik für ›Der König der Löwen‹ ist einer der meistverkauften Soundtracks aller Zeiten. Zimmer gewann bereits einen Oscar, zwei Golden Globe Awards und drei Grammys. Hans Zimmer kam 1957 in Frankfurt am Main zur Welt, er ging in der Schweiz und England zur Schule und hat nie eine formale musikalische Ausbildung durchlaufen. Der Durchbruch in Hollywood gelang ihm 1988 mit der Musik für ›Rain Man‹. Er ist einer der Pioniere in der Kombination von klassischen Orchestern und digitalen Effekten. Später war er auch einer der ersten Komponisten Hollywoods, die traditionelle Musikinstrumente aus Afrika und Asien verwendeten. Inzwischen gilt Hans Zimmer als einer der einflussreichsten Komponisten in der Geschichte des Films und hat zahlreichen Nachwuchskomponisten auf den Weg geholfen. Er lebt heute mit seiner Familie in Los Angeles.

DEUTSCHLAND

Fläche:	349 223 km^2
Bevölkerung:	82 Millionen

Herr Zimmer, Sie sind einer der erfolgreichsten Filmkomponisten der Welt. Sie haben eigentlich alle wichtigen Preise gewonnen, vom Oscar über den Golden Globe zum Grammy. Was glauben Sie, ist der Schlüssel zu Ihrer außerordentlichen Kreativität und Ihrem Erfolg?

Dass ich eben immer neue Ideen habe. Wenn ich in der Mitte von einem neuen Film bin, habe ich schon zehn andere Ideen, die ich da nicht reintun kann, und da brauche ich dann unbedingt noch einen Film, um die irgendwie loszuwerden.

Sie haben mal gesagt, es sei Ihr Job, ein Erfinder zu sein.

Ja.

Was glauben Sie, könnten die Deutschen tun, um mehr Mut zur Kreativität und zu künstlerischer Spielfreude freizusetzen?

Mehr Courage haben und auch nicht so auf diese sture Bildung schauen. Ich zum Beispiel habe es in Deutschland nicht geschafft! Ich habe es ja versucht. Als ich angefangen habe als Komponist, habe ich versucht, so Sachen wie zum Beispiel einen ›Tatort‹ bei der ARD zu kriegen. Ich bin da nicht reingekommen, weil ich nicht zur Musikhochschule gegangen bin. Ich habe ja nur Kreativität im Kopf gehabt und keine Bildung. Und die Bildung, die ich habe, habe ich aus Büchern oder aus Gesprächen mit anderen Menschen gewonnen. Ich hatte aber keine »formale« Ausbildung. Ich bin dann nach England gekommen und im Ausland haben die das mit offenen Armen angenommen; und auch hier in Hollywood.

Ich sehe diesen Unterschied immer wieder: Wenn man in Deutschland mit einer verrückten Idee ankommt, die vielleicht verrückt oder auch ein bisschen originell oder einfach anders klingt, dann sagen die Leute immer »Nein!«. Und sie haben auch viele Gründe, gute Gründe eigentlich, warum sie Nein sagen: »Wir haben kein Geld!« Oder: »Wir haben keine Zeit« oder »Wir wissen nicht, wie das ausgeht«. Und dann wird das ganze Ding gleich abgesagt. Wenn ich hier aber in Hollywood mit irgend so einer wahnsinnigen Idee ankomme, dann möchten die zuhören. Dieselben Ideen, die sie schon hatten, wollen sie hier nicht wiederholen, daran leiden sie ja gerade, an der Wiederholung. Die möchten hier diese verrückten Ideen haben und machen einem die Tür auf. Das ist schwierig zu erklären, es ist mehr so eine Gefühlssache. Es geht darum, den Mut zu haben, dass es auch mal schiefgehen kann und dann trotzdem weiterzumachen; dass der Traum auch danebengehen kann, dass man Fehler machen kann, ohne dass man sich schämen muss. Ich glaube, wir Deutschen leiden immer noch sehr daran, dass wir uns sehr schnell für unsere Fehler schämen, anstatt einzusehen, dass unsere Fehler eigentlich tolle Sprünge zu neuen Ideen sind. Wir müssen einfach ein bisschen lockerer sein. Ich meine, das sagt ja jeder über uns Deutsche, gell? (lacht). Aber diese Lockerheit, das hilft schon!

Wie könnte so ein neues deutsches Motto formuliert werden?

Ich sehe Deutschland ja nicht so, wie viele Amerikaner Deutschland sehen. Ich sehe das nicht so, dass die Deutschen nur gute Technologien hervorbringen, aber keine wirklichen Erfindungen. Die meisten Softwaretools, die ich heute für meine Musik benütze, diese Computerprogramme, die kommen alle aus Deutschland. Diese Leute, die da Sachen für meine Musik erfinden, so etwas können die Amerikaner gar nicht. Das ist ein ganz neuartiges Denken, wie man mit Technologie und Kunst umgehen kann.

Sie sind ja in Frankfurt am Main geboren, in Deutschland aufgewachsen, Sie haben eine Weile in England gelebt und jetzt sind Sie seit vielen Jahren in Amerika. Wenn Sie Ihre alte Heimat Deutschland heute aus dem Abstand betrachten, was mögen oder was schätzen Sie dann am meisten an Deutschland?

Meine Freunde, das ist ganz einfach gesagt. Dass es dieses Deutschland gibt, das noch Kultur hat; dass da noch geschrieben wird, dass die Leute noch Zeitungen lesen, dass es eben anders ist. Das ist nicht so dünn wie hier in Kalifornien. Deutschland hat immer noch Substanz.

Werden Sie von Ihren Freunden in Kalifornien als deutsch wahrgenommen, was die Lockerheit angeht?

Natürlich, und wie! Immer. Ich meine, am Ende des Tages fühle ich mich mehr als Europäer als irgendetwas sonst. Ich bin in Deutschland geboren, in der Schweiz und in England zur Schule gegangen, ich lebe jetzt in Amerika. Was bin ich denn? Ich habe überall ein bisschen was mitgenommen und wahrscheinlich auch ein bisschen was dagelassen. Aber diese Zigeunerweise, zu leben, habe ich immer geliebt. Und ich glaube, mein Problem mit Deutschland war, dass das dort ein bisschen verpönt war. Ein Musiker, der keine E-Musik macht! Es gibt in Deutschland ja noch diesen Unterschied zwischen E- und U-Musik. Hier in Amerika hat Duke Ellington das am besten gesagt: »Es gibt nur zwei Arten von Musik, gute und schlechte.« In Deutschland war das natürlich nicht so einfach. Und dann, was ist Kultur? In Deutschland kann man da wirklich noch drüber diskutieren! In England und in Amerika machen wir das einfach. Wir diskutieren da nicht so lang. Wir machen da jetzt einen Film oder wir haben eine Idee und wir fangen da einfach mit an. Niemand versucht, einen schlechten Film zu machen. Aber manchmal geht's daneben und manchmal wird's was Gutes. Und wenn's danebengeht, machen wir einfach einen neuen, fangen wieder an, haben noch 'ne Idee.

Die Ideen sind das Wichtige! Und auch, die Leute um sich herum zu haben. Ich habe vor einer Weile diesen Batman-Film gemacht. Der ganze Film wurde in England aufgenommen, in einem Studio. Und ich habe zu denen gesagt: »Warum können wir das nicht in Deutschland machen, warum können wir das nicht in Berlin machen? Wir brauchen nur ein Studio, das haben wir ja auch in Berlin.« Aber die Crews sind nicht da, diese Mitarbeiter gibt es nicht in ausreichender Zahl. Wenn da ein Mensch einen Film macht, dann sind die ganzen guten Leute schon weg, die sind dann nur auf diesem einen Film. Wenn ich mir das überlege, die meisten tollen Filmemacher, die Hollywood gegründet haben, die waren ja fast alle aus Deutschland oder Österreich, der Billy Wilder, Ernst Lubitsch und so weiter, die haben das ganze Ding hier erfunden und jetzt hat Deutschland das alles verloren.

Wenn ein deutscher Filmindustrieller oder Kulturpolitiker sagen würde: »Herr Zimmer, was sollen wir tun, außer vielleicht noch mehr Subventionen in die Filmindustrie zu buttern?« Welchen Rat würden Sie geben?

Es geht ja nicht um das Geld. Ich habe das Filmemachen ja in London angefangen, und zwar mit Filmen wie ›Mein wunderbarer Waschsalon‹. Das hat wirklich kein Geld gekostet! Wir haben da diese ganz kleinen Independentfilme gemacht. Und das hat damit zu tun gehabt, dass wir mit niemandem gesprochen haben. Wir haben das Geld einfach irgendwie zusammengegaunert, weil wir einen Film machen mussten! Das war in uns drin und keiner konnte uns stoppen. Und ich weiß nicht, welchen Rat ich da einem Politiker geben könnte oder einem Industriellen oder jemandem von der Bank oder was weiß ich. Man darf nur nicht die Ideen unterdrücken. Ich würde lieber die jungen Künstler ansprechen. Es ist nämlich irgendwie ihre Pflicht, den Mut zu haben, solche Sachen durchzustehen. Und wenn es mal danebengeht und sie dann mal ein bisschen hungern müssen, dann ist das auch nicht so schlimm.

Haben Sie gehungert?

Ich habe gerade erst meiner Familie von der Zeit erzählt, als ich angefangen habe, von meiner ersten Wohnung, wo ich abends immer die Bettdecke unter die Matratze schieben musste, damit die Ratten nicht raufklettern konnten. Ich habe das gehasst. Da gibt es nichts Gutes von zu berichten. Aber es hat mich nicht umgebracht und es hat mich nicht von meinem Weg abgebracht. Ich musste Musik schreiben. Ich musste Filme machen.

Die Wirkung der Filmmusik wird vom Publikum oft nur unbewusst wahrgenommen. Dabei ist es oft die Musik, die die Stimmung des Films entscheidend prägt.

Das stimmt.

Erlauben Sie uns also die Frage an Sie, einen Experten für Stimmungen: Was könnte Deutschland tun, um seine Stimmung aufzuhellen und optimistischer zu werden, oder lockerer, wie Sie vorhin sagten?

Ein bisschen stolz auf die eigene Musik sein und auf die eigenen Künstler. Denkt nicht immer nur, dass alles, was aus dem Ausland kommt, besser oder cooler ist. Ich meine, wenn man hier in Amerika die Band »Kraftwerk« erwähnt, dann weiß jeder, dass die zur populären Musik so viel beigetragen haben wie die Beatles, Simon&Garfunkel oder die Beach Boys. Aber ich glaube, in Deutschland merkt man das gar nicht so. Der Prophet im eigenen Lande eben. Und es wäre auch gut, sich ein bisschen lockerer an den Rest der Welt anzuschließen.

Fühlen Sie sich von Deutschland anerkannt?

Wie meinen Sie das?

Sie gelten ja in vielen Ländern der Welt als der bedeutendste deutsche Komponist der Gegenwart.

Na ja. Okay, dann bin ich eben der bedeutendste deutsche Komponist der Gegenwart. Aber wenn man als bedeutendster deutscher Komponist der Gegenwart gilt, muss man da sehr leise sein. Es gibt da nämlich ein paar andere: Mozart, Beethoven, Strauß und so weiter. Ich kann mich da überhaupt nicht in derselben Gesellschaft an einen Tisch setzen. Der bedeutendste Komponist der Gegenwart? Was ist mit Stockhausen und Henze? Nur weil die nicht so populär sind? Ich bin vielleicht der populärste Komponist Deutschlands, aber wirklich nicht der beste.

Sehr bescheiden.

Aber es stimmt. Ich meine, ich muss ja auch meine Helden haben.

Und wer sind Ihre Helden?

Zum Beispiel der Herr Stockhausen, zum Beispiel der Herr Morricone in Italien. Ich habe mal gesagt, ich spreche Deutsch mit einem englischen Akzent. Aber wenn ich Musik komponiere, schreibe ich meine Musik immer mit einem deutschen Akzent. Und dann sind da natürlich der Beethoven und Mahler, der Mozart und vor allen Dingen Bach! Wenn man diese Bach-Sachen anhört und dann auch über den Menschen weiß, wie bescheiden der war! Und der hätte ja überhaupt nicht bescheiden sein müssen, was der geliefert hat und was der getan hat! Und warum soll das vorbei sein? Warum haben wir diese Leute nicht mehr? Warum bin ich jetzt auf einmal der populärste Komponist aus Deutschland? Warum kommen die anderen nicht dran?

Was glauben Sie, warum?

Ich habe keine Ahnung. Aber ich habe so das Gefühl, dass die Deutschen noch nicht so ganz herausgefunden haben, wie sie die Hände ausstrecken können ins Ausland. Diese Idee, dass man auch als Deutscher ein Teil der Welt ist und als Deutscher der Welt auch eine fantastische kulturelle Zukunft geben kann. Wir haben ja Ideen. Wir haben ja Musik. Das ist ein Bestandteil unserer Kultur wie in keinem anderen Land eigentlich.

In Deutschland?

Ja, genau. Wir haben tolle Künstler, die auch im Ausland angesehen werden. Und auch als Künstler die Welt verändern und auch als Künstler der Welt einen kleines bisschen Deutschland geben können.

Kunst und Künstler gelten ja in vielen Ländern immer noch als dekoratives Anhängsel der Marktwirtschaft, auf das im Notfall aber auch verzichtet werden könnte. Was glauben Sie, welche Rolle spielen Künstler in Wahrheit für die wirtschaftliche Innovationskraft eines Landes wie Deutschland?

Ich sehe das ja mit diesen Computerleuten in Deutschland. Sehr viele Ideen, die da wirklich vermarktet werden könnten, kommen von Musikern oder Leuten, die Musik lieben. Ich meine, diese Leute von Ableton und Native Instruments in Berlin oder Logic in Hamburg, das waren eben alles Deutsche, die nicht unbedingt den Werdegang eines normalen Deutschen machen wollten und die dann ein bisschen danebengehauen haben und aus diesem Drang heraus dann etwas ganz Neues geschaffen haben. Wirklich, Deutschland hat da so eine Stärke, Deutschland ist das Land für Musiktechnologie. Jeder Film, der hier bei uns gemacht wird, wird mit deutscher Technologie gemacht. Aber die meisten Deutschen wissen das gar nicht!

Woran liegt es, dass deutsche Technologie zwar sehr präsent ist in Hollywood, aber deutsche Schauspieler, vor allem männliche Schauspieler, so oft in der Rolle des Nazis oder sonstigen Bösewichts enden und dann irgendwann wieder heimgehen?

Das liegt am Akzent. Die wollen hier, dass man perfekt Englisch spricht. Das ist wirklich ein Problem der Sprache. Deswegen habe ich das Problem nicht und die deutschen Musiker haben das Problem nicht, weil wir eben automatisch eine internationale Sprache sprechen können. Als Schauspieler würde ich aber nicht unbedingt hierherkommen. Deswegen denke ich auch immer: Schauspieler, bleibt zu Hause. Versucht dort, etwas Eigenes aufzubauen. Es muss ja nicht nach dem amerikanischen Modell gebaut werden. Die Deutschen sollten deutsche Filme machen und nicht Hollywoodfilme. Und irgendwie ist es auch schade, dass beispielsweise ›Der Untergang‹ damals so ein Riesenhit geworden ist, weil es wieder ein Film über den Faschismus und wieder ein Film über Hitler ist und jeder glaubt, das ist das Einzige, was wir Deutschen produzieren können.

Deshalb habe ich mich einst auch so gefreut, als ›Lola rennt‹ so ein großer Hit war. Das war originell und irgendwie international und trotzdem ganz deutsch. Man muss eben seine Kultur ausnützen. Ich schreibe immer über Amerika und trotzdem schreibe ich immer aus der Perspektive eines Deutschen.

Können Sie sich vorstellen, eines Tages ein Studio in Deutschland aufzumachen?

Klar, das würde ich gerne. Aber das ist nicht so einfach. Ich habe ja das ›Geisterhaus‹ in Deutschland aufgenommen. Aber das war schwierig. Die Musiker in den Orchestern sind ja alles Beamte, und ich bin es gewohnt, wenn ich um acht Uhr abends noch eine Idee habe, dass wir dann einfach weitermachen bis Mitternacht oder so. Das ging einfach nicht. Um sieben sind die da schön nach Hause gegangen, da war Feierabend. Diese Idee, dass Kreativität um sieben Uhr aufhört, das gibt es einfach nicht in England oder hier bei mir in Amerika.

Herr Zimmer, wenn Sie heute an Deutschland denken, was ist dann Ihr wildester, Ihr mutigster, Ihr hoffnungsvollster Traum für Deutschlands Zukunft?

Das ist so eine schwierige Frage! Das ist so eine schwierige Frage. (überlegt) Aber wissen Sie, eigentlich ist es auch ganz einfach: dass die Deutschen bisschen mehr Spaß daran haben, deutsch zu sein, und ein bisschen mehr Spaß am Leben haben und alles nicht so schwerfällig ist. Einfach ein bisschen mehr Rock'n' Roll!

Herr Zimmer, vielen Dank, dass Sie uns von Ihren Träumen erzählt haben.

Vielen Dank, dass Sie mich gefragt haben.

ANHANG

WEB-ADRESSEN UND LITERATURANGABEN

Hafsat Abiola: *www.kind.org*
Impulse für eine Welt in Balance, Global Marshall Plan Foundation, Hamburg, 2005

Simon Anholt: *www.earthspeak.com*
Aufstieg und Fall der Marke USA. Amerikas Image zwischen Absicht und Wahrnehmung, Heidelberg 2005
Competitive Identity: The New Brand Management for Nations, Cities and Regions, Basingstoke/Hampshire 2006
Brand New Justice: How Branding Places and Products Can Help the Developing World, Oxford 2004
Another One Bites the Grass: Making Sense of International Advertising, Hoboken/New Jersey 2000

Richard Barrett: *www.valuescentre.com*
Building a Values-Driven Organization: A Whole System Approach to Cultural Transformation, Woburn, Massachussets, 2006
Liberating the Corporate Soul: Building a Visionary Organization, Woburn, Massachussets, 1998
A Guide to Liberating Your Soul, Alexandria/Virgina 1995

Anne Cameron: *www.annecameron.net*
Töchter der Kupferfrau, Zürich 1996
Der Traumdeuter, Würzburg 2002
Aftermath, Madeira Park/British Columbia 1999
Dahlia Cassidy, Madeira Park/British Columbia 2005

Paulo Coelho: *www.paulocoelho.com*
Der Alchimist, Zürich 2006
Der Zahir, Zürich 2006
Elf Minuten, Zürich 2005
Unterwegs. Der Wanderer, Zürich 2004

Jean-Michel Cousteau: *www.oceanfutures.org*
The Blue, London 1999
Cousteau's Australia Journey, New York 1993
Cousteau's Papua New Guinea Journey, New York 1989

Roméo Dallaire: *www.romeodallaire.com*
Shake Hands With the Devil, London 2005
Seeking the Sacred: Leading a Spiritual Life in a Secular World, Toronto, 2006

Helena Hanuljaková: *www.idvnetz.org*

Monika Henzinger: *http://ltaa.epfl.ch/monika*

Joi Ito: *http://joi.ito.com*

Eddie Izzard: *www.eddieizzard.com*
Dress to Kill, London 1998

Wei Jingsheng: *www.weijingsheng.org*
The Courage to Stand Alone: Letters from Prison and Other Writings, New York 1997
Mein Leben für die Demokratie, Reinbek 1995
Der Mann, der nicht zu brechen war, München 2002

Garri Kasparow/Garry Kasparov: *www.kasparovagent.com*
Strategie und die Kunst zu leben. Von einem Schachgenie lernen, München 2007
Meine großen Vorkämpfer 6. Robert James Fischer, Oetwil am See 2007
Schachmatt! Mein erstes Schachbuch, Oetwil am See 2005

Ute Lemper: *www.utelemper.com*
Unzensiert, Berlin 1995

Hunter Lovins: *www.natcapsolutions.org*
Öko-Kapitalismus: Die industrielle Revolution des 21. Jahrhunderts. Wohlstand im Einklang mit der Natur, München 2000
Atomenergie und Kriegsgefahr, Reinbek 1986
Faktor vier: Doppelter Wohlstand – halbierter Verbrauch, München 1997
Wirtschaftlicher Energieeinsatz: Lösung des CO_2-Problems, Bad Dürkheim 1983

Wangari Maathai: *www.greenbeltmovement.org*
Unbowed, New York 2006
The Green Belt Movement: Sharing the Approach and the Experience, B&T 2004

Henning Mankell: *www.mankell.de*
Zahlreiche Veröffentlichungen. In deutscher Sprache liegen unter anderem vor:
Die weiße Löwin, Berlin 1993
Die fünfte Frau, Wien 1998
Die Rückkehr des Tanzlehrers, Wien 2002
Ich sterbe, aber die Erinnerung lebt, Wien 2004

William McDonough: *www.mbdc.com*
Einfach intelligent produzieren, Berlin 2005
Cradle to Cradle – Remaking the Way We Make Things, New York 2002

Viggo Mortensen: *www.percevalpress.com*
The Horse is Good, Santa Monica/Kalifornien, 2004
Coincidence of Memory, Santa Monica/Kalifornien 2002
Linger, Santa Monica/Kalifornien 2005

Avi Primor: *www.idc.ac.il*
Frieden mit den Islamisten?, Düsseldorf 2007
Terror als Vorwand, Düsseldorf 2004
Europa, Israel und der Nahe Osten, Düsseldorf 1999

… mit Ausnahme Deutschlands. Als Botschafter Israels in Bonn, Berlin 2002 (dieses Buch gibt es auch in einer kostenlosen Volltextversion im Internet: http://www.hagalil.com/primor/p-0.htm)

Clotaire Rapaille: *www.rapailleinstitute.com*

Der Kultur-Code: Was Deutsche von Amerikanern und Franzosen von Engländern unterscheidet und die Folgen davon für Gesundheit, Beziehungen, Arbeit, Autos, Sex und Präsidenten, München 2006

Versteh' Deine Eltern, München 1984

Jeremy Rifkin: *www.foet.org*

Der europäische Traum. Die Vision einer leisen Supermacht, Frankfurt am Main 2006

Die H2-Revolution: Mit neuer Energie für eine gerechte Weltwirtschaft, Frankfurt am Main 2005

Access – Das Verschwinden des Eigentums: Warum wir weniger besitzen und mehr ausgeben werden, Frankfurt am Main, 2007

Das Ende der Arbeit und ihre Zukunft, Frankfurt am Main, 2005

Mary Robinson: *www.realizingrights.org*

A Voice for Human Rights, Philadelphia, Pennsylvania, 2005

Human Rights and Development: Towards Mutual Reinforcement, Oxford University Press, USA, 2005

Vandana Shiva: *www.navdanya.org*

Erd-Demokratie. Alternativen zur neoliberalen Globalisierung, Zürich 2006

Der Kampf um das blaue Gold. Ursachen und Folgen der Wasserverknappung, Zürich 2005

Geraubte Ernte. Biodiversität und Ernährungspolitik, Zürich, 2004

Biopiraterie. Kolonialismus des 21. Jahrhunderts. Eine Einführung, Münster 2002

Gerfried Stocker: *www.aec.at*

Ars Electronica 2006: SIMPLICITY – the art of complexity, Ostfildern 2006

CyberArts 2006. International Compendium Prix Ars Electronica, Ostfildern 2006

Ars Electronica 2005: Hybrid – Living in Paradox, Ostfildern 2005

Ars Electronica 2004: Timeshift – Die Welt in 25 Jahren. 25 Jahre Festival für Kunst, Technologie und Gesellschaft, Ostfildern 2004

Galsan Tschinag: *www.galsan.info*

Liebesgedichte, Frankfurt am Main 2007

Die neun Träume des Dschingis Khan, Frankfurt am Main 2007

Auf der großen blauen Straße, Zürich 2007

Im Land der zornigen Winde: Geschichte und Geschichten der Tuwa-Nomaden aus der Mongolei, Frauenfeld 2007

Buket Uzuner: *www.buketuzuner.com*

Mediterranean Waltz, London 2000

The Sound of Fishsteps, Istanbul 2001

Craig Venter: *www.venterinstitute.org*

A Life Decoded: My Genome: My Life, New York 2007

From Genome to Therapy: Integrating New Technologies with Drug Development, Hoboken/New Jersey 2000

Muhammad Yunus: *www.muhammadyunus.org*

Für eine Welt ohne Armut. Die Autobiographie des Friedensnobelpreisträgers, Bergisch Gladbach 2006

Banker to the Poor: Micro-Lending and the Battle Against World Poverty, B&T 2003

Hans Zimmer: *www.hanszimmer.com*

BILDNACHWEIS

Hafsat Abiola: TY Bello
Simon Anholt: Anette Andersson/Earthspeak
Richard Barrett: Chris Gomez
Anne Cameron: Peter A. Robson
Paulo Coelho: Instituto Paulo Coelho
Jean Cousteau: Tom Ordway/Ocean Futures Society
Roméo Dallaire: Couvrette
Helena Hanuljaková: privat
Monika Henzinger: Alain Herzog
Joi Ito: Creative Commons Attribution by Joichi Ito
Eddie Izzard: Prashant Gupta/FX
Wei Jingsheng: Ciping Huang/Wei Jingsheng Foundation
Garry Kasparov: Nicolas Ferrando/SMSI
Ute Lemper: privat
Hunter Lovins: Natural Capital Solutions
Wangari Maathai: Martin Rowe/Green Belt Movement
Henning Mankell: Ulla Montan
William McDonough: Marty Moore
Viggo Mortensen: Wireimage/Jeff Vespa
Avi Primor: privat
Clotaire Rapaille: Tom Leek, www.thepicturesmith.com
Jeremy Rifkin: Foundation on Economic Trends
Mary Robinson: Realizing Rights
Vandana Shiva: Navdanya
Gerfried Stocker: Pilo
Galsan Tschinag: Uwe Dettmar
Buket Uzuner: privat
Craig Venter: J. Craig Venter Institute
Muhammad Yunus: Audio Visual Unit, Grameen Bank
Hans Zimmer: privat

DANKSAGUNG

Wir danken allen unseren Interviewpartnerinnen und -partnern, die sich mit uns auf das Wagnis eingelassen haben, ihre Träume für Deutschland zu beschreiben. Sie haben damit nicht nur unser eigenes Bild von Deutschland für immer verändert, sie haben uns auch eine neue Sicht auf die Welt eröffnet. Unser Dank gilt auch den vielen persönlichen Assistentinnen, Pressesprechern, Agentinnen und Freunden unserer Interviewpartner, die sich über mehrere Jahre hinweg für dieses Projekt eingesetzt haben.

Fotografen aus vielen Ländern haben ihre Fotos für dieses Buch honorarfrei zur Verfügung gestellt. Wir sind ihnen dafür sehr dankbar.

Wir danken der Redaktion von ZDFonline, die 2005 als erste bereit war, uns bei der Suche nach Träumen für Deutschland eine öffentliche Plattform zu geben. Insbesondere danken wir hier Tina Kutscher und Robert Amlung, sowie Nikolaus Brender, Silke Gorsegner, Michaela Immel, Susanne Müller, Rolf Zimmermann und Alexandra Zurwonne für die ausgesprochen gute Zusammenarbeit.

Seit Beginn dieses Projektes im Jahr 2003 gab es zahlreiche Situationen, in denen wir auf Unterstützung, guten Rat und manchmal auch auf kleine oder größere Wunder angewiesen waren. Dafür danken wir herzlich Patricia und Kenneth Black, Anoukh Foerg, der Familie Harrer, Christoph Haß, Christina Knüllig, Fabian Mohr, der Familie Novotny mit Finn Loraen Alden, Miriam Risch und Dr. Johannes Graulich, Ana und Peter Renkow, Ulrich Renz, Thomas Schelberg, Micaela Schork, Glen Sperling und Lynn Wischnewski. Wir danken auch unseren Freundinnen und Freunden, Lehrerinnen und Lehrern, die unseren Lebensweg beeinflusst haben und alle in verschiedener Weise Anteil am Entstehen dieser Traumsuche haben.

Die Produktion dieses Buches wurde von der Robert-Bosch-Stiftung gefördert.

Die Zusammenarbeit mit dem Deutschen Taschenbuch Verlag gehört zu den schönsten Erfahrungen unseres bisherigen Journalistenlebens. In der gemeinsamen Arbeit mit der Sachbuch-Cheflektorin des Verlags, Frau Dr. Wörle, hat sich für uns ein lang gehegter Traum verwirklicht. Ihnen und Ihrem hochmotivierten Team sagen wir herzlichen Dank.

www.germandreamproject.de